개정판

Korea-International Financial Reporting Standards

Principles of Accounting

K-IFRS

회계학원론

정용화 · 전영승

백산출판사

preface

개정판을 내면서…

저자들이 회계학에 입문을 하는 학생들을 위하여 본 교재를 발행한 지도 몇 년이 흘러갔다. K-IFRS를 도입한 이후, 우리나라는 그동안 회계환경이 많이 변화되었다. 그러나 아직도 분식회계와 같은 회계부정 사례가 발생하고 있어 그 기업과 관련된 이해관계자들이 엄청난 피해를 보고 있다. 기업 입장에서 볼 때, 경영자에게 1차적인 책임이 있지만 그렇다고 현장에서 회계실무를 담당하고 있는 종사자의 책임도 간과할 수는 없다. 이 교재가 이들에게 올바른 회계환경을 정착시키는데 도움이 되었으면 좋겠다.

이번에는 그동안 강의를 진행하면서 문제가 되었던 부분을 소폭으로 개정하였다. 그리고 회계원리와 관련이 있는 실무적인 전산회계 부문을 조금 추가하였다. 전면적인 개편작업이 아니어서 불편이 많았는데도 불구하고 흔쾌히 협조해 준 출판사 관계자에게 감사를 표한다.

2014년 정초

저자 대표 씀

preface

책을 내면서…

연말연시를 맞이하여 기업체 임원들의 인사가 한창인데 그 어느 때보다 회계분야 종사자들의 약진이 눈부신 것 같다. 몇 년 전 대기업 총수가 '우리 기업의 CEO가 되려면 회계학 공부를 하기 전에는 꿈도 꾸지 말라!'라는 얘기가 사실임을 입증한 셈이다.

요즈음처럼 학계는 물론이고 재계에서 회계학의 중요성이 강조된 적도 없다. 이제 우리나라는 올 해부터 기존의 기업회계기준에서 벗어나 새롭게 태어난 한국채택국제회계기준(K-IFRS)이 본격적으로 적용되는 첫 해이다. 국제 경제환경 변화에 능동적으로 대처하기 위해 도입된 K-IFRS가 산업 및 교육 현장에서 회계종사자이건 그렇지 않든 상관없이 서로가 노력을 하여 효과적으로 정착되었으면 한다. 이를 통하여 우리나라 기업이 작성한 재무제표에 대한 대외 신인도가 향상되어 국가 간의 비교가능성이 제고되는 계기가 되길 바란다. 그리고 이 교재가 그 목표를 이루는데 작은 밑거름이 되었으면 좋겠다.

이 교재는 지난 몇 년간 사용하여 왔던 회계원리를 K-IFRS에 알맞게 수정을 한 후, 새롭게 편집을 시도하였다. 교재 내용 전체를 K-IFRS에 규정되어 있는 대로 설명하였지만 회계원리를 공부하는 학생에게 너무 어렵게 느낄 것 같은 부문은 기존의 기업회계기준 및 일반기업회계기준과 병행하여 비교설명을 하였다. 그러나 아직도 미진한 부분이 많이 있기 때문에 앞으로 연구와 토론 과정을 진행하면서 계속 수정작업을 시도하려고 한다.

끝으로 본 교재를 출간하는데 도움을 준 출판사 관계자, 믿음의 식구들 그리고 사랑하는 가족 구성원들에게 고마움을 표한다.

언제나 저자가 명심해야 할 말씀으로 글을 마무리한다.

『네 시작은 미약하였으나 네 나중은 심히 창대하리라.』 **-욥기 8장 7절-**

2011년 정초

목동 보금자리에서 지은이 대표 씀

contents

차 례

제1부 회계정보의 처리

제2부 계정과목별 회계처리

제3부 기타 회계의 처리

부록

회계정보의 처리

제1부

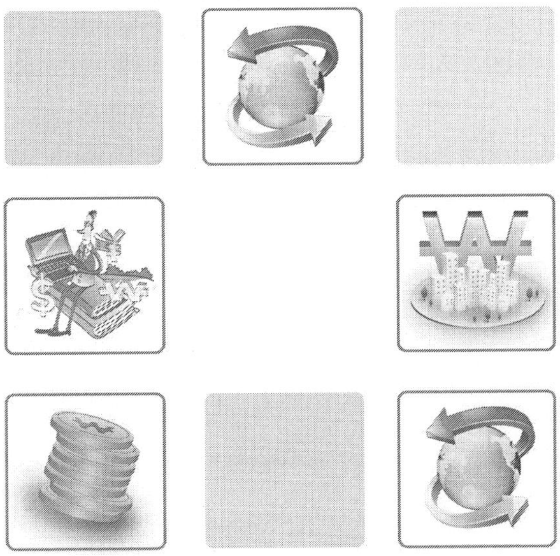

제1장 회계의 기초개념

제1절 회계의 정의

일반적으로 대부분의 사람들은 회계를 회계담당자들만이 알고 있어야 한다고 생각하는 경향이 있다. 그러나 우리가 반복적으로 생활해 나가는 삶 속에는 의식을 하고 있든, 하지 않았든 상관없이 모든 면이 회계정보와 관련되어 있다. 따라서 회계정보를 어떻게 잘 활용할 것인가는 일상생활을 편리하고 유용하게 가꾸는 데 필수적인 요소라고 말 할 수 있다. 특히, 우리나라 경제가 1997년 말에 시작된 외환위기로 인하여 IMF체제로 돌입하면서 회계정보의 신뢰성과 투명성 등 회계환경이 그 어느 때보다 사회에서 큰 관심의 대상으로 부각되었다. 즉 이제는 회계지식이 회계전문가들에게만 필요한 것이 아니라 어떤 분야에서 일하는 사람이든 구분없이 회계업무는 조직을 효율적으로 유지하고 경제를 바로 세우기 위해서는 아주 필요한 요소가 되었다.

오늘날 사회의 다양한 경제행위는 기업, 국가 등과 같은 경제주체(조직)에 의해 이루어지는 것이 일반적이다. 이러한 경제주체들은 각각의 이해관계자(interested parties)로부터 경제적 지원을 받아서 그것을 일정한 목적을 위하여 사용하기 때문에 이들 조직의 경제적 행위는 당연히 이해관계자들의 관심의 대상이 된다. 특히 기업의 이해관계자(소비자, 채권자, 종업원, 정부 등)가 기업의 경영활동을 정확히 이해하려면 기업과 이들간의 의사전달 수단이 되는 언어(language)가 필요하게 되는데 회계가 바로 그 언어로서의 역할을 하는 것이다.

회계(accounting)를 학문적으로 연구하기 시작한 이후 많은 학자들에 의하여 여러 가지 관점에서 회계가 정의되고 있으나, 다음의 두 가지 정의가 주로 논의되고 있다.

우선, 미국의 공인회계사회[1]가 주장한 회계 정의는 「회계는 거래나 사건을 화폐에 의해서 기록, 분류, 요약하고 그 결과를 해석하는 기술이다」라고 되어 있다. 그리고 미국의 회계학회[2]는 「회계란 정보이용자가 적절한 판단과 의사결정을 할 수 있도록 경제적으로 정보를 식별, 측정, 전달하는 과정이다」라고 정의하고 있다.

위의 두 가지 정의를 살펴보면 하나는 거래를 기록, 분류, 요약하는 보고서의 작성에 중점을 두었고, 다른 하나는 정보를 획득하는 과정으로 보고 있다. 경제환경의 변화에 따라 이와 같이 회계는 두 가지 면을 동시에 파악해야 하는 것이므로 이것을 한데 묶어 회계의 본질을 이해하여야 한다. 즉 회계[3]는 기업경영에서 발생하는 거래나 사건(자산, 부채, 자본의 증감・변화 등)을 기록, 계산, 정리하여 회계정보이용자(이해관계자)에게 정보를 제공해 주는 것이라고 할 수 있다.

기업은 자본주의를 유지・발전시켜야 하는 기수이며, 기업이 계속적으로 성장하기 위해서는 기업과 이해관계자들 간의 의사소통장치인 회계가 원활하게 이루어져야 한다. 이를 위해 기업은 재무정보를 충분하고도 완전하게 공시를 해야 하며, 이해관계자들은 기업이 공시한 재무정보에 입각하여 합리적 의사결정을 해야 한다.

제2절 회계의 기능

회계학은 거시적인 측면에서 경제현상의 측정 또는 계산과 관련을 갖고 있는 학문이라고 볼 수 있다. 그런데 회계는 수학에서 말하는 계산의 뜻과는 기본적으로 성격이 다르다. 즉 수학에서 언급되는 계산의 의미는 그것이 어떤 특정의 대상을 갖고 있지 않은 계산기구이지만, 회계에서 뜻하는 것은 경제활동이라는 명확한 측정대상을 보유하고 있다.

---

1) 미국공인회계사회(American Institute of Certified Public Accountant : AICPA) : 1953년, [회계용어공보](Accounting Terminology Bulletin : ATB) 제1호에 발표.

2) 미국회계학회(American Accounting Association : AAA) : 1966년, [기초적 회계이론에 관한 보고서](A Statement of Basic Accounting Theory : ASOBAT)에 발표.

3) 회계학은 다른 사회과학과 같이 사회발전과 인간생활의 향상을 위해서 회계정보의 측정과 전달을 바탕으로 하여 회계현상, 회계정책, 회계제도 등을 연구하는 학문이다. 즉 회계학은 한정된 자원을 합리적(경제적)으로 배분하는 문제를 연구하고 사회제도 내에서 회계정보의 역할이 무엇이 되어야 할 것인가를 탐구하는 학문의 분야이므로 현대의 학문에서 가장 관심의 대상이 되고 있다.

회계는 기업의 경영활동에 관한 경제적 정보를 식별・측정하여 회계정보이용자가 경제적 의사결정을 행하는 데 도움이 될 수 있도록 전달하는 것을 그 임무로 한다. 이와 같은 임무를 수행하기 위해 필요한 회계기능(accounting function)은 회계가 수행해야 할 행동이나 행위를 의미하는 것으로 다음과 같이 영역을 나누어서 정리할 수 있다.

① **측정기능** : 기업의 재무상태와 경영성과에 관한 회계정보의 기초가 되는 자산, 부채, 자본, 수익, 비용 등을 공통의 화폐단위로 측정・파악하는 기능이다.

② **기술기능** : 계정과목과 금액에 의해 인식하고 측정된 정보를 기록, 계산, 정리, 분류, 집계하는 기능이다.

③ **해석기능** : 재무제표에 기술된 계수적 자료를 분석하고 경영활동을 그 계획과 실적을 비교・분석하여 판단하고 차기 이후의 경영방침을 결정하는 기능이다.

④ **전달기능** : 회계정보를 기업의 내부와 외부에 있는 이해관계자들에게 전달하는 기능이다.

⑤ **통제기능** : 회계자료의 정확성을 보증하고 회계상의 부정이나 오류, 불합리한 계산에 의해서 발생하는 위험(risk)을 방지하여 자산의 보전을 이룩하고자 하는 기능이다. 경영자가 기업을 효율적으로 운영하기 위해서는 통제기능 즉, 내부통제절차(internal control system)를 수립하고 합리적으로 작동시켜야 한다.

제3절 회계의 분류

1. 정보이용자에 따른 분류

회계의 목적이 이해관계자들의 의사결정에 유용한 정보의 제공이라는 측면을 근거로 하여 회계정보 이용자가 누구인가에 따라 회계를 다음과 같이 분류할 수 있다.

1) 재무회계

재무회계(financial accounting)는 기업의 이해관계자인 투자자, 채권자, 거래처, 정부기관 등의 외부이용자에게 의사결정에 유용한 정보를 제공하는 것을 목적으로 하는 회계로서 재무제표의 작성이 주가 되고 있다. 이는 모든 회계의 기본이 되고 외부 보고용이므로 보편타당한 일정한 원리원칙이 있고 정기적으로 작성된다.

2) 관리회계

관리회계(managerial accounting)는 기업의 경영자(내부이용자)가 의사결정을 하는데 유용한 정보를 제공하는 것을 목적으로 하는 회계로서 일정한 형식을 필요로 하지 않으며 수시로 필요에 따라 작성된다.

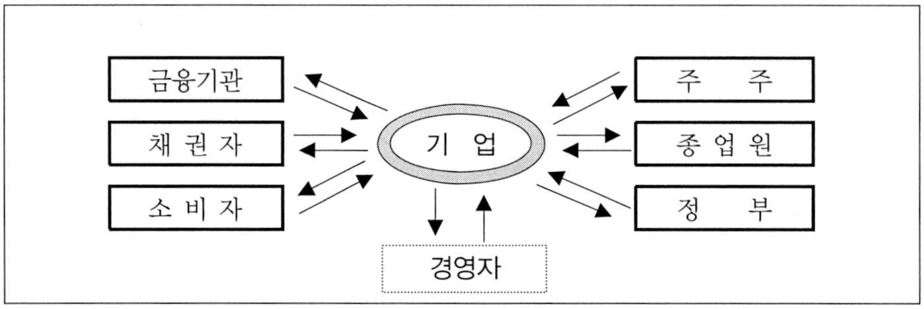

〈그림 1-1〉 기업과 관련된 이해관계자

2. 회계주체에 따른 분류

회계주체가 되는 단위가 개별경제단위인가 또는 국민경제단위인가에 따라 회계를 다음과 같이 미시회계(micro accounting)와 거시회계(macro accounting)로 구분할 수 있다.

- ▶ 미시회계
  - 기업회계
    - 재무회계
    - 관리회계
  - 정부회계
  - 가계회계
- ▶ 거시회계
  - 국민소득회계
  - 투입산출회계
  - 국제수지회계
  - 자금흐름회계

〈표 1-1〉 미시회계와 거시회계의 체계

그리고 회계주체(경제실체)가 되는 단위가 영리를 추구하는가의 여부에 따라 영리회계와 비영리회계(예: 국가, 학교, 병원 등)로도 구분할 수 있다.

3. 교육과정에 따른 분류

기업은 단순히 이미 만들어진 상품을 매매하는 상품매매업과 스스로 상품을 제조해서 판매하는 상품제조업으로 이원화할 수 있다. 상품제조업은 성격상 구입, 제조, 판매활동을 모두 행하지만, 상품매매업은 구입과 판매활동만을 한다. 회계원리는 구입, 판매활동에 따른 거래를 연구대상으로 하지만, 원가회계는 중점적인 연구대상으로 제조활동에 관한 거래를 다룬다.(한편, 원가회계 과정을 통해 결정된 제조원가 정보를 기업내부의 경영관리 차원에서 수행된 의사결정활동과 연관시켜서 이를 활용하는 것을 관리회계라고 한다.) 이것 이외에 학교의 교과과정에 따라 회계를 다음과 같이 분류하고 있다.

① 중급회계 ② 고급회계 ③ 회계이론 ④ 재무회계
⑤ 재무제표분석 ⑥ 관리회계 ⑦ 회계정보시스템 ⑧ 세무회계
⑨ 회계감사 ⑩ 비영리회계 ⑪ 전산회계

4. 회계와 부기의 관계

일반적으로 회계(accounting)와 부기(book keeping)를 같은 개념으로 인식하고 있으나, 회계와 부기는 동일한 개념이 아니다. 부기(장부기입의 약칭)는 회계의 일부분을 가리키는 것임에도 불구하고 많은 사람들이 회계와 부기를 동일한 것으로 혼동하고 있다. 그 이유는 초기단계의 회계교육이 장부기입을 중심으로 이루어져 온 것이 원인일 것이다. 부기는 장부에 기입하는데 준거하여야 할 원리와 연구범위가 확대됨에 따라 단순히 거래를 기록・계산하여 보고하는 기술적 측면(art)을 강조하는 성격을 갖고 있지만, 회계는 기업 내외의 이해관계자들의 합리적인 판단이나 의사결정을 할 수 있도록 기업실체에 관한 재무적 정보를 측정하여 제공하는 등 회계기능을 모두 포함시키는 정보시스템(information system)으로서 기술적 측면과 이론적 측면을 함께 강조하는 종합적인 학문적 체계(science)를 갖고 있다.

제4절 회계개념의 이론적 구조

회계를 기업이 경영에 적용하는데 체계가 되는 것으로서 회계의 이론적 구조(conceptual framework of accounting)는 회계의 측정 · 보고의 기준이 된다. 이것은 회계이론 및 회계실무가 논리적 · 체계적으로 설계되도록 정립한 일종의 모형으로 볼 수 있는데 다음과 같은 모형이 많이 다루어지고 있다.

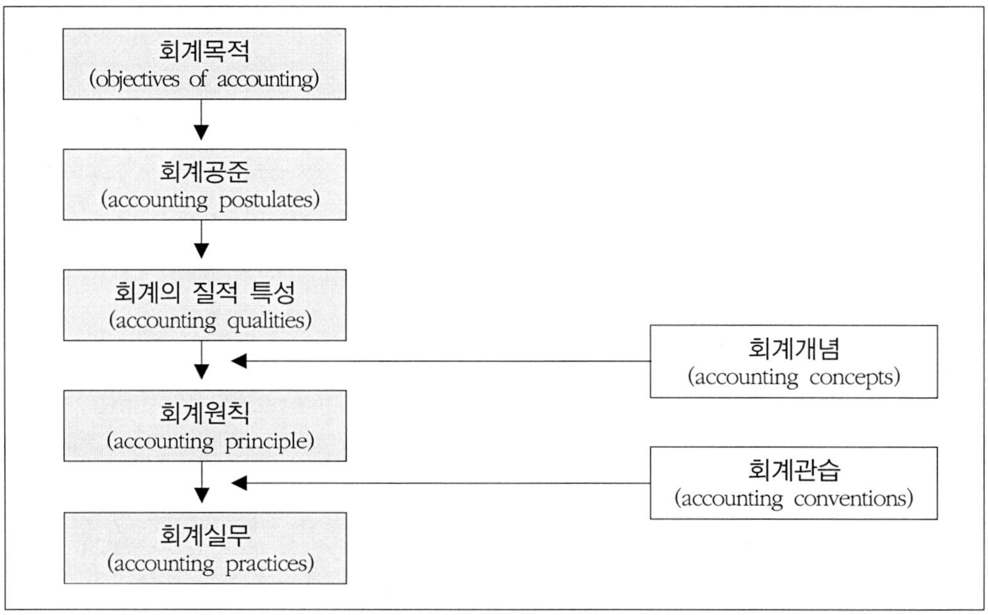

〈그림 1-2〉 회계개념의 이론적 구조

1. 회계목적

회계가 경제주체의 경제활동을 측정하는 것이라고 정의하면 어떤 목적에서 경제활동의 어떤 측면을 어떤 방법으로 측정할 것인가 하는 문제가 나타나게 된다. 우리나라는 다수의 정보이용자들 사이에 존재하는 이해관계를 조정할 수 있는 합리적인 원칙으로 「기업회계기준」을 제정하여 기업과 관련된 회계업무를 수행하도록 하고 있다. 이 기준은 회계목적을 「회계정보의 이용자(투자자, 채권자 등)가 기업실체와 관련하여 합리적인 의사결정을 할 수 있도록 재무상의 자료를 일반적으로 인정된 회계원칙에 따라 처리하여 유효하고 적정한 정보를 제공하는 것」으로 언급하고 있는데, 이를 다시 다음과 같이 세분화할 수 있다.

① 합리적인 의사결정을 위한 정보의 제공
② 자원의 효율적 이용을 위한 정보의 제공
③ 사회적 직능 및 통제를 가능하도록 하는 정보의 제공

2. 기본적 가정(회계공준)

기업에서 시행되는 기업회계는 몇 개의 기초개념을 전제로 하여 그 터전 위에 회계실무가 이루어지고 있다. 그러나 대부분의 회계실무자들은 이들을 당연한 것으로 또는 논의 이전의 자명한 명제로 받아들이고 있기 때문에 일상적인 회계업무를 수행하는 과정에서는 이 기초개념을 의식하지 못하는 것이 일반적이다. 이 기초개념을 학자에 따라서는 공준(postulates), 기초적 가정(basic assumptions), 기본적 원칙 등으로도 말하여지는데 그 내용은 다음과 같은 것이 있다.

1) 기업실체의 공준

기업은 회사의 종류에 관계 없이 그 기업을 소유하고 있는 소유주와는 별도로 분리·독립된 경제적 주체(business entity)로서의 기업 그 자체가 존재한다고 하는 가정하에서 회계가 수행되어야 한다는 것을 의미한다. 따라서 기업의 회계보고 역시 기업자체를 위한 것으로 단순히 소유주만이 아닌 광범위한 정보이용자를 위한 것이다.

2) 계속기업의 공준

기업은 뚜렷한 반증이 없는 한 경영활동을 계속적으로 영위(going concern)해 나갈 실체라는 가정(전제조건)하에 영업활동을 한다는 것을 의미한다. 자산의 평가는 이 공준에 따라 시가나 청산가치로 평가하지 않고 역사적 원가인 취득당시 원가로 평가하는 것이 일반적이다.

3) 화폐가치 안정의 공준

기업의 재무상태의 변동 및 영업활동의 결과를 측정할 경우에 객관적인 수단인 화폐단위로 표시가 가능해야 하며, 표시된 화폐가치는 일정기간 안정되어서 측정치로서의 변동이 없어야 한다는 것을 의미한다.

4) 회계기간의 공준

기업에 대한 회계의 측정과 보고는 인위적으로 정한 간격(일반적으로 대부분의 기업은 재무회계에서 6개월 또는 1년 단위로 회계기간을 사용한다)에 따라 진행되어진다는 것을

의미한다. 이 공준에 따라 발생주의, 원가배분(감가상각, 대손상각) 등의 회계업무가 나타나게 된다.

3. 회계정보의 질적 특성

회계정보의 질적 특성은 회계정보이용자가 합리적인 의사결정을 할 수 있도록 그 회계정보가 유용한 속성 또는 성질을 갖추고 있어야 한다는 것을 말한다. 따라서 회계정보의 질적 특성에는 회계정보에서 얻는 효익이 이를 얻는데 지출되는 비용보다 커야 한다는 전제조건이 필요하며 이해가능성, 목적적합성, 신뢰성, 비교가능성, 중요성 등이 내포되어 있어야 한다.

1) 이해가능성

이해가능성은 정보작성(제공)자 입장이 아니라 정보이용자 입장에서 볼 때, 회계정보가 이해하기 쉬워야 한다는 속성을 의미한다.

2) 목적적합성

목적적합성은 정보이용자가 어떤 의사결정을 할 때, 제공되는 정보가 이와 관련성이 매우 높은 속성을 지녀야 한다는 것을 의미한다. 따라서 여기에는 예측가치, 피드백가치, 적시성 등이 포함되어 있어야 한다.

3) 신뢰성

신뢰성은 정보작성자에게 해당되는 것으로 제공되는 정보가 오류 또는 편의(bias)가 없이 믿을 수 있어야 한다는 것을 말한다. 따라서 정보가 신뢰성이 있으려면 표현의 충실성, 검증가능성, 중립성 등이 포함되어 있어야 한다.

4. 회계원칙

그동안 여러 국가들은 회계의 중요성을 피부로 느끼면서도 각 국가별로 적용하는 회계기준이 상이하여 특정국가의 재무제표를 국가 간에 비교하는 척도로 활용하는데 많은 문제점을 발견하였다. 이러한 문제점을 해결하고자 2000년대 초부터 유럽 국가들을 중심으로 전 세계에서 통용될 수 있는 국제회계기준위원회(IASB: Interna-tional Accounting Standards Board)가 제정한 단일회계 기준인 국제회계기준(IFRS: International Financial Reporting Standards)을 도입하기 시작하였는데 현재는 100여개 이상의 국가가 국제회계기준을 사용하고 있다.[4)]

회계원칙(accounting principle) 또는 회계기준(accounting standard)이란 회계행위를 할 때 따르지 않으면 안될 행위의 지침으로 사회에 있어서 기업의 회계실무를 이끌어 나가는 지도원리가 된다. 회계기준은 시대변화와 사회발전에 따라 변화하는 특성을 가지고 있지만, 모든 기업에 적용가능한 보편타당성을 지니고 있어야 하며, 각종 이해관계자들의 이해를 조정하는 성격도 갖고 있다. 회계원칙은 회계실무가 회계기준에 따라 이루어지기 때문에 회계의 개념적 틀에서 핵심부분의 역할을 하게 된다. 우리나라에서 일반적으로 인정하는 회계원칙(GAAP: generally accepted accounting principle)은 한국회계기준원(KAI: Korea Accounting Institute) 산하에 있는 회계기준위원회(KASB: Korea Accounting Standard Board)가 제정하여 상장기업에 적용되는 한국채택국제회계기준(K-IFRS: Korean International Financial Reporting Standards) 및 비상장기업에 적용되는 일반기업회계기준 그리고 특별한 관계법령이 제정되어 있어 고유한 업무처리가 필요한 기관에만 적용되는 특수분야회계기준 등이 실무에서 운용되고 있다.

오늘날 대부분의 국가에서 존중하고 있는 회계원칙으로 역사적 원가주의의 원칙, 수익·비용 대응의 원칙, 발생주의 원칙, 신뢰성의 원칙, 계속성의 원칙,[5] 완전공시의 원칙, 중요성의 원칙, 보수주의 원칙 등이 있다.

우리나라 기업회계기준의 제정이유는 「주식회사의 외부감사에 관한 법률」 제 13 조의 규정에 의하여 동법의 적용을 받는 회사의 회계와 감사인의 감사에 통일성과 객관성을 부여하기 위하여 회계처리 및 보고에 관한 기준으로 만들어진 것이다. 기업회계기준의 제정과정을 요약하면 다음과 같다.

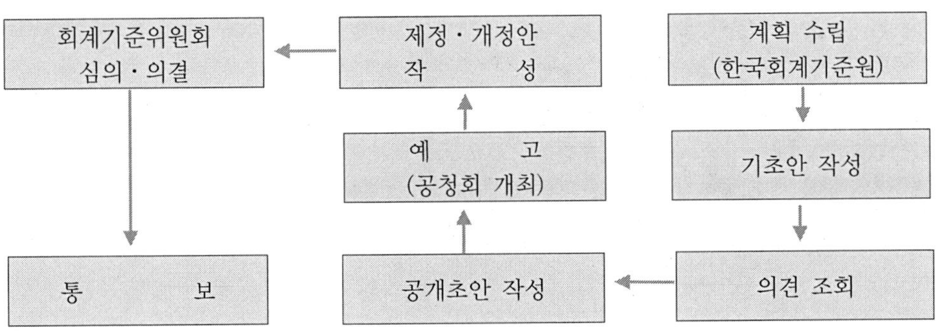

4) 2003년 이전에는 IFRS가 IAS(International Accounting Standards)라는 명칭으로 사용되었다.

5) 기업은 새로운 사실의 발생 또는 환경의 변화에 적절히 대응하기 위하여 계속성에 대한 예외사항으로 기존에 적용해 오던 회계정책과 회계측정을 변경할 수도 있다. 이와 같은 특수한 경우의 회계처리 방법을 위해 우리나라는 한국채택국제회계기준 제1008호(회계정책, 회계추정의 변경 및 오류)에 구체적인 사항들을 규정하고 있다.

제5절 회계의 발달

1. 회계이론의 기원

비록 약간의 회계개념이 그리스 및 로마시대에 발견되었지만, 복식부기제도라는 회계개념이 나타난 14세기경을 회계학의 시발점으로 보는 것이 일반적이다.

복식부기제도가 최초로 완성된 것은 1340년경 이탈리아 제노아의 중세상인들의 기록에서 찾아볼 수 있다. 그 당시에는 중세 이탈리아 여러 도시를 중심으로 하는 상업무역이 부흥하였는데, 이에 따라 회계도 발전하여 회계와 관련된 기록방법 속에 기업실체의 개념, 화폐단위의 사용, 자본과 이익의 구별 등 오늘날 회계의 중요 개념들을 발견할 수 있다. 루카 파치올리(Luca Pacioli)는 『대수, 기하, 비 및 비례총람』이라는 책을 1494년에 베니스에서 출판하였는데, 여기에는 복식부기제도가 언급되어 있고 그 배후에 있는 회계이론을 추론할 수 있는 내용이 포함되어 있다.

회계는 18세기 중반부까지 고용주를 위한 사적 서비스(private service) 기능에 국한되었다. 왜냐하면 그 시대의 기업들은 대부분 규모가 작아 기업의 소유주가 경영자이면서 동시에 고용주였기 때문에 기업과 관련된 이해관계자들의 층이 많지 않았다. 그러나 18세기 중반부터 영국에서 시작된 산업혁명[6]과 19세기말에 본격화된 주식회사제도 때문에 기업과 관련된 이해관계자들의 층이 넓어져 오늘날과 같은 일반 대중을 상대로 하는 회계정보 제공활동의 필요성이 제기되었다. 이를 충족시키기 위한 회계기준이 20세기초에 미국에서 처음 제정된 후 미국을 중심으로 회계학이 본격적으로 발전하는 토대를 마련하였다.

21세기 이후의 사회는 인터넷을 비롯한 정보통신기술의 발달로 인하여 지역적인 원격성과 국가간의 구별이 무의미한 실정이어서 기업환경이 급변함과 동시에 불확실성도 높을 것이다. 따라서 그 어느 때보다 경제행위에 대한 객관적인 정보제공을 주임무로 하는 회계가 중요한 기능을 수행하게 될 전망이다.

2. 회계전문직의 생성

회계는 실용주의적 요청으로 인해 탄생한 후 여러 가지 발전과정을 거쳐 하나의 지식

---

6) 산업혁명은 소규모생산체제인 가내수공업을 붕괴시키고 대량생산체제로 전환시키면서 점차 기업규모를 확대시켜 나갔다. 이에 따라 2인 이상이 하나의 기업을 공동으로 출자 · 운영하는 방식의 기업경영이 나타났다.

체계를 갖는 학문으로 성장해 왔다고 볼 수 있다. 따라서 회계기술이 발전하면 할수록 회계를 전문적으로 취급하는 직업이 나타났다.

1581년에 현대회계의 발상지인 이탈리아 베니스에서 창설된 회계사대학(Collegio dei Rexonati)이 회계전문직으로서의 최초 단체라고 할 수 있다. 그 후 영국(19세기 초반)을 거쳐 본격적으로 19세기 후반부터 미국에서 회계기술 및 직업단체는 더욱 발전하여 회계지식을 체계화하면서 사회조직에서 중요한 임무를 담당하는 기관으로 자리를 차지하였다.

현대에 있어서 각 나라의 회계직업은 경제현장에서 회계업무를 담당하면서 회계정보를 직접적으로 제공하는 업무종사자(경영자, 회계담당자 등)와 이론을 중심으로 경제행위를 연구하는 회계학회 및 실무를 중심으로 이를 응용하여 간접적인 정보를 제공하는 회계사회가 주축이 되고 있다.

기업의 경영자가 정보이용자를 위해 회계정보를 제공할 경우 필요에 따라서는 경영자 스스로가 자신의 기업을 경영하는 책임, 즉 수탁책임(stewardship responsibilities)을 과장 또는 축소하려는 목적에서 재무적 자료를 조작하여 왜곡된 정보를 제공할 가능성이 있다. 따라서 제3자가 객관적이고 공정한 입장에서 회계정보가 왜곡되지 않았는지 전문적인 지식을 가지고 검증 및 확인을 하는 제도가 필요하다. 이러한 사회적 요구에 부응하기 위해 만들어진 제도가 공인회계사(CPA : Certified Public Accountant)에 의한 외부감사제도[7]이다.

회계와 관련되어 일정한 자격이 요구되는 전문직으로는 공인회계사와 세무사가 대표적이며 이 밖에도 국제재무분석사, 손해사정인, 관세사, 감정평가사 등이 있다.

3. 우리나라 회계의 발달

우리나라는 구한말에 서양의 새로운 문물이 수입되면서 회계의 근간이 되는 서양의 복식부기가 본격적으로 도입되었다. 그러나 일부 학설에 의하면 고구려 때부터 조선시대까지 교통의 요지로 상업이 번창하였던 개성의 상인들 사이에는 그 이전부터 『4개송도치부법(송도부기법, 개성부기법)』이라는 우리나라 고유의 부기법이 시행되고 있었다는 주장이 있다. 하지만 이것은 특정 산업분야의 필요에 의해 부분적으로 시행되었다는 한계를 내포하고 있다.

일반에게 서양부기가 우리나라에서 널리 보급되기 시작한 것은 1910년 이후 학교교육을 통해서 이루어졌고, 1958년 기업회계원칙과 재무제표규칙이 최초로 성문법화되면서 회계가

7) 공인회계사들이 감사를 실시할 경우 준수하여야 할 행위기준을 정해 놓은 것이 [회계감사기준]이다.

비로소 일반화된 사회적 제도로 정착되었다. 그 후 1970년대 후반부터 고도의 경제성장을 이룩하면서 이와 병행할 수 있는 회계원칙의 필요성이 제기되어 본격적인 기업회계기준이 제정된 후 경제 및 사회환경의 변화에 따라 여러 차례 개정을 하였다. 그리고 IMF 관리체제를 겪은 후, 능동적인 회계기준의 제정 및 개정의 필요성이 제기되어 기업회계기준과 관련된 주관업무가 금융감독위원회에서 한국회계기준원(회계기준위원회)으로 위임되었다.

한국회계기준원은 앞에서 언급한 바와 같이 회계정보에 대한 대외적 신뢰성을 제고하고 국제화 추세에 능동적으로 대처하기 위해 국제회계기준을 한국채택국제회계기준(K-IFRS)으로 도입하여 2011년부터 모든 상장기업이 의무적으로 사용하게 하였으며 비상장기업은 2009년 12월 30일에 공표된 일반기업회계기준[8]을 적용하도록 하고 있다.

우리나라에서 일반적으로 인정된 회계원칙(K-IFRS, 일반기업회계기준, 특수분야회계기준)들의 번호체계는 다음과 같이 운영되고 있다.

① K-IFRS : 1001∼1099〈IAS〉, 1101∼1999〈IFRS〉
② 일반기업회계기준: 3001∼3999
③ 특수분야회계기준: 5001∼5999

그리고 우리나라에서 일반적으로 인정된 회계원칙들은 각각 기업회계기준서, 기업회계기준해석서, 실무지침 등으로 구성되어 있다.[9]

K-IFRS가 기존의 기업회계기준과 차이점은 원칙중심방식을 기본개념으로 한다는 것과 재무상태를 재평가할 때 원가모형 뿐만 아니라 재평가모형을 선택할 수 있도록 하였다는 것 그리고 연결재무제표 작성범위를 확대하였다는 것 등을 들 수 있다.

한편, 우리나라 회계관련 정보를 인터넷으로 접근할 수 있는 중요한 회계관련 기관들의 주소는 다음과 같다.

- 한국회계기준원: www.kasb.or.kr
- 국제회계기준위원회: www.iasc.org.uk
- 금융감독원: www.fss.or.kr
- 한국증권거래소: www.kse.or.kr
- 한국공인회계사회: www.kicpa.or.kr

---

8) 상장기업 이외의 기업에 적용되는 일반기업회계기준은 한국채택국제회계기준과 많은 부분은 일치하지만 특정 부분에서는 회계처리를 하는데 약간의 차이점이 있다. 참고로 한국채택국제회계기준의 표기는 앞으로 K-IFRS로 한다.

9) 한국회계기준원은 기업회계기준의 미비점이나 해석상 어려움으로 실무에서 회계처리에 곤란을 겪고 있다고 판단되는 주요 회계현안에 대해 기준서와 해석서 등을 별도로 공표하고 있다.

연습문제

1. 사회과학으로서 회계학이 추구하는 목적을 설명하라.

2. 회계와 부기의 차이점을 설명하라.

3. 회계공준에 대해 설명하라.

4. 회계원칙의 필요성을 설명하라.

5. 재무회계와 관리회계의 차이점을 설명하라.

6. 회계목적을 달성하기 위해 필요한 회계처리의 일반원칙을 설명하라.

7. 공인회계사에 의한 외부감사제도의 필요성에 대해 설명하라.

8. 수탁책임제도에 대해 설명하라.

9. 우리나라 회계기준의 제정 및 개정 절차를 설명하라.

10. 우리나라가 IMF 구제금융을 받은 이유를 회계학적 입장에서 설명하라.

11. 기존의 기업회계기준과 K-IFRS은 어떤 차이점이 있는지를 설명하라.

12. 정보(information)와 자료(data)의 차이점을 설명한 후, 질적정보와 양적정보를 예를 들어보라.

13. 재무회계의 기초개념 중 목적적합성과 신뢰성의 관계를 정보이용자 관점에서 설명하라.

14. 단식부기와 복식부기의 차이점에 대해 설명하라.

15. 역사적원가주의의 장점과 단점에 대해 설명하라.

16. 경영자에게 내부통제절차가 필요한 이유를 설명하라.

17. 다음 용어에 대해 설명하라.
    ① 기초 ② 기말 ③ 전기 ④ 당기 ⑤ 차기 ⑥ 전기이월 ⑦ 차기이월

제2장 재무상태의 측정

제1절 자 산

1. 자산의 정의

자산(assets : A)이란 기업이 소유하고 있는 화폐와 화폐단위로 표시할 수 있는 재화나 채권 등과 같이 경제적 가치(economic benefits)가 있는 것을 말한다. 여기서 재화란 기업이 경영에 필요한 현금·상품·건물 등과 같은 화폐가치가 있는 자원을 말하며, 채권은 외상매출금·대여금 등과 같이 외상대금이나 대여한 금액을 요구할 수 있는 권리를 말한다. 자산은 일반적으로 취득원가를 장부가액으로 기록하는데 취득원가는 매입가격에 부대비용을 가산한 것이다.

2. 자산의 분류

자산은 현금으로 전환하는 기간(정상영업주기[1])을 1년으로 기준하여 유동자산과 비유동자산으로 분류한다. 즉, 유동자산은 단기매매목적으로 보유한 자산이면서 회계보고기간 만료일로부터 1년 이내에 현금화 할 수 있는 자산을 의미하고 비유동자산은 그 기간이 1년 이상 필요로 하는 자산을 말한다. 일반기업회계기준으로 자산을 분류하면 유동자산은 당좌자산과 재고자산으로 구성되고, 비유동자산은 투자자산·유형자산·무형자산, 기타비유동자산으로 구성된다.

---

1) 자산을 영업활동을 하기 위해서 취득한 시점부터 그 자산이 매출되어 현금으로 실현할 때까지 소요되는 평균적 기간

그리고 자산의 배열은 현금전환가능성(환금성, availability for conversion into cash)에 의한 방법, 즉 유동성 배열법을 적용하고 있다.

- ▶ 자산
  - 유 동 자 산
    - 당좌자산 : 현금 및 현금성자산(현금 · 당좌예금 · 보통예금 · 현금성자산), 단기금융상품, 단기매매증권, 매출채권, 단기미수금, 선급금, 선급비용 등
    - 재고자산 : 상품, 제품, 재공품, 원재료 등
  - 비유동자산
    - 투자자산 : 투자부동산, 장기투자증권, 지분법적용투자주식 등
    - 유형자산 : 토지, 설비자산, 건설중인 자산 등
    - 무형자산 : 영업권, 산업재산권, 개발비 등
    - 기타비유동자산 : 이연법인세자산, 장기매출채권, 보증금 등

〈표 1-2〉 자산의 분류

제2절 부 채

1. 부채의 정의

기업이 과거의 사건(event)의 결과로서 미래에 일정한 금액을 갚아야 할 의무 중에서 화폐단위로 측정가능한 것을 부채(liabilites : L)라고 한다. 예를 들면, 부채 중에서 외상매입금, 차입금 등은 후일에 대금을 지급해야 할 의무이며 선수금, 상품권 등은 상품으로 상환해야 할 의무이다.

2. 부채의 분류

부채는 갚아야 할 기한(보통 1년을 기준)에 따라 유동부채와 비유동부채로 분류하는데, 이들의 배열방법은 상환기간이 짧은 것에서부터 긴 것으로 순서를 정하고 있다. 즉 자산항목의 유동성배열법에 준한다고 할 수 있다.

K-IFRS는 부채를 상환기간에 따라 다음과 같이 분류하여 재무상태표에 표시하도록 규정하고 있다.[2] 그리고 부채를 현금및현금성자산 등과 같은 금융자산으로 결제가 가능한가의 여부에 따라 금융부채 또는 비금융부채로 구분할 수도 있다.

▶ 부채
- 유동부채 : 단기차입금, 매입채무, 미지급법인세, 미지급비용, 예수금 등
- 비유동부채 : 사채, 신주인수권부사채, 전환사채, 장기차입금, 퇴직급여충당부채, 장기제품보증부채, 임대보증금 등

〈표 1-3〉 부채의 분류

제3절 자 본

1. 자본의 정의

자본(capital : C)이란 자산에 대한 기업의 소유주 또는 주주의 청구권, 즉 지분(claimor equity)을 말한다. 따라서 자본은 기업이 소유하고 있는 자산총액에서 부채총액을 차감한 잔액과 같다. 이를 자본등식(capital equation)으로 표시하면 다음과 같다.

$$자본 = 자산 - 부채$$
$$C = A - L$$

2. 자본의 분류

자본은 기업에 대한 주주들의 출자금인 자본금(법정자본금)과 납입자본에 대한 초과액인 잉여금(또는 결손금) 그리고 자본조정 등으로 구성된다. 주식회사의 자본금은 정관에 명기되어 일정한 절차를 밟지 않고는 임의로 변경할 수 없는데 이것을 자본금확정의 원칙이라고 한다.

재무상태표의 구성요소 중 하나인 자본을 분류할 때, 그것의 발생원천에 따라 구분하므로 이것은 유동성에 따라 분류하는 자산 및 부채와는 다른 방법을 취하고 있다. K-IFRS는 자본을 납입자본(자본금, 자본잉여금), 기타자본구성요소(자본조정, 기타포괄손익누계액, 일반적립금), 이익잉여금 등으로 3구분하고 있지만 일반기업회계기준은 다음과 같이 더욱 세분화하고 있다.

---

2) K-IFRS는 재무제표에 표시할 계정과목에 대한 구체적인 방법을 언급하고 있지 않기 때문에 본 교재는 일반기업회계기준의 예시를 제시한다. 그리고 외상매출금(외상매입금)과 받을어음(지급어음)을 매출채권(매입채무)으로 통합하여 표시하는 것이 원칙이지만 각각의 성격을 명확히 구분하기 위해 본 교재에서는 그대로 표기하기로 한다.

▶자본
- 자본금 : 보통주자본금, 우선주자본금
- 자본잉여금 : 주식발행초과금, 감자차익, 기타자본잉여금 등
- 이익잉여금(또는 결손금) : 법정적립금, 임의적립금, 미처분이익잉여금(또는 미처리결손금)
- 기타포괄손익누계액 : 매도가능증권평가손익, 해외사업환산손익, 현금흐름 위험회피 파생상품평가손익 등
- 자본조정 : 자기주식, 주식발행차금, 배당건설이자 등

〈표 1-4〉 자본의 분류

예제 2.1

다음 계정과목 중 자산은 A, 부채는 L, 자본은 C로 표시하라.

㉠ 유가증권	㉡ 매입채무	㉢ 선급금	㉣ 미수금
㉤ 선수금	㉥ 장기대여금	㉦ 토지	㉧ 차입금
㉨ 건물	㉩ 미지급금	㉪ 자본금	㉫ 선수수익
㉬ 주식발행초과금	㉭ 자기주식		

해답

㉠ (A)	㉡ (L)	㉢ (A)	㉣ (A)
㉤ (L)	㉥ (A)	㉦ (A)	㉧ (L)
㉨ (A)	㉩ (L)	㉪ (C)	㉫ (L)
㉬ (C)	㉭ (C)		

예제 2.2

2009년 1월 1일 현재 문학상사의 재무상태가 다음과 같다. 자본은 얼마인가?

(단위: 원)

[재무상태]

현 금	260,000	차 입 금	120,000	건물	650,000	상품	480,000
매입채무	370,000	매출채권	510,000				

해답
- 자산총액 : 260,000 + 650,000 + 480,000 + 510,000 = 1,900,000
- 부채총액 : 120,000 + 370,000 = 490,000
- 자본총액 : 1,900,000 − 490,000 = 1,410,000

☞ **참고사항(각종 약자 및 기호)**

자 산 : A(assets)
부 채 : L(liabilites)
자 본 : C(capital)
수 익 : R(revenue)
단 가 : @
비 용 : E(expense)
계 정 : A/C(account)
차 변 : Dr.(debtor)
대 변 : Cr.(creditor)
재무상태표(statement of financial position)
번 호: #
포괄손익계산서(statement of comprehensive income)
재무제표 : F/S(financial statements)
시산표 : T/B(trial balance)
정산표 : W/S(work sheet)

제4절 재무상태표

일반으로 기업의 거래내역을 일정기간 단위로 측정, 기록, 분류, 요약하여 작성하는 회계보고서를 재무제표(financial statements : F/S)라고 한다. 이는 기업의 경제적 활동내역을 나타낸 것이므로 이해관계자들이 합리적 의사결정을 하는데 정보원천이 되고, 과세를 위한 기초자료가 된다. 이와 같은 기업활동과 관련된 정보창구인 재무제표를 K-IFRS에서는 재무상태표, 포괄손익계산서, 자본변동표, 현금흐름표 및 주석 등으로 규정하고 있다.

재무제표 중에서 재무상태표(statement of financial position) 와 포괄손익계산서(statement of comprehensive income)는 대표적인 회계보고서이다. 왜냐하면 재무상태표[3]는 특정기업

3) 재무상태표는 실무에서 대차대조표(balance sheet)로도 지칭되고 있는데, 대차대조표는 단순히 계정의 대변과 차변요소를 대조한다는 뜻을 지닌 개념상의 문제가 있다. 한편, K-IFRS는 재무상태표를 포함하여 재무제표를 공시할 때 과거의 회계기준처럼 엄격하게 계정과목의 분류 및 표시 방법 등을 규제하지 않고 있다.

의 일정시점에서의 재무상태에 관한 정보, 즉 기업재무구조가 양호한가 불량한가를 판단하는 평가기준을 제공하기 때문이다. 이를 정리하면 재무상태표란 재무제표 중의 하나로서 「일정시점에 있어서의 회계실체의 자산, 부채, 자본의 상태(재무상태)를 나타내는 회계보고서」를 말한다. 따라서 재무상태표는 다음 장에서 언급되는 포괄손익계산서와는 기준시점 측면에서 전자는 일정시점(정태개념 : stock concept)을, 후자는 일정기간(동태개념 : flow concept)을, 그리고 회계적 측면에서는 전자는 재무상태를, 후자는 영업성적을 나타내는 특징이 있다.

한편, 재무상태표의 서식(양식)에는 계정식과 보고식이 있으며 재무상태표의 구성은 자산, 부채 그리고 자본으로 이루어진다. 이들은 〈그림 1-3〉과 같은 상호관계를 유지하고 있다.

계정식으로 작성된 재무상태표의 구조를 살펴보면 자금의 원천인 부채와 자본을 조달하여 자산을 구입(운용)한 것이므로 자금의 원천(대변) 합계액과 자금의 운용(차변) 합계액은 항상 동일하게 나타난다. 따라서 기업의 이해관계자는 재무상태표를 통하여 기업의 재무상태뿐만 아니라 자금의 단기지급능력이나 안정성까지도 판단할 수 있다.

재 무 상 태 표

회사명 : 200 . . . 현재 (단위:)

차 변(자산)		대 변(부채 · 자본)	
자 산	×××	부 채	×××
		자 본	×××
합 계	×××	합 계	×××

〈그림 1-3〉 재무상태표의 구조

재무상태표의 구조를 계산식(재무상태표등식)으로 표시하면 다음과 같다.

자산 = 지분(타인지분 + 자기지분)
(assets) (equities)

= 부채 + 자본
(liabilities) (capital)

한편, 앞에서 언급한 것처럼 재무상태표를 외부에 공표하기 위해서는 보고식으로 작성해야 하는데 이것은 계정과목의 배열순서를 자산, 부채 그리고 자본 등으로 나열하는 것 이외에는 기본원리가 계정식과 동일하다.

예제 2.3

앞절(제3절)의 〈예제 2.2〉를 참고하여 2009년 1월 1일 현재, 문학상사의 재무상태표를 작성하고 재무상태표등식도 표시하라.

해답 (가) 재무상태표

재 무 상 태 표

문학상사 2009. 1. 1. 현재 (단위: 원)

차 변		대 변	
현 금	260,000	차 입 금	120,000
건 물	650,000	매 입 채 무	370,000
상 품	480,000	자 본 금	1,410,000
매 출 채 권	510,000		
	1,900,000		1,900,000

(나) 재무상태표등식

1,900,000(자산총액) = 490,000(부채총액) + 1,410,000(자본총액)

연습문제

1. 다음 항목은 자산, 부채, 자본 중 어느 요소에 속하는가?

① 기계	② 현금	③ 상품	④ 사채
⑤ 투자부동산	⑥ 건설중인자산	⑦ 차량운반구	⑧ 유가증권
⑨ 매출채권	⑩ 감자차익	⑪ 예수금	⑫ 저작권
⑬ 영업권	⑭ 대여금	⑮ 매입채무	

2. 충남상사가 기계 ₩1,000,000을 구입하면서 운반비로 ₩10,000을 지급하였을 경우에 기계의 취득원가는 얼마인가?

3. 부산상사가 한라은행으로부터 차입한 자금의 만기연도와 상환금액은 다음과 같다. 2011년도 현재, 부산상사의 고정부채는 얼마인가? (단위: 원)

만기 연도	2011	2012	2013
상환자금	3,000,000	2,000,000	4,000,000

4. 다음 자료는 2008년 12월 31일 현재, 예섭상사의 계정잔액이다. 기말부채 총액은 얼마인가? (단위: 원)

현금	380,000	미수금	70,000	자본금	950,000
상품	840,000	사채	560,000	매출채권	240,000
대여금	650,000	토지	520,000	차입금	(　　)
매입채무	410,000	미지급배당금	277,000		

5. 다음 자료에 의하여 상지상사의 자본금을 계산하라. (단위: 원)

기계장치	750,000	매출채권	870,000	상품	550,000
단기차입금	980,000	대여금	490,000	선수금	870,000

6. 다음 자료에 의하여 치악상사의 재무상태표를 작성하라. (단위: 원)

현금과 예금	60,000	매입채무	1,450,000	건물	1,000,000
차입금	950,000	장기대여금	480,000	미지급금	815,000
상품	770,000	토지	1,200,000	자본금	295,000

7. 강원상사의 2007년 1월 1일(기초) 및 2007년 12월 31일(기말) 재무상태는 다음과 같다.

(단위: 원)

〈기초 재무상태〉

현금	65,000	단기대여금	79,000	토지	120,000
차입금	25,000	미지급금	54,000	원재료	46,000

〈기말 재무상태〉

현금	76,000	차량운반구	63,000	상품	340,000
선수금	73,000	미지급금	25,000	사채	87,000
건물	960,000	장기차입금	40,000	매출채권	15,000

〈요구사항〉

1) 기초자본금을 구하라.
2) 기말자본을 구하라.
3) 당기순이익을 구하라.
4) 재무상태표를 작성하라.

8. K-IFRS에서 규정하고 있는 주요 재무제표들의 차이점을 설명하라.

9. 법정자본과 납입자본의 차이점을 설명하라.

10. 자본잉여금과 이익잉여금의 차이점을 설명하라.

11. 유동성배열법에 대해 설명하라.

12. 수능상회는 결산을 맞이하여 금고를 실사하였는데 다음과 같은 자산이 있음을 발견하였다. 수능상회가 재무상태표에 표시하여야 할 현금및현금성자산계정의 금액은 얼마인가? (단위: 원)

• 만기가 도래한 공채이자표	450,000	• 배당금 지급통지표	700,000
• 수입인지	30,000	• 우표	7,500
• 직원의 급료가불증	800,000	• 타인발행 당좌수표	400,000
• 타인발행 약속어음	3,200,000	• 통화	600,000

13. 다음 괄호 안에 알맞은 용어를 찾아 기입하라.

재무제표 중 하나인 (　　)는 수익을 인식할 때 (　　)주의가 아니라 (　　)주의 입장으로 인식하기 때문에 기업의 경영성과를 정확히 계산해 준다는 특징이 있다. 그러나 해당 기업의 현금사용에 대한 정보를 정확하게 나타내지 못하는 한계가 있다. 이러한 문제를 해결하고자 일정기간 동안 기업의 현금 유입과 현금 유출 관계를 나타내는 보고서가 필요한데 이것을 (　　)라고 한다.

14. 승섭상사는 상품을 구입하면서 다음과 같은 비용을 지출하였다. 상품의 취득원가는 얼마인가? (단위: 원)

• 매입 단가	2,500	• 매입 수량	1,000개	• 매입운반비	7,500
• 매입하역비	8,000	• 매입수수료	3,000		

• 매입한 후 판매할 때까지 추가적으로 지출한 창고보관비용　30,000

15. 응용미술이 전공인 가은학생은 재무상태표에 표시되는 당기순이익만으로도 주식투자를 할 수 있는데 기업들은 쓸데없이 포괄손익계산서를 작성하여 재무상태표와 똑같은 당기순이익을 다시 표시하는 이유를 모르겠다고 불만이 많다. 회계학이 전공인 가희학생은 이것에 대해 어떤 답변을 해야 하는가?

제3장 경영성과의 측정

제1절 수익과 비용

1. 수익의 정의와 분류

수익(revenue)이란 일정기간 동안에 기업이 고객에게 제공한 재화나 용역에 대해 반대급부로 받은 대가를 화폐가치로 표시한 것을 말한다. 수익[1]은 기업의 주된 영업활동이면서 정상적인 영업활동(상품매출, 용역의 제공 등) 결과로서 획득한 것인가, 아니면 주요 영업활동 이외의 결과로서 발생한 것인가에 따라 〈표 1-5〉와 같이 분류된다.

한편, 기업은 예외적으로 고객에게 재화나 용역을 제공하기도 전에 먼저 대가를 받을 경우가 있다. 이런 경우에는 이를 수익으로 인식하지 않고 부채로 처리해야 한다. 왜냐하면 기업은 나중에 재화나 용역을 고객에게 제공해야 하는 의무가 발생하기 때문이다. 따라서 기업이 보유한 재화나 용역을 고객에게 제공하는 시점에서야 비로소 수익이 발생된다고 할 수 있다.

▶ 수익
- 영업수익 : 매출액
- 영업외수익 : 이자수익, 배당금수익, 임대료, 단기투자자산처분이익, 단기투자자산평가이익, 유형자산처분이익, 잡이익 등

〈표 1-5〉 수익의 분류

1) 이익(income : I)은 기업이 취득한 화폐적 가치인 수익에서 이를 얻기 위해 지출한 화폐적 가치인 비용을 차감한 개념을 말한다. 따라서 손익계산서의 대변총액에서 차변총액을 차감하면 그 잔액이 이익이 된다.

2. 비용의 정의와 분류

비용(expense)이란 수익과 대응되는 개념으로 수익을 획득하는 과정에서 지출된 경제적 가치를 화폐가치로 나타낸 것을 말한다. 비용도 주된 영업활동(상품매입 및 판매 등)을 위한 지출인가, 아닌가의 여부에 따라 〈표 1-6〉과 같이 분류된다.

한편, 기업은 예외적으로 고객으로부터 재화나 용역을 제공받기 전에 먼저 대가를 지급할 경우가 있다. 이런 경우에는 이를 비용으로 인식하지 않고 자산으로 처리해야 한다. 왜냐하면 기업은 나중에 재화나 용역을 고객으로부터 제공받을 수 있는 권리가 발생하기 때문이다. 따라서 기업은 재화나 용역을 수익을 위해 소비하는 시점에서야 비로소 비용이 발생된다고 할 수 있다.

▶ 비용
- 매출원가
- 판매비와 관리비 : 급여, 운송비, 복리후생비, 임차료, 접대비, 감가상각비, 무형자산상각비, 세금과공과, 광고선전비, 연구비, 경상개발비, 대손상각비 등
- 영업외비용 : 이자비용, 단기투자자산처분손실, 단기투자자산평가손실, 단기매매증권평가손실, 단기매매증권처분손실, 기부금, 유형자산처분손실, 잡손실 등

* [매출원가]와 [판매비와 관리비]를 영업비용으로 묶을 수도 있음.

〈표 1-6〉 비용의 분류

3. 수익과 비용의 관계

지금까지 언급한 수익과 비용을 상호 대응시켜 정리하면 다음과 같다.

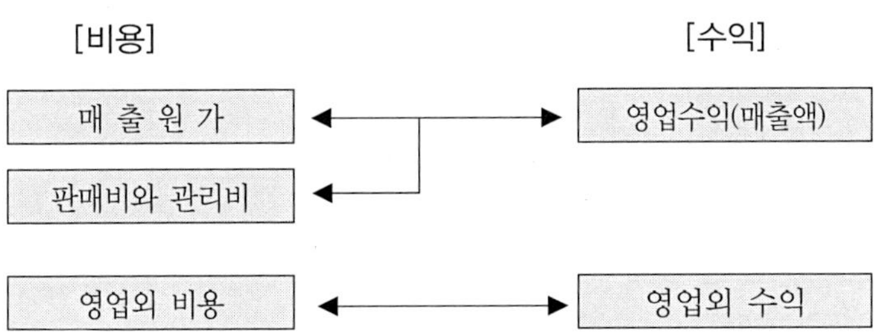

〈그림 1-4〉 수익 · 비용의 대응

한편, 일반기업회계기준은 손익계산서를 작성할 때 이익의 단계에 대해 4구분(수익: 매출총이익/영업이익/법인세비용차감전순이익/당기순이익, 비용: 매출원가/판매비와관리비/영업외비용/법인세비용)을 계산하여 작성하도록 규정하고 있다. 그러나 K-IFRS는 이익의 단계에 대하여 특별한 제한 규정이 없기 때문에 당기손익항목과 기타포괄손익항목만 구분하여 표시하면 된다.(수익: 매출액/기타수익, 비용: 성격별 표시방법 또는 기능별 표시방법)

4. 현금주의와 발생주의

기업이 회계기간 동안 발생한 수익과 비용을 인식하는 방법에는 현금주의 와 발생주의가 있다. 현금주의(cash basis)는 거래가 발생하였더라도 현금의 수입과 지출이 나타나야만 이를 거래로 인식하고 기록하는 방법을 말한다. 따라서 수익과 비용을 현금주의에 의해 기록하면 기간손익을 산출하는데 상당한 왜곡현상이 발생한다. 한편, 발생주의(accrual basis)는 거래에 대한 반대급부로 나타나는 현금의 수입 및 지출 활동과는 관계없이 거래가 발생하면 수익으로 인식하고 이러한 수익을 위한 댓가로 파생되는 것을 비용으로 인식하는 방법을 의미한다. 따라서 발생주의로 인식하면 회계기간 동안의 수익과 비용이 적절하게 대응되어 기업의 경영성과를 보다 효율적으로 측정할 수 있다.

제2절 포괄손익계산서

앞에서 언급한 정태적 회계보고서인 재무상태표와 다르게 포괄손익계산서(statement of comprehensive income)는 기업의 일정기간 동안 경영활동의 결과인 손익을 확정하여 영업성적을 표시하는 동태적 회계보고서이다. 기존 회계기준에서는 손익계산서에 당기순손익만을 표시하였으나 K-IFRS는 기타포괄손익[2]까지 포괄손익계산서에 나타나도록 규정하고 있다.

한편, 포괄손익계산서의 보고형식에 대해 K-IFRS는 특별한 양식을 규정하지 않고 당해기간에 인식한 모든 수익과 비용항목을 다음 중에서 선택하도록 하고 있다.

2) 기타포괄손익은 재무상태표에 나타나는 자본항목이지만 일종의 미실현손익항목이기 때문에 광의의 손익으로 인식되어 당기순이익과 구별하여 별도로 표시해야 한다.

① 단일형식 방법: 1개의 보고서(보고서 1개에 당기순손익과 기타포괄손익을 함께 표시하는 보고서)

② 분리형식 방법: 2개의 보고서(당기순손익의 구성요소를 표시하는 보고서+당기순손익에서 시작하여 기타포괄손익의 구성요소 까지를 표시하는 보고서)

포 괄 손 익 계 산 서

회사명 : (200 . . . ~ 200 . . .) (단위:)

차변(비용)		대변(수익)	
비용총액	×××	수익총액	×××
당기순이익	×××		
합 계	×××	합 계	×××

〈그림 1-5〉 포괄손익계산서의 구조

그리고 K-IFRS는 포괄손익계산서에 표시하는 비용을 성격별로 분류하거나 기능별로 분류한 후, 두 가지 중에서 하나를 기업이 선택할 수 있도록 규정하고 있는데 실무에서는 기능별로 분류하는 방법을 많이 사용한다.[3)]

보고식용으로 작성한 포괄손익계산서의 성격별 및 기능별 양식은 다음과 같다.

3) 그러나 K-IFRS는 기능별 분류방법을 선택한 기업에게 성격별로 분류된 것을 주석사항에 추가적으로 공시하도록 규정하고 있다. 왜냐하면 비용을 기능별로 분석하면 회계담당자의 주관적 판단이 개입될 소지가 있기 때문이다.

(1) 성격별 형식(보고식): 포괄손익계산서

포 괄 손 익 계 산 서

제21기 2011년 01월 01일부터 2011년 12월 31일까지
제20기 2010년 01월 01일부터 2010년 12월 31일까지

회사명: *** (단위: 원)

계 정 과 목	당 기	전 기
매출액(수익)	××××	××××
기타 수익	××××	××××
상품의 변동	(××××)	(××××)
상품매입액	(××××)	(××××)
종업원급여	(××××)	(××××)
감가상각비와 기타 상각비	(××××)	(××××)
이자비용	(××××)	(××××)
기타비용	(××××)	(××××)
법인세비용차감전순이익	××××	××××
법인세비용	(××××)	(××××)
당기순손익	××××	××××
기타포괄손익:	(××××)	(××××)
매도가능증권평가이익	××××	××××
기타포괄손익과 관련된 법인세	(××××)	(××××)
법인세후기타포괄손익	××××	××××
총포괄손익	××××	××××
주당손익	××××	××××

(2) 기능별 형식(보고식): 포괄손익계산서

포 괄 손 익 계 산 서

제21기 2011년 01월 01일부터 2011년 12월 31일까지
제20기 2010년 01월 01일부터 2010년 12월 31일까지

회사명: *** (단위: 원)

계 정 과 목	당 기	전 기
매출액(수익)	××××	××××
매출원가	(××××)	(××××)
매출총이익	××××	××××
기타수익	××××	××××
물류비	(××××)	(××××)
관리비	(××××)	(××××)
마케팅비용	(××××)	(××××)
이자비용	(××××)	(××××)
기타비용	(××××)	(××××)
법인세비용차감전순이익	××××	××××
법인세비용	(××××)	(××××)
당기순손익	(××××)	(××××)
기타포괄손익:		
매도가능증권평가이익	××××	××××
기타포괄손익과 관련된 법인세	(××××)	(××××)
법인세후기타포괄손익	××××	××××
총포괄손익	××××	××××
주당손익	××××	××××

예제 3.1

간석상사의 2008년도(1월 1일 ~ 12월 31일) 영업실적이 다음과 같을 경우에 포괄손익계산서를 작성하라. (단위: 원)

〈자 료〉

상품매출이익	89,000	이 자 수 익	25,000	임차료	84,000
급 여	15,000	광고선전비	8,000		

해답

포 괄 손 익 계 산 서

간석상사 2008. 1. 1. ~ 2008. 12. 31. (단위: 원)

차 변		대 변	
임 차 료	84,000	상품매출이익	89,000
급 여	15,000	이 자 수 익	25,000
광고선전비	8,000		
당기순이익	7,000		
	114,000		114,000

예제 3.2

다음은 지웅상사의 2013년 영업성적 내용이다. 지웅상사의 매출총이익, 영업이익, 법인세비용차감전순이익, 당기순이익, 총포괄이익 등을 구하라. (단위: 원)

매 출 액:	6,500,000	기초상품재고액:	2,400,000	당 기 매 입 액:	3,200,000
기말상품재고액:	700,000	급 여:	250,000	광 고 선 전 비:	360,000
보 험 료:	120,000	이 자 수 익:	240,000	임 대 료:	100,000
이 자 비 용:	410,000	법 인 세 비 용:	150,000	토지재평가이익:	130,000
외화재무제표환산손실:	110,000				

해답 ① 매출총이익: 6,500,000 − (2,400,000 + 3,200,000 − 700,000) = 1,600,000
② 영업이익: 1,600,000 − (250,000 + 360,000 + 120,000) = 870,000
③ 법인세비용차감전순이익: 870,000 + (240,000 + 100,000) − 410,000 = 800,000
④ 당기순이익: 800,000 − 150,000 = 650,000
⑤ 총포괄이익: 650,000 + 130,000 − 110,000 = 670,000

제3절 순이익의 계산

기업이 회계기간 동안 벌어들인 이익은 재무상태표와 포괄손익계산서를 통해서 계산할 수 있다. 자본유지접근법은 재무상태표를 이용하는 방법이고 거래접근법은 포괄손익계산서를 활용하는 방법이다.

1. 자본유지접근법

기업이 일정한 회계기간에 발생한 순이익을 계산하는 방법의 하나로서 자본유지접근법(재산법)은 기업의 기초자본이 회계기간중 영업활동 결과로 기말에 얼마만큼의 자본으로 변화되었는가를 비교하여 산출하는 방법이다. 이를 계산식으로 표시하면 다음과 같다.

> 순이익 = 기말자본 − (기초자본 + 자본증가액 − 자본감소액)

상기한 계산식에서 기말자본이 기초자본보다 클 경우 순이익이 발생하지만, 그 반대의 경우는 순손실[4]이 발생한다.

이 방법은 순이익의 발생에 대한 자세한 내역이 없기 때문에 이해관계자들이 수익과 비용에 관한 개별적인 정보, 즉 이들의 발생원천을 파악할 수 없다는 단점이 있다.

4) 일반적으로 이 경우 순손실로 처리하는데, 이는 엄밀히 말하면 잘못된 개념이다. 왜냐하면 손실(loss)은 영업활동과 관계없이 기업에서 지출한 화폐적 가치로 이득(gain)과 대응되는 개념이기 때문이다. 따라서 음(−)의 순이익이 정확한 표현이다.

예제 3.3

다음 자료로 순이익을 산출하라. (단위: 원)

기 초 자 산	100,000	기 초 부 채	60,000	기 말 자 산	150,000
기 말 부 채	80,000	자본증자액	20,000	자본인출액	10,000

해답 100,000 − 60,000 = 40,000(기초자본)

150,000 − 80,000 = 70,000(기말자본)

70,000 − (40,000 + 20,000 − 10,000) = 20,000(순이익)

2. 거래접근법

순이익을 산출하는 방법의 하나로 포괄손익계산서에서 파악할 수 있는 거래접근법(손익법)은 일정기간 동안에 발생한 모든 수익거래에서 비용거래를 차감하여 순이익을 계산한다.

이를 계산식으로 표시하면 다음과 같다.

> 순이익 = 총수익 − 총비용

예제 3.4

다음 자료로 순이익을 산출하라. (단위: 원)

매 출 액	30,000	매 출 원 가	20,000	급 여	5,000
세금과공과	4,000	이 자 수 익	4,000	임 대 료	3,000
감가상각비	2,000	잡 이 익	3,000	접 대 비	2,000

해답 (30,000 + 4,000 + 3,000 + 3,000) − (20,000 + 5,000 + 4,000 + 2,000 + 2,000) = 7,000(순이익)

연습문제

1. 2007년 1월 1일 석목상사의 자본금은 ₩5,000,000이고 당 회계기간 중 순이익은 ₩260,000이다. 당 회계기간 중 자본주가 개인적인 이유로 ₩470,000을 인출해 갔다면 석목상사의 기말자본금은 얼마인가?

2. 2008년 1월 1일 창경상사의 자본금은 ₩750,000이고 12월 31일의 재무상태는 다음과 같다. 당기순이익은 얼마인가? (단위: 원)

현 금	340,000	단기대여금	430,000	미지급금	90,000
기 계	210,000	당좌예금	450,000	상 품	760,000
차입금	580,000	매입채무	370,000	사 채	260,000

3. 다음 자료로 석성상사의 기초 및 기말 재무상태표를 작성하라. (단위: 원)

〈기초의 재무상태〉

현 금	200,000	건 물	270,000	상 품	230,000
사 채	240,000	장기차입금	180,000	유가증권	150,000

〈기말의 재무상태〉

현 금	170,000	사 채	320,000	건 물	310,000
기 계	140,000	당좌예금	260,000	장기대여금	420,000
장기차입금	410,000	미지급금	330,000	상 품	540,000

4. 우산상사의 기초와 기말 재무상태 그리고 기중의 자본거래는 다음과 같다. 우산 상사의 당기순이익을 계산하라. (단위: 천원)

〈재무상태〉

기초 재무상태표

상품	2,000	차입금	1,500
건물	3,000		

기말 재무상태표

상품	2,300	차입금	1,000
건물	3,400		
토지	1,000		

〈자본거래〉

자본인출액: 6,400 추가출자액: 5,800

5. 다음 자료는 부여상사의 2007년 1월 1일부터 2007년 12월 31일까지 경영성과에 관한 내용이다. (단위: 원)

〈자료〉

상품매출이익	1,370,000	이자비용	400,000	광 고 선 전 비	650,000
임 대 료	750,000	급 여	540,000	세금과 공과금	310,000

〈요구사항〉

1) 당기순이익을 구하라.

2) 포괄손익계산서를 작성하라.

6. 다음 빈칸에 알맞은 금액을 기입하라. (단위: 천원)

	기말 자산	기말 부채	자본		기중자본		총수익	총비용	당기 순이익
			기초	기말	증가	감소			
①	( )	55	49	52	*	*	42	( )	( )
②	76	32	( )	( )	*	*	( )	42	23
③	625	210	180	( )	( )	*	580	( )	170
④	550	230	320	( )	*	( )	( )	650	20
⑤	540	320	150	220	130	( )	650	( )	▲ 40

▲는 순손실을 나타냄.

7. 예지상사의 2007년 12월 31일 현재, 약식 재무상태표와 포괄손익계산서는 다음과 같다. 잘못된 부분을 정정하여 정확한 순이익을 구하라. (단위: 원)

재무상태표

현 금	410,000	매 입 채 무	280,000
차 입 금	270,000	미 지 급 금	50,000
상 품	540,000	대 여 금	270,000
기 계 장 치	120,000	이 자 수 익	62,000
매 출 채 권	260,000	자 본 금	790,000
보 험 료	76,000		
	1,676,000		1,676,000

포괄손익계산서

급 여	60,000	상 품 매 출이익	314,000
광고선전비	30,000		
당기순이익	224,000		
	314,000		314,000

8. 다음은 목동상사의 2008년 12월 31일 현재 기말자료이다. 포괄손익계산서와 재무상태표를 작성하라. (단위: 원)

현금및현금성자산	3,500,000	장 기 차 입 금	4,700,000	매 입 채 무	5,400,000
대 여 금	4,300,000	유 가 증 권	1,500,000	매 출 채 권	3,100,000
토 지	3,300,000	자 본 금	3,800,000	임 차 료	1,840,000
상 품 매 출 이 익	4,800,000	이 자 비 용	300,000	잡 비	200,000
광 고 선 전 비	800,000	급 여	1,000,000	보 험 료	30,000
이 자 수 익	1,170,000				

9. 수익, 비용, 이익 개념을 정의하고 이들이 잉여금과 어떤 관계가 있는지를 밝혀라.

10. 손재주는 지참금 30만원을 가지고 2006년 첫날에 벌어진 전국윷놀이대회 결승전까지 진출하였다. 결승전의 경기규칙은 10판을 해서 우승자를 결정하기로 했는데, 각 판의 득실을 가상하여 최종 합계를 산정한 후 이를 자본유지접근법과 거래접근법으로 순이익을 산출하라.

11. 다음 자료를 참고하여 (주)POK의 5월 포괄손익계산서를 작성하라. (단위: 원)

매출	940,000	접대비	49,000	퇴직급여	120,000
매출원가	510,000	임차료	160,000	이자수익	72,000
연구비	88,000	배당금수익	210,000	복리후생비	150,000
단기투자자산평가이익	370,000				

12. 다음 자료를 참고하여 요구사항에 답하라. (단위: 원)

3월 1일. 신입생은 1개월당 900,000 받기로 하고 아르바이트를 시작하다.
3월 31일. 신입생은 500,000을 받다.
4월 30일. 신입생은 1,300,000을 받다.

〈요구사항〉
1) 신입생의 3월 수익은 얼마인가?
2) 신입생의 4월 수입은 얼마인가?

13. 다음과 같은 복정상사의 자료를 참고하여 요구사항에 답하라. (단위: 원)

1월 1일. 자본금 1,326,000을 출자하여 영업을 개시하다.

12월 31일. 1년 동안 영업활동의 재무상태와 경영성과는 아래와 같다.

현금	860,000	당좌예금	570,000	선수금	560,000
차입금	460,000	대여금	310,000	상품	490,000
외상매입금	380,000	지급어음	290,000	받을어음	230,000
여비교통비	63,000	이자비용	72,000	사채	760,000
광고선전비	54,000	이자수익	47,000	임대료	95,000
차량운반구	780,000	급여	91,000	비품	150,000
세금과공과	38,000	상품매출이익	430,000		

〈요구사항〉

1) 기말자본금은 얼마인가?

2) 당기순이익은 얼마인가?

① 자본유지접근법:

② 거래접근법:

제4장 회계의 순환과정

제1절 거래의 인식

1. 회계학상의 거래

회계학상의 거래(transaction)는 일상적인 거래개념과 차이가 있다. 회계상 거래로 인정(인식)되려면 첫째, 재무상태(자산, 부채, 자본)의 증감변동이 있거나 수익 및 비용이 발생하여야 하고, 둘째, 모든 경제적 사건이 화폐가치로 측정될 수 있어야 한다. 예를 들어, 화재로 건물이 손실되었을 경우 일상적으로는 거래라고 하지 않으나, 회계상으로는 재무상태의 변동(자산의 감소)과 화재손실(비용의 발생)이 발생하였으므로 거래로 인정한다. 또한 상품매매를 하기 위한 구두약속의 경우도 일상적으로는 거래가 성립된 것으로 취급하나, 회계상으로는 재무제표의 구성요소에 변동이 나타나지 않았으므로 거래로 인정하지 않는다.

회계학상 거래와 일반적인 거래를 판단할 수 있는 기준을 정리하면 다음과 같다.

경제적 사건 → [- 재무상태의 증·감 여부 / - 화폐단위로의 측정가능성 여부] →
- 있음 : 회계상 거래로 인정함.
- 없음 : 회계상 거래로 인정하지 않음.

〈그림 1-6〉 거래의 판단기준

예제 4.1

다음의 항목 중 회계학상 거래인 것은? (단위: 원)

㉠ 복합건물을 월세 700,000에 빌리기로 계약을 맺다.
㉡ 창고의 상품 660,000을 도난당하다.
㉢ 비품 50,000을 외상으로 매입하다.
㉣ 상품 860,000을 창고에 보관을 의뢰하다.
㉤ 상품의 일부(430,000)가 보관 부주의로 파손되다.
㉥ 자동차 정비서비스를 제공하고 대금(850,000)은 나중에 받기로 하다.

해답 ㉡, ㉢, ㉤, ㉥

2. 거래이중성과 대차평형의 원리

회계상의 거래는 반드시 재무상태의 변동(증가, 감소)과 수익·비용의 발생이라는 대립관계로 나타난다. 즉 대립하는 양편(대변, 차변)은 각각 상대편에게 원인과 결과가 되어서 거래가 발생하면 복식부기(double entry bookkeeping)의 원리에 따라 양편이 같은 금액으로 변동하게 되는데, 이것을 거래의 이중성이라고 한다. 거래의 이중성을 구체적으로 파악할 수 있는 거래요소 결합관계는 다음과 같이 정리할 수 있다.

〈표 1-7〉 거래요소의 결합관계

차 변 (왼쪽 요소)	대 변 (오른쪽 요소)	거래의 예
자산의 증가	- 자산의 감소 - 부채의 증가 - 자본의 증가 - 수익의 발생	건물을 현금으로 구입하다. 비품을 외상으로 구입하다. 현금을 출자하여 영업을 개시하다. 임대료를 현금으로 수취하다.
부채의 감소	- 자산의 감소 - 부채의 증가 - 자본의 증가 - 수익의 발생	차입금을 당좌수표를 발행하여 지급하다. 외상매입금을 어음을 발행하여 지급하다. 자본을 추가로 출자하여 사채를 상환하다. 외상매입금에 대한 지급을 면제받다.

자본의 감소	- 자산의 감소 - 부채의 증가 - 자본의 증가 * 수익의 발생	기업주가 현금을 인출해 가다. 조달된 자본금을 기업주가 인출해 가다. 이익잉여금을 자본금에 대체하다. 무상으로 자본금을 감자하다.
비용의 발생	- 자산의 감소 - 부채의 증가 * 자본의 증가 * 수익의 발생	보험료를 현금으로 납부하다. 차입금 이자를 갚지 못해 원금에 가산하다. 사채이자를 주식으로 교부하여 지급하다. 임차료와 임대료를 상계 처리하다.

* 결합형태는 특수한 경우에만 발생한다. 수익과 비용의 변동사항은 발생으로 표현하지 증가 또는 감소로 표현하지 않는다.

복식부기는 대변과 차변의 합계가 일치하는가를 확인하는 대차평형의 원리(principle of equilibrium)로 오류를 자동적으로 검증하는 자기통제기능 역할을 할 수 있다는 장점이 있다.[5)]

예제 4.2

다음 거래의 이중성을 밝혀라.
상품 ₩10,000을 외상으로 구입하다.

해답

자산증가 ←→ 부채증가

(차) 상 품 10,000 (대) 매 입 채 무 10,000

상품 구입전 재무상태 : 자산(0) = 부채(0) + 자본(0)

상품 구입후 재무상태 : 자산(10,000) = 부채(10,000) + 자본(0)

3. 거래의 종류(I)

거래는 관점에 따라 여러 가지로 분류될 수 있는데, 손익과의 관계에 의한 분류는 다음과 같은 것이 있다.

5) 한편, 복식부기에 비해 일정한 원리원칙이 없는 상태로 재무상태의 증감내역만을 단순하게 기록하는 불완전한 기장방법을 단식부기라고 한다. 이 방법은 손익의 계산이 필요없는 경우 (예: 가계부, 용돈기입장 등)에 주로 사용된다.

1) 교환거래

교환거래는 수익 또는 비용이 발생하지 않고 재무상태, 즉 자산, 부채, 자본이 서로 증감하는 거래를 말한다. 교환거래를 예시하면 다음과 같다.

① 현금 ₩1,000,000으로 영업을 시작하다.
② 상품 ₩670,000을 매입하고 수표를 발행하여 지급하다.
③ 외상매입금 ₩880,000을 현금으로 지급하다.

2) 손익거래

손익거래는 자산과 부채의 변동으로 인하여 수익이나 비용이 발생하는 거래를 말한다. 손익거래를 예시하면 다음과 같다.

① 종업원 급여 ₩900,000을 지급하다.
② 대여금에 대한 이자 ₩2,000,000을 받다.

3) 혼합거래

혼합거래는 교환거래와 손익거래가 동시에 혼합되어 나타나는 거래를 말한다. 혼합거래를 예시하면 다음과 같다.

① 상품 ₩1,200,000(₩1,000,000)을 외상으로 매출하다.
② 은행에서 ₩5,000,000을 차입하였으나 이자 ₩50,000을 제외한 잔액만 현금으로 수취하다.

예제 4.3

다음 거래 중 교환거래는 (교), 손익거래는 (손), 혼합거래는 (혼)으로 표시하라.

(단위: 원)

㉠ 신제품을 위한 광고선전비 600,000을 지출하다.
㉡ 상품 750,000을 외상으로 구입하다.
㉢ 차입금(원금 800,000 및 이자 3,000)을 수표를 발행하여 상환하다.
㉣ 화재가 발생하여 비품 320,000이 소실되다.
㉤ 대여금 660,000의 원금을 타인발행 수표로 받다.

해답 ㉠ (손), ㉡ (교), ㉢ (혼), ㉣ (손), ㉤ (교)

4. 거래의 종류(Ⅱ)

거래를 상기한 내용과 같이 손익 발생여부로 구분하지 않고 현금의 수입 및 지출 여부에 따라 다음과 같이 분류할 수도 있다.

1) 출금거래

출금거래는 현금의 지출이 발생하는 거래를 말한다. 출금거래를 예시하면 다음과 같다.

① 현진체육사는 야구공을 주문하고 선급금으로 현금 300,000을 송금하다.

② (주)한방은 아르바이트 학생에게 급료 250,000을 지급하다.

2) 입금거래

입금거래는 현금의 수입이 나타나는 거래를 말한다. 입금거래를 예시하면 다음과 같다.

① (주)을지로통신은 컴퓨터와 노트북을 매출하고 현금 1,200,000을 받다.

② (주)평화기획은 대학교 입시상담을 컨설팅해 주고 2,5000,000을 송금 받다.

3) 대체거래

대체거래는 현금의 지출이나 수입이 나타나지 않는 거래를 말한다. 대체거래를 예시하면 다음과 같다.

① 비품 ₩450,000을 도난당하다.

② 상품 ₩200,000을 외상으로 매입하다.

연습문제

1. 다음 중 회계학상 거래인 것에 ○표를 하라.
   ① 상품 ₩350,000을 매출하기로 계약하다.( )
   ② 창고에 라면 100개가 있었는데 실제 조사해 보니 95개이었다.( )
   ③ 신축백화점 상가에 20평짜리 피자점을 개장하기로 계약하다.( )
   ④ 월미도행 버스 속에서 현금 ₩600,000을 소매치기 당했다.( )
   ⑤ 프로야구 한라편치팀은 고졸 신인 홍길동과 연봉 ₩1,200,000을 지급하는 조건으로 채용하다.( )
   ⑥ 한겨레은행에 저축한 예금의 이자 ₩900,000이 통장에 입금되다.( )
   ⑦ 현금 ₩4,500,000을 차입하고 차용증서를 작성해 주다.( )
   ⑧ 신도시계획으로 보유하고 있던 토지(₩3,000,000)가 2배 뛰었다.( )
   ⑨ 신축된 의과학관에 투입할 비품(책상과 의자: ₩1,200,000)을 구입하기 위해 주문하다. ( )
   ⑩ 토지에 대한 재산세 ₩400,000의 고지서를 받다. ( )

2. 다음 괄호 속에 교환거래는 E, 손익거래는 I, 그리고 혼합거래는 M으로 표시하라.
   ① 상품 ₩1,000,000을 외상으로 구입하다.( )
   ② 상품(원가 ₩700,000)을 ₩720,000에 현금 매출하다.( )
   ③ 아르바이트 학생에게 현금 ₩600,000을 지급하다.( )
   ④ 현금 ₩880,000을 경기은행에 예금시키다.( )
   ⑤ 형구에게 빌려준 대여금에 대한 이자 ₩330,000을 받다.( )
   ⑥ 건물 ₩9,000,000을 구입하면서 ₩3,500,000은 현금으로 지급하고 잔액은 2개월 후에 지급하기로 하다.( )
   ⑦ 현금 ₩2,000,000과 상품 ₩3,000,000 그리고 사채 ₩4,000,000으로 영업을 개시하다.( )
   ⑧ 상품 ₩500,000을 외상으로 구입하면서 운반비 ₩30,000을 현금으로 지급하다.( )
   ⑨ 비품 ₩200,000을 처분하였으나 대금은 아직 수령하지 못하다. 비품을 처분하면서 운반비 ₩20,000은 현금으로 지불하다.( )

3. 다음의 계정과목은 대변과 차변 중 어느 쪽에 증가(발생)액이 기입되는지를 밝혀라.

① 현 금 ( ) ② 급 여 ( ) ③ 건 물 ( )
④ 기 계 ( ) ⑤ 대여금 ( ) ⑥ 자 본 금 ( )
⑦ 미수금 ( ) ⑧ 보험료 ( ) ⑨ 장기차입금 ( )
⑩ 광고선전비 ( ) ⑪ 상품매출이익 ( ) ⑫ 미 지 급 금 ( )
⑬ 수수료수익 ( ) ⑭ 예수금 ( )

4. 다음에 해당하는 거래요소 결합관계의 예를 나타내라.

① 자산의 증가 -- 부채의 증가
② 부채의 감소 -- 수익의 발생
③ 자본의 감소 -- 자산의 감소
④ 비용의 발생 -- 자산의 감소
⑤ { 자산의 증가 -- 부채의 증가 / 비용의 발생 }
⑥ 자산의 증가 -- { 자산의 감소 / 수익의 발생 }
⑦ { 부채의 감소 -- 자산의 감소 / 비용의 발생 }

5. 거래의 이중성에 대하여 설명하라.

6. 다음 거래들의 재무(자산, 부채 및 자본)상태에 미치는 영향을 보기와 같이 표시하라.

[보기]

번호	자산			부채			자본		
	증가	감소	변동없음	증가	감소	변동없음	증가	감소	변동없음

① 주식을 발행한 후 대금을 당좌예금하다.
② 외상매입대금을 현금으로 상환하다.
③ 은행에서 운영자금을 차입하다.
④ 채권자에게 주식을 발행, 교부하여 부채를 상환하다.
⑤ 사무용 컴퓨터를 외상으로 구입하다.
⑥ 외상매출대금을 현금으로 회수하다.

제2절 분개와 계정전기

1. 분개의 정의

회계학상 거래로 인식되면 발생한 거래를 계정에 기입하기 전에 예비단계로서 계정을 오른쪽(대변)항목과 왼쪽(차변)항목으로 구분하여 기입할 계정과 금액을 결정하게 되는데, 이를 분개(journalizing)라고 하며 분개하는 장부를 분개장이라고 한다.

2. 분개의 법칙

분개는 회계순환과정(accounting cycle) 중 거래에 대한 최초의 기록이어서 오류가 발생하면 전 과정에 영향을 미치므로 대단히 중요한 역할을 한다.

그리고 분개는 계정에 대한 기록을 사전에 결정하는 것이므로 분개를 하는 원칙은 대차대조표와 손익계산서를 작성할 경우의 기본형태인 계정기입의 원칙과 다를 바가 없다. 분개의 법칙을 요약하면 다음과 같다.

차 변	대 변
자산의 증가	자산의 감소
부채의 감소	부채의 증가
자본의 감소	자본의 증가
수익의 소멸	수익의 발생
비용의 발생	비용의 소멸

예제 4.4

다음 거래를 분개하라.

㉠ 상품 ₩22,000을 구입하였는데 대금은 아직 지급하지 않았다.

㉡ 원가 ₩40,000의 상품을 ₩42,000에 매출하고 대금은 현금으로 받다.

㉢ 보험료 ₩3,000을 현금으로 납부하다.

㉣ 급여 ₩800,000과 교통비 ₩200,000을 지급하다.

㉤ 현금 ₩500,000을 출자하여 영업을 개시하다.

ⓑ 차입금 ₩47,000을 수표를 발행하여 지급하다.

ⓢ 대여금의 원금 ₩600,000과 이자 ₩5,000을 현금으로 받다.

해답

		차변 과목	금액		대변 과목	금액
㉠	(차)	상품	22,000	(대)	매입채무	22,000
㉡	(차)	현금	42,000	(대)	상품	40,000
					상품매출이익	2,000
㉢	(차)	보험료	3,000	(대)	현금	3,000
㉣	(차)	급여	800,000	(대)	현금	1,000,000
		교통비	200,000			
㉤	(차)	현금	500,000	(대)	자본금	500,000
㉥	(차)	차입금	47,000	(대)	당좌예금	47,000
㉦	(차)	현금	605,000	(대)	대여금	600,000
					이자수익	5,000

3. 회계단위로서의 계정

기업의 경영활동에서 자산·부채·자본의 변동과 수익·비용의 증감변화가 발생하면 거래가 이루어지는데, 이것을 기록하고 계산하기 위한 회계상의 특수양식이 계정(account : a/c)이다. 회계학에서는 이 계정의 명칭을 계정과목(title of accounts)이라고 하며, 계정마다 나타나는 기록·계산을 하기 위한 장소(지면)를 계정계좌라고 한다. 각 계정의 왼쪽을 차변(debtor: Dr.), 오른쪽을 대변(creditor: Cr.)이라고 하는데, 이것은 오랜 습관에 의한 것이고 특별한 의미는 없다.

그리고 한 계정의 대변과 차변에 기입된 합계금액을 비교하여 차액을 계정잔액이라고 한다. 따라서 차변에 기입된 금액의 합계가 대변에 기입된 금액보다 많은 경우에는 차변잔액이 발생하지만, 대변합계가 차변합계를 초과하는 경우에는 대변잔액이 나타나게 된다.

한편, 계정은 거래의 종류와 성질에 따라 재무상태표계정(실질계정, 영구계정), 포괄손익계산서계정(명목계정, 임시계정) 그리고 기타 특수계정으로 다음과 같이 구분할 수가 있다.

1) 재무상태표계정

(1) 자산계정 : 현금, 매출채권(외상매출금·받을어음), 건물, 상품, 기계장치 등

(2) 부채계정 : 매입채무(외상매입금 · 지급어음), 차입금, 미지급금 등
(3) 자본계정 : 자본금 등

2) 포괄손익계산서계정

(1) 수익계정 : 상품매출이익, 이자수익, 임대료, 수수료수익 등
(2) 비용계정 : 급여, 광고선전비, 이자비용, 임차료 등

3) 기타 특수계정

(1) 평가계정 : 주된 평가계정의 실제액을 평가하는 계정으로 주로 상계계정을 말한다. 예를 들면, 대손충당금, 감가상각누계액, 할인어음 등이 이에 해당된다.
(2) 대조계정 : 성질이 다른 두 개의 계정이 동일금액으로 대차 양쪽에 발생하였다가 동시에 소멸하는 계정이다. 예를 들면, 배서의무대충 · 배서의무, 어음할인 의무대충 · 어음할인의무 등이 이에 해당한다.
(3) 통제계정 : 외상으로 상품을 매입하거나 매출한 경우 인명계정을 사용하면 원장의 계좌수가 많아서 외상의 총액이나 잔액을 알기가 어렵다. 그러므로 외상채권이나 채무를 총괄적으로 기록하는 매출채권계정이나 매입채무계정을 사용하는데, 이것을 통제계정이라고 한다.

4. 계정기입의 원칙과 전기

1) 계정기입의 원칙

계정기입의 원칙이란 거래가 발생하면 특정한 계정과목이 증가 · 감소 · 발생 · 소멸하게 되는데, 이것을 차변과 대변의 어느 쪽에 기입할 것인가를 표시하는 원칙이다. 재무상태표계정(자산, 부채, 자본)과 포괄손익계산서계정(수익, 비용)의 계정기입원칙은 다음과 같다.

(1) 재무상태표계정
① 자산계정 : 증가는 차변에 감소는 대변에
② 부채계정 : 증가는 대변에 감소는 차변에
③ 자본계정 : 증가는 대변에 감소는 차변에

(차변) 자산계정 (대변)	
증 가	감 소

(차변) 부채계정 (대변)	
감 소	증 가

(차변) 자본계정 (대변)	
감 소	증 가

(2) 포괄손익계산서계정

① 수익계정 : 발생은 대변에 소멸은 차변에

② 비용계정 : 발생은 차변에 소멸은 대변에

(차변) 수익계정 (대변)	
소 멸	발 생

(차변) 비용계정 (대변)	
발 생	소 멸

예제 4.5

다음 거래를 분개하고 계정에 전기하라.

㉠ 현금 ₩5,000,000을 출자하여 영업을 개시하다.

㉡ 상품 ₩200,000을 구입하다.

㉢ 현금 ₩600,000을 차입하다.

해답 (가) 분 개

㉠	(차)	현 금	5,000,000	(대)	자본금	5,000,000
㉡	(차)	상 품	200,000	(대)	현 금	200,000
㉢	(차)	현 금	600,000	(대)	차입금	600,000

(나) 계정 전기

(차변) 현 금 (대변)	
5,000,000	200,000
600,000	

(차변) 자본금 (대변)	
	5,000,000

(차변) 상 품 (대변)	
200,000	

(차변) 차입금 (대변)	
	600,000

2) 전기

전기(posting)란 분개한 것을 계정에 옮겨 적는 절차를 말한다. 전기하는 방법은 거래를 분개한 다음, 분개한 것을 보고 분개의 차변에 있는 계정은 그 계정의 차변에 기입하고, 대변에 있는 계정은 그 계정의 대변에 기입한다.

예제 4.6

다음 거래를 분개하고 계정에 전기하라.
상품 ₩50,000을 매출하고 대금은 현금으로 받다.

해답 (ㄱ) 분개 : (차변) 현 금 50,000 (대변) 상 품 50,000

(ㄴ) 전기 :

(차변)	현 금	(대변)
상품 50,000		

(차변)	상 품	(대변)
		현금 50,000

5. 회계장부

회계장부(accounting books)는 그 기능에 따라 주요부와 보조부로 나눈다.

주요부(main books)는 회계장부의 기본이 되는 것으로 분개장(journal)과 총계정원장(general ledger : 원장)이 이에 해당된다. 분개장은 거래가 발생한 순서에 따라 기입한 장부이고 총계정원장은 계정과목별로 거래내역을 기입한 장부이다.

보조부(subsidiary books)는 주요부를 보충해 주는 장부로서 보조원장과 보조기입장으로 나누어진다. 지금까지 언급한 내용은 다음과 같이 정리할 수 있다.

▶ 장부
- 주요부
  - 분개장
  - 총계정원장(원장)
- 보조부
  - 보조원장 : 상품재고장, 매입처원장, 매출처원장, 적송품원장, 주주원장, 고정자산대장 등
  - 보조기입장 : 현금출납장, 당좌예금출납장, 매입장, 매출장, 받을어음기입장, 지급어음기입장 등

〈표 1-8〉 장부의 분류

분개장의 양식에는 병립식과 분할식이 있는데, 병립식을 실무에서 많이 사용하고 있다. 그리고 총계정원장의 양식에는 표준식과 잔액식이 있는데 잔액식이 많이 사용된다.

회계장부 중 주요부인 분개장과 총계정원장의 양식을 예시하면 다음과 같다.(〈그림 1-7〉, 〈그림 1-8〉)

분개장의 양식 중에서 적요는 특정한 기입내용을 요약해서 설명하는 부분이고 원면(원장에서는 분면)은 기입한 내용의 원천을 표시하는 부분을 의미한다.

분 개 장

(병립식)

월	일	적 요	원면	차변	대변

분 개 장

(분할식)

차변	원면	적 요	원면	차변

〈그림 1-7〉 분개장의 양식

원 장

(표준식) ×× 계정

월	일	적 요	분면	금액	월	일	적 요	분면	금액

(잔액식) ×× 계정

월	일	적 요	분면	차변	대변	차 · 대	잔액

〈그림 1-8〉 원장의 양식

예제 4.7

다음은 온누리상사의 5월중 거래내역이다. 이를 분개장에 분개하고 원장에 전기하라.

2일 : 현금 ₩100,000을 출자하여 영업을 시작하다.
3일 : 건물 ₩22,000을 구입하고 대금은 현금으로 지급하다.
6일 : 한성은행과 당좌거래를 맺고 현금 ₩60,000을 당좌예금하다.
9일 : 상품 ₩80,000을 매입하고 대금 ₩20,000은 수표를 발행하여 지급하고 잔액은 외상으로 하다.
12일 : 원가 ₩30,000의 상품을 ₩37,000에 매출하고 대금은 현금으로 받다.
15일 : 원가 ₩20,000의 상품을 ₩24,000에 매출하고 대금 중 ₩4,000은 현금으로 받고 잔액은 외상으로 처리하다.
16일 : 기업주가 개인용품을 구입하기 위해 현금 ₩5,000을 인출해 가다.
20일 : 현금 ₩30,000을 당좌예금하다.
23일 : 외상매입금중 ₩50,000을 수표를 발행하여 지급하다.
27일 : 외상매출금 ₩10,000을 현금으로 회수하다.
31일 : 급여 ₩3,000, 임차료 ₩4,000 그리고 보험료 ₩2,000을 지급하다.

해답 (가) 분개

분 개 장

(1)

월	일	적 요	원면	차변	대변
5	2	(현금)	1	100,000	
		(자본금)	7		100,000
		현금을 출자하여 영업개시			
	3	(건물)	4	22,000	
		(현금)	1		22,000
		건물을 구입			
	6	(당좌예금)	2	60,000	
		(현금)	1		60,000
		한성은행에 당좌개설			
	9	(상품)	5	80,000	
		(당좌예금)	2		20,000
		(외상매입금)	6		60,000
		상품을 매입			
	12	(현금)	1	37,000	
		(상 품)	5		30,000
		(상품매출이익)	8		7,000
		상품을 매출			
	15	(현 금)	1	4,000	
		(외상매출금)	3		
		(상 품)	5	20,000	20,000
		(상품매출이익)	8		4,000
		상품을 현금과 외상으로 매출			
	16	(자본금)	7	5,000	
		(현금)	1		5,000
		자본금을 인출			
	20	(당좌예금)	2	30,000	
		(현금)	1		30,000
		현금을 당좌예입			
	23	(외상매입금)	6	50,000	
		(당좌예금)	2		50,000
		외상매입대금 지급			
		차면에		408,000	408,000

(2)

				차변	대변
		전면에서		408,000	408,000
	27	(현금)	1	10,000	
		(외상매출금)	3		10,000
		외상매출대금 회수			
	31	(급 여)	9	3,000	
		(임차료)	10	4,000	
		(보험료)	11	2,000	
		(현금)	1		9,000
		제경비 현금으로 지급			
				427,000	427,000

(나) 전기

총 계 정 원 장

현 금 1

월	일	적 요	분면	금액	월	일	적 요	분면	금액
5	2	자 본 금	1	100,000	5	3	건 물	1	22,000
	12	제 좌	1	37,000		6	당좌예금	1	60,000
	15	제 좌	1	4,000		16	자 본 금	1	5,000
	27	외상매출금	2	10,000		20	당좌예금	1	30,000
						31	제 좌	2	9,000

당좌예금 2

월	일	적 요	분면	금액	월	일	적 요	분면	금액
5	6	현 금	1	60,000	5	9	상 품	1	20,000
	20	현 금	1	30,000		23	외상매입금	1	50,000

외상매출금 3

월	일	적 요	분면	금액	월	일	적 요	분면	금액
5	15	제 좌	1	20,000	5	27	현 금	2	10,000

건 물 4

월	일	적 요	분면	금액	월	일	적 요	분면	금액
5	3	현 금	1	22,000					

상 품 5

월	일	적 요	분면	금액	월	일	적 요	분면	금액
5	9	제 좌	1	80,000	5	12	현 금	1	30,000
						15	제 좌	1	20,000

외상매입금 6

월	일	적 요	분면	금액	월	일	적 요	분면	금액
5	23	당 좌 예 금	1	50,000	5	6	상 품	1	60,000

자본금 7

월	일	적 요	분면	금액	월	일	적 요	분면	금액
5	2	현 금	1	5,000	5	16	현 금	1	100,000

상품매출이익 8

월	일	적 요	분면	금액	월	일	적 요	분면	금액
					5	12	현 금	1	7,000
						15	제 좌	1	4,000

급 여 9

월	일	적 요	분면	금액	월	일	적 요	분면	금액
5	31	현 금	2	3,000					

임 차 료 10

월	일	적 요	분면	금액	월	일	적 요	분면	금액
5	31	현 금	2	4,000					

보 험 료 11

월	일	적 요	분면	금액	월	일	적 요	분면	금액
5	31	현 금	2	2,000					

* 5월 12일 분개를 상기한 것처럼 하는 방법은 포괄손익계산서 작성원칙(총액표시)에 위반하는 내용이다. 그러나 회계원리를 처음 공부하는 학생들에게 순액법의 원리를 학습시키기 위해 본 교재에서는 그대로 진행한다. 참고로 이 문제의 정확한 분개는 다음과 같다.

(차) 현 금	37,000	(대) 매 출	37,000
매출원가	30,000	상 품	30,000

* 각 거래에 대해 분개를 할 때, 계정과목별로 회계처리를 하는 것이 일반적이지만 제출용 재무상태표를 작성하기위해서는 다음과 같은 통합계정을 사용하여야 한다.
  ① 현금, 당좌예금, 보통예금, 현금성자산 ☞ 현금및현금성자산
  ② 단기금융상품, 단기매매증권, 단기대여금 ☞ 단기투자자산
  ③ 외상매출금, 받을어음 ☞ 매출채권
  ④ 외상매입금, 지급어음 ☞ 매입채무

* 분개한 것을 전기할 때, 상대계정과목이 2개 이상이면 [제좌]라고 기입한다.

연습문제

1. 다음은 백석상사의 6월중 거래이다. 이를 분개하고 아래 계정계좌에 전기하라.

(단위: 천원)

3일 : 현금 40,000과 건물 70,000을 출자하여 영업을 개시하다.

4일 : 기계 350을 외상으로 구입하다.

8일 : 한양은행과 당좌거래를 맺고 현금 20,000을 예금하다.

10일 : 상품 10,000을 매입하고 대금 4,000은 수표를 발행하여 지급하고 잔액은 외상으로 하다.

13일 : 원가 3,000의 상품을 3,900에 매출하다.

17일 : 원가 2,000의 상품을 2,700에 매출하고 대금 중 1,800은 현금으로 받고 잔액은 외상으로 처리하다.

19일 : 기업주가 개인용품을 구입하기 위해 현금 2,900을 인출해 가다.

21일 : 4일에 구입한 기계의 보호장비를 30에 구입하다.

24일 : 외상매입금 중 2,000을 수표를 발행하여 지급하다.

29일 : 외상매출금 400을 회수하여 당좌예금하다.

30일 : 급여 500, 보험료 100 그리고 광고선전비 300을 지급하다.

현 금

당좌예금

외상매출금

상 품

건 물

기계장치

외상매입금

자 본 금

급 여	

보 험 료	

광고선전비	

상품매출이익	

2. 다음의 계정기입 결과에 의하여 거래내용을 추정하라. (단위: 원)

①

현 금	
	1,000,000

건 물	
1,000,000	

②

상 품	
650,000	

매입채무	
	650,000

③

현 금	
300,000	

소 모 품	
570,000	

자 본 금	
	870,000

④

현 금	
840,000	

대 여 금	
	800,000

이자수익	
	40,000

3. 다음의 분개내용으로 거래를 추정하라. (단위: 원)

	(차)	금액	(대)	금액
①	상 품	650,000	현 금	100,000
			매 입 채 무	550,000
②	현 금	840,000	차 입 금	840,000
③	매 출 채 권	460,000	상 품	400,000
			상품매출이익	60,000
④	당 좌 예 금	900,000	현 금	900,000
⑤	현 금	30,000	수 수 료 수 익	30,000
⑥	차 입 금	840,000	현 금	860,000
	이 자 비 용	20,000		

4. 다음의 거래를 단식부기와 복식부기 형태로 표기(분개)하라. (단위: 천원)

① 현금 6,500을 투자하여 영업을 시작하다.
② 은행으로부터 부족한 운영자금 3,000을 차입하다.
③ 컴퓨터 및 주변기기를 구입하면서 4,500을 지급하다.
④ 소프트웨어를 구입하고 2,000을 무통장으로 입금시키다.

제3절 시산표와 정산표

1. 시산표

1) 시산표의 정의

복식부기에서는 거래의 이중성과 대차평형의 원리에 의하여 모든 거래의 차변합계와 대변합계가 일치한다. 시산표(trial balance : T/B)란 이와 같은 원리에 의하여 분개장에서 원장에 전기가 정확하게 되었는가를 검증하기 위하여 작성되는 일람표이다. 이것은 자산, 부채, 자본, 비용, 수익계정을 집계하여 재무상태표와 포괄손익계산서를 작성하는 기초자료가 된다.

그런데 시산표는 회계장부의 일부도 아니고 외부에 공시되어야하는 회계보고서도 아니므로 꼭 작성해야 할 의무는 없다.

한편, 시산표를 작성하여 분석할 경우 다음과 같은 내용을 고려해서 확인하고 판단해야 한다.

첫째, 시산표의 차변과 대변 합계가 일치하는가 여부

둘째, 시산표의 차변과 대변 합계가 일치하지만 오류가 없는 가 여부

그런데 만약, 첫째의 경우처럼 시산표의 차변합계와 대변합계가 일치하지 않으면 아래와 같은 오류가 발생하였을 소지가 많다.

① 분개장의 내용을 원장에 잘못 기입한 때(예: 분개장의 차변금액을 원장 대변에 기입)
② 분개장(또는 원장) 잔액을 잘못 계산한 때
③ 원장의 내용을 시산표에 잘못 기입한 때(예: 원장의 차변금액 250원을 시산표에 520원으로 기입)
④ 시산표의 차변(또는 대변) 합계를 잘못 계산한 때

그리고 비록 시산표의 차변과 대변합계가 일치는 하지만 아래와 같은 오류를 범하면 시산표상에서 문제점이 대두되지 않는다.

① 특정영역(자산, 부채, 자본, 수익, 비용)내에서 교차로 오류를 기입한 경우(예: 현금차변에 300을 기입하는 대신에 건물차변에 300을 기입)
② 특정거래내역을 완전히 누락시킨 경우

2) 시산표의 종류와 작성방법

시산표는 그 형식에 따라 다음과 같이 합계시산표, 잔액시산표, 합계잔액시산표로 나뉘어지는데 그 작성방법은 다음과 같다.

(1) **합계시산표** : 총계정원장 각 계정의 차변합계와 대변합계를 집계한 시산표이다. 따라서 작성방법은 각 원장의 차변합계를 시산표 차변에, 대변합계를 시산표의 대변에 각각 기입하면 된다.

합계시산표

차 변	원 면	계 정 과 목	대 변

(2) **잔액시산표** : 총계정원장 각 계정의 잔액을 집계한 시산표이다. 작성방법은 각 원장 잔액을 산출하여 시산표에 기입하면 된다. 합계시산표와 차이점은 합계시산표는 동일한 계정과목일지라도 차변과 대변에 금액이 나타날 수 있으나, 잔액시산표는 동일한 계정과목에 대해 잔액만을 나타내므로 잔액을 자산과 비용은 차변에, 부채·자본·수익은 대변에 기입하게 된다.

(3) **합계잔액시산표** : 합계시산표와 잔액시산표를 합친 시산표이다.

합계잔액시산표

차 변		원 면	계 정 과 목	대 변	
잔 액	합 계			합 계	잔 액

한편, 상기한 시산표 중 실무에서 자주 이용되는 것은 잔액시산표인데 이것의 구조는 <그림 1-9>와 같다.

잔액시산표

(차변)			(대변)
기말자산	×××	기말 부채	×××
		기초 자본	×××
비용총액	×××	수익총액	×××

〈그림 1-9〉 잔액시산표의 구조

그리고 잔액시산표의 구조를 계산식으로 나타내면 다음과 같다.

> 기말자산 + 비용총액 = 기말부채 + 기초자본 + 수익총액

예제 4.8

다음자료에 의하여 잔액시산표를 작성하라. (단위: 원)

〈자 료〉

현 금	
260,000	150,000
320,000	

매출채권	
650,000	700,000
350,000	

상 품	
900,000	700,000
850,000	450,000

재 공 품	
30,000	

매입채무	
150,000	420,000
	260,000

차 입 금	
300,000	750,000

자 본 금	
	565,000

이자수익	
	60,000

수수료수익	
	10,000

광고선전비	
180,000	

임 차 료	
70,000	

잡 비	
5,000	

해답

잔액시산표

차 변	계정과목	대 변
430,000	현 금	
300,000	매 출 채 권	
600,000	상 품	
30,000	재 공 품	
	매 입 채 무	530,000
	차 입 금	450,000
	자 본 금	565,000
	이 자 수 익	60,000
	수수료수익	10,000
180,000	광고선전비	
70,000	임 차 료	
5,000	잡 비	
1,615,000	합 계	1,615,000

2. 정산표

1) 정산표의 정의

잔액시산표를 기초로 하여 재무상태표와 포괄손익계산서를 하나의 양식에 모아서 작성하는 표를 정산표(work sheet: W/S)라고 한다. 이 하나의 표로서 잔액시산표, 수정사항, 수정후시산표, 재무상태표, 포괄손익계산서를 파악할 수 있으며, 양식은 6위식, 8위식, 10위식 등이 있으나 일반적으로 8위식이 많이 이용된다. 정산표는 결산을 하는데 신속성과 정확성을 유지하기 위해 보조적으로 작성하는 것이기 때문에 필수적으로 작성해야 하는 것은 아니고 임의적인 것이다.

2) 정산표의 작성방법

① 계정과목과 시산표간에 잔액시산표 내용을 그대로 기입한다.

② 비용과 수익에 속하는 계정은 포괄손익계산서란에 자산, 부채, 자본에 속하는 계정은 재무상태표란에 각각 기입한다.

③ 재무상태표와 포괄손익계산서에서 대변과 차변의 차액을 계산하여 금액이 적은 편

에 기입하고 마감한다. 이때 재무상태표나 포괄손익계산서에서 산출된 차액이 동일하게 되는데 이것이 기업의 당기순이익이 된다. 8위식 정산표를 예시하면 〈그림 1-9〉와 같다.

정 산 표

계정과목	잔액시산표		정리사항		포괄손익계산서		재무상태표	
	차변	대변	차변	대변	차변	대변	차변	대변
합 계	xxx	xxx						
당기순이익					xxx			xxx
합 계			xxx	xxx	xxx	xxx	xxx	xxx

〈그림 1-9〉 정산표 양식

예제 4.9

2절 온누리상사 예제로 합계잔액시산표와 정산표를 작성하라.

해답 (가) 시산표 작성 (단위: 원)

시 산 표

잔 액	합 계	계 정 과 목	합 계	잔 액
25,000	151,000	현 금	126,000	
20,000	90,000	당 좌 예 금	70,000	
10,000	20,000	매 출 채 권	10,000	
30,000	80,000	상 품	50,000	
22,000	22,000	건 물		
	50,000	매 입 채 무	60,000	10,000
	5,000	자 본 금	100,000	95,000
		상품매출이익	11,000	11,000
3,000	3,000	급 여		
4,000	4,000	임 차 료		
2,000	2,000	보 험 료		
116,000	427,000		427,000	116,000

(나) 정산표 작성

정 산 표

계정과목	잔액시산표		포괄손익계산서		재무상태표	
현 금	25,000					
당 좌 예 금	20,000					
매 출 채 권	10,000					
상 품	30,000				25,000	
건 물	22,000			11,000	20,000	
매 입 채 무		10,000	3,000		10,000	10,000
자 본 금		95,000	4,000		30,000	95,000
상품매출이익		11,000	2,000		22,000	
급 여	3,000		2,000			
임 차 료	4,000					
보 험 료	2,000					
당기순이익						2,000
	116,000	116,000	11,000	11,000	107,000	107,000

연습문제

1. 아래 시산표는 대변과 차변잔액이 일치하지 않고 있다. 원인을 규명하여 정확한시산표를 작성하라. (단위: 원)

잔 액 시 산 표

차 변	계정 과목	대 변
960,000	현 금	
	단기차입금	480,000
	건 물	770,000
450,000	미 지 급 금	
	대 여 금	540,000
880,000	차량운반구	
	자 본 금	2,500,000
220,000	상 품	
400,000	급 여	
	상품매출이익	430,000
340,000	임 대 료	
230,000	광고선전비	
	이자 비용	200,000
3,480,000	합 계	4,920,000

2. 다음과 같은 각각의 오류사항이 시산표상의 잔액총액 및 차변, 대변요소에 어떠한 영향을 미치는지 구분하여(과다계상, 과소계상, 영향없음) 표시하라. (단위: 원)

① 매입채무 계정의 잔액 962,000을 시산표에 269,000으로 기재하다.
② 업무추진비로 500,000을 지급하였는데 이를 보험료로 기록하다.
③ 선급금계정의 잔액 450,000을 기입 누락시키다.
④ 임차료 750,000을 시산표의 대변에 기록처리하다.
⑤ 미지급비용의 대변잔액 62,000을 시산표의 대변에 기록하다.
⑥ 외상매출대금 450,000을 현금으로 회수한 후 기록을 누락하다.

3. 다음은 경라상사의 20×2년 12월 31일 현재의 계정잔액이다. 이를 이용하여 시산표를 작성하라. (단위: 원)

현 금	59,000	장기대여금	45,000	자 본 금	58,000	장기차입금	56,000
영업권	15,000	미 수 금	27,000	미 지 급 금	39,000	접 대 비	34,000
상 품	53,000	이 자 비 용	13,000	상품매출이익	37,000	임 대 료	25,000
사 채	76,000	기 계	69,000	미지급배당금	24,000		

4. 시산표를 작성하는 이유를 설명하라.

5. 제물포상사의 6월중 거래를 분개하고 원장에 전기한 후 정산표를 작성하라. (단위: 천원)

6월 1일: 현금 5,000, 건물 3,000 그리고 토지 2,500을 출자하여 영업을 시작하다.
3일: 사무실에 설치할 전화기와 FAX 600을 외상으로 구입하다.
5일: 상품 2,000을 구입하고 운반비 50을 지급하다.
8일: 원가 300의 상품을 350에 판매하다.
9일: 서울은행에서 900을 차입하다.
11일: 원가 850의 상품을 930에 외상으로 매출하다.
15일: 상품 1,300을 구입하였으나 대금은 미지급 상태이다.
18일: 외상매출대금 중 700을 회수하여 예금하다.
20일: 보험료 90을 납부하다.
21일: 차입금에 대한 이자 45를 은행에 납부하다.
24일: 원가 730의 상품을 850에 매출하고 현금으로 500만 회수하였다.
25일: 지하상가에 대한 임대료 800을 받다.
30일: 종업원 급료 600을 지급하다.

6. 다음 자료를 참고하여 정산표 (　)의 금액을 산정하라. (단위: 천원)

정 산 표

계정과목	시산표		포괄손익계산서		재무상태표	
	차변	대변	차변	대변	차변	대변
현금	89,000				(　)	
매출채권	397,000				397,000	
단기대여금	142,000				142,000	
상품	(　)				(　)	
비품	69,000				69,000	
매입채무		250,000				250,000
장기차입금		123,000				123,000
자본금		(　)				(　)
상품매출이익		128,000		(　)		
수수료수익		30,000		30,000		
급여	50,000		50,000			
보험료	10,000		10,000			
광고선전비	8,000		8,000			
임차료	12,000		12,000			
이자비용	6,000		6,000			
당기순이익			(　)			(　)
	(　)	(　)	(　)	158,000	945,000	945,000

제4절 결산(Ⅰ)

1. 결산의 정의

결산(closing)이란 일정한 회계기간의 경영성과를 확정하고, 재무상태를 명백히 하는 동시에 각종 장부를 마감하는 제반 절차를 말한다. 기업이 결산을 수행하기까지의 회계순환과정을 정리하면 다음과 같다.(기업이 전산회계프로그램을 이용하여 장부를 기록하면 모든 회계절차는 자동으로 장부에 기록된다. 하지만 회계상 거래가 발생한 내역은 인간에 의해 판단되고 기록해야 한다.)

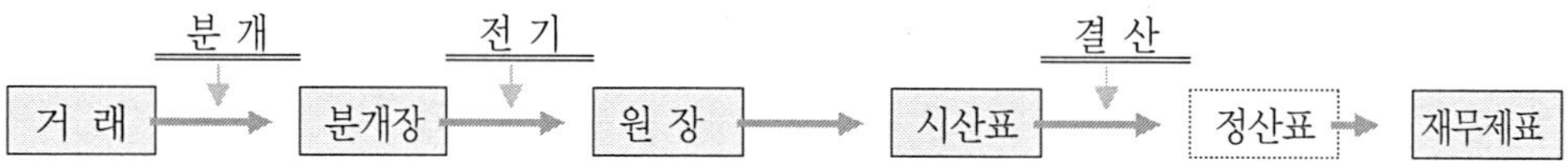

〈그림 1-10〉 회계순환과정

2. 결산의 절차

회계기간이 종료된 후 일정시점에서의 재무상태와 일정기간 동안의 영업성적을 명확히 구분하기 위해 필요한 절1차로서의 결산은 구체적으로 결산 예비(전)절차, 결산 본절차, 결산 후절차로 나눌 수 있다.

1) 예비절차 : 시산표작성 → 재고조사표작성 → (정산표 작성) → 결산정리의 기입
2) 본절차 : ① 원장 각 계정의 마감 ; 수익・비용 계정의 마감 → 집합손익 계정의 마감 → 자산・부채・자본계정의 마감
② 분개장 및 보조장부의 마감
3) 후절차 : 재무제표(결산보고서)의 작성

3. 결산시 정리사항

1) 대손상각

기업은 모든 수취채권(receivables)을 회수하는 것이 정상적이지만, 채무자의 사정에 따라 회수가 불가능하게 되는 경우가 발생한다. 이와 같이 수취채권의 회수가 불가능하게 되어 비용으로 인식하는 것을 대손상각(bad debt)이라고 한다. 즉 대손이란 기말채권 중

차기에 대손이 될 가능성이 있는 금액을 예상하여 비용으로 처리하는 동시에 당해 자산계정에서 차감하는 것을 말한다. 그러나 어느 거래처에서 대손이 될지 예측할 수 없으므로 대손충당금이라는 평가계정을 설정하여 대변에 기입한다. 대손상각에 관하여는 장을 달리하여 자세히 설명하기로 한다.

예제 4.10

다음 거래를 분개하라.
기말에 매출채권 ₩100,000 중 2%의 대손을 예상하다.

해답 (차) 대손상각비 2,000 (대) 대손충당금 2,000

2) 감가상각

비유동자산은 시간이 경과하면 물리적 또는 기능적 원인으로 자산가치가 감소한다. 이 감소액을 효익을 받은 기간에 합리적으로 배분하여 비용으로 처리하는 것을 감가상각(depreciation)이라고 한다. 감가상각방법은 정액법, 정률법 등이 있으며, 감가상각으로 계상된 금액을 기록하는 방법으로 직접법과 간접법(보충률법)이 있다. 직접법은 대변에 감가상각을 한 자산을 직접 기록하여 자산을 감소시키는 방법이고 간접법은 감가상각을 한 금액만큼 감가상각누계액을 설정하여 대변에 기록함으로써 간접적으로 자산을 감소시키는 방법을 말한다. 우리나라 기업회계기준은 정보의 충실성을 존중하여 간접법을 권장하고 있다.(K-IFRS는 유형자산을 재무상태표에 공시할 경우, 순액으로 공시하고 감가상각누계액 등 관련된 정보를 주석으로 공시하는 방법을 선택할 수 있도록 하고 있다.) 감가상각에 관한 설명은 장을 달리하여 자세히 설명하기로 한다.

예제 4.11

다음 거래를 직접법과 간접법으로 분개하라.
2007. 12. 31. 유리상사는 건물(₩1,000,000)에 대해 3%의 감가상각비를 계상하다.

해답 ㉠ 직접법 : (차) 감가상각비 30,000 (대) 건 물 30,000

㉡ 간접법 : (차) 감가상각비 30,000 (대) 건물감가상각누계액 30,000

4. 원장의 마감

기업이 특정 회계연도의 장부를 마감할 때 수익 및 비용과 관련된 임시계정은 당기가 끝나면 자연히 소멸되므로 임시계정의 결과를 차기에도 유효한 실질계정(자산, 부채, 자본계정)에 대체시킨 후에 실질계정을 마감하면 된다. 장부마감의 구체적인 절차는 다음과 같다. 실질계정을 마감하는 방법은 이월기입을 할 때 원장에 잔액계정을 새로 설정하는 대륙식 마감법과 이월기입은 분개하지 않고 직접 해당계정 중 적은 쪽에 「차기이월」이라고 기입하여 대변과 차변합계액을 일치시키는 영미식 마감법이 있는데, 우리나라 기업은 대부분 영미식을 사용하고 있다.

1) 임시(포괄손익계산서)계정의 마감

회계기간 중에 발생한 비용과 수익을 다음에 설명하는 집합손익계정으로 집계하는 절차로서 비용은 차변에, 수익은 대변에 각각 기록한다. 이때의 대체분개를 결산분개 또는 마감분개라고 한다.

수익계정 : (차) 수익항목 ××× (대) 손 익 ×××
비용계정 : (차) 손 익 ××× (대) 비용항목 ×××

예제 4.12

다음 거래를 분개하고 해당계정을 마감하는 결산분개를 하라. (단위: 원)
㉠ 성민상사는 임대료 900,000을 받다.
㉡ 성민상사는 차입금에 대한 이자 700,000을 지급하다.

해답 (가) 분 개

㉠ (차) 현 금 900,000 (대) 임 대 료 900,000
㉡ (차) 이자비용 700,000 (대) 현 금 700,000

(나) 마감분개

㉠ (차) 임 대 료 900,000 (대) 손 익 900,000

㉡ (차) 손　　익 700,000　　(대) 이자비용 700,000

(다) 계정 마감

(차변)	임 대 료		(대변)
손익	900,000	현금	900,000

(차변)	이자비용		(대변)
현금	700,000	손익	700,000

2) 집합손익계정의 마감

집합손익계정은 수익과 비용의 계정을 집계하여 당기순이익을 계산하는 기능을 담당하는데 이러한 성질의 계정을 집합계정이라고 한다. 그런데 당해 기간에 발생된 수익과 비용 결과의 집합계정인 손익계정은 집계를 위한 임시계정이므로 이 계정을 마감하기 위해서는 이를 다시 실질계정인 자본금계정(주식회사인 경우는 미처분이익잉여금)에 대체해야만 된다. 여기서 대체란 어느 계정의 금액을 다른 계정에 옮기는 것을 말하며 이 경우의 분개를 대체분개라고 한다.

(차변) 손익　　×××　　　　(대변) 자본금　　×××

예제 4.13

성민상사의 수익 및 비용거래를 마감하기 위한 대체분개를 하고, 손익계정을 마감하라. (단위: 원)

해답 (차) 손 익 200,000　　　　(대) 자본금 200,000

(차변)	손 익		(대변)
이자비용	700,000	임 대 료	900,000
자 본 금	200,000		
	900,000		900,000

3) 실질(재무상태표)계정의 마감

실질계정을 마감하는 방법은 차기로 이월기입을 할 때 원장에 일종의 집합계정인 잔액계정을 새로 설정하는 대륙식 마감법과 이월기입은 분개하지 않고 직접 해당계정의 대변과 차변 중 적은 쪽에 「차기이월」이라고 기입하여 대변과 차변합계액을 일치시키는 영미식 마감법이 있다. 우리나라 기업은 대부분 영미식을 사용하고 있다.

예제 4.14

다음과 같은 실질계정을 영미식 마감법으로 마감하라. (단위: 원)

(차변)	현 금	(대변)
상품 800,000		기계 600,000

(차변)	단기차입금	(대변)
현금 300,000		현금 900,000

해답

(차변)		현 금		(대변)
상 품	800,000		기계	600,000
			차기이월	200,000
	800,000			800,000
전기이월	200,000			

(차변)		단기차입금		(대변)
현금	300,000		현 금	900,000
차기이월	600,000			
	900,000			900,000
			전기이월	600,000

* 참고로 계정과목 하단에 [차기이월]을 표시할 경우, 자산계정은 붉은색으로 표시하는 것이 일반적이다.

5. 재무제표(결산보고서)의 작성

기업은 수정전 시산표에다 상기한 제반 결산절차에 따라 기말정리사항을 추가하여 재무제표를 작성한다. 즉 주요 재무제표의 하나인 재무상태표에는 실질계정이 집계되어 기초와 비교하여 일정시점(기말)에서의 재무상태를 나타내는 보고서 역할을 하고, 포괄손익계산서에는 임시계정이 집계되어 일정기간 동안 기업의 영업성적을 나타내는 보고서로서의 역할을 한다. K-IFRS는 재무상태표, 포괄손익계산서, 자본변동표, 현금흐름표 및 주석 등을 주요 재무제표로 규정하고 있다. 이 중에서 재무상태표와 포괄손익계산서의 작성기준은 다음과 같다.

1) 재무상태표의 작성기준

(1) 구분표시의 원칙

재무상태표는 크게 자산, 부채, 자본으로 구분하고, 이를 다시 자산은 2구분(유동, 비유동)하고 부채도 2구분(유동, 비유동)하며, 자본은 3구분(납입자본, 기타자본구성요소, 이익잉여금) 하여 표시하여야 한다는 것을 말한다.

(2) 총액표시의 원칙

재무상태표의 구성항목은 총액에 의하여 기재함을 원칙으로 해야지, 구성항목 상호간을 상계함으로써 그 전부 또는 일부를 대차대조표에서 제외시켜서는 안된다는 것을 말한다.

(3) 1년 기준의 원칙

1년 기준(one year rule)이란 자산과 부채를 1년을 기준으로 하여 1년 이내에 현금으로 전환할 가능성이 있거나 1년 이내에 현금으로 지급될 가능성이 있는 것은 유동자산 및 유동부채로 인식하고, 그렇지 못한 것은 비유동자산 및 비유동부채로 분류하는 것을 말한다.

(4) 유동성배열법의 원칙

환금성(換金性)이 빠른 것부터 즉 유동성의 순위(order of liquidity)에 따라 재무상태표의 구성항목을 배열하는 것을 말한다.

(5) 잉여금 구분의 원칙

자본거래에서 발생하는 자본잉여금과 손익거래에서 발생하는 이익잉여금은 이해관계자가 합리적 의사결정을 하도록 정보를 제공하려는 목적에서 구분하여 표시하여야 한다는 것을 말한다.

(6) 미결산항목과 비망계정의 사용금지원칙

가지급금 및 가수금의 미결산항목은 그 내용을 나타내는 적절한 과목으로 표시하고, 대조계정 등의 비망계정은 재무상태표의 자산 및 부채항목으로 표시하여서는 안된다는 것을 말한다.

2) 포괄손익계산서의 작성기준

(1) 발생주의의 원칙

모든 수익과 비용은 그것이 발생된 기간에 정당하게 배분되도록 처리해야 한다는 것을 말한다. 따라서 수익은 실현된 시점에서 인식하고 비용은 발생된 시점에서 인식된다. 여기서 실현이란 특정거래에 대한 대가를 현금으로 받지 못하였더라도 수익으로 인식하는데 가장 중요한 업무(재화의 인도 또는 용역제공의 완료)가 종료된 것을 의미한다.

(2) 수익 · 비용 대응의 원칙

기간의 경영성과를 명확히 파악하기 위해 이익은 일정기간 동안에 발생한 수익과 이것을 얻기 위해 지출한 비용을 대응시켜 산정하여야 한다는 것을 말한다.

(3) 총액주의의 원칙

수익과 비용은 총액에 의하여 기재함을 원칙으로 하고, 비용과 수익의 발생액을 서로 상계시켜 잔액만을 표시하거나 동일한 수익 및 비용에 속하는 항목끼리 서로 합하여 기재해서는 안된다는 것을 말한다.

(4) 구분표시의 원칙

기존의 회계기준과는 달리 K-IFRS는 포괄손익계산서의 보고형식에 대해 특별한 양식을 규정하지 않고 당해 기간에 인식한 모든 수익과 비용항목(기타포괄손익 포함)을 포괄손익계산서에 표시하도록 하고 있다.

그리고 K-IFRS는 포괄손익계산서에 표시하는 비용을 성격별로 분류하거나 기능별로 분류한 후, 두 가지 중에서 하나를 기업이 선택할 수 있도록 규정하고 있다.

예제 4.15

온누리상사의 수정전 시산표(3절 예제)에 다음과 같은 결산정리사항을 첨가하여 분개한 후 정산표를 작성하라.

〈결산정리사항〉

㉠ 건물 취득원가에 대해 5%의 감가상각비를 계상하다.

㉡ 매출채권 잔액에 대해 3%의 대손액을 설정하다.

㉢ 보험료 중 당월분은 ₩500임을 통지받다.

해답 (가) 결산정리사항 분개

	차변	금액	대변	금액
㉠	(차) 감가상각비	1,100	(대) 감가상각누계액	1,100
㉡	(차) 대손상각비	300	(대) 대손충당금	300
㉢	(차) 선급보험료	1,500	(대) 보험료	1,500

(나) 정산표 작성

정 산 표

(단위: 원)

계정과목	잔액시산표		정리사항		포괄손익계산서		재무상태표	
	차변	대변	차변	대변	차변	대변	차변	대변
현금	25,000						25,000	
당좌예금	20,000						20,000	
매출채권	10,000						10,000	
상품	30,000						30,000	
건물	22,000						22,000	
매입채무		10,000						10,000
자본금		95,000						95,000
상품매출이익		11,000				11,000		
급여	3,000				3,000			
임차료	4,000				4,000			
보험료	2,000			1,500	500			
	116,000	116,000						
감가상각비			1,100		1,100			
감가상각누계액				1,100				1,100
대손상각비			300		300			
대손충당금				300				300
선급보험료			1,500				1,500	
당기순이익					2,100			2,100
			2,900	2,900	11,000	11,000	108,500	108,500

6. 감사보고

기업의 재무제표는 재무정보 내용의 합리성과 객관성 차원에서 그 기업의 재무상태나 경영성과를 적정하게 나타내고 있는가에 대한 사회적인 검증절차가 필요하다. 우리나라는 「주식회사의 외부감사에 관한 법률」에서 일정규모(자산총액 100억원) 이상의 기업은 그들의 재무제표에 대해 독립된 외부의 감사인(주로 공인회계사들로 구성된 회계법인)으로부터 반드시 감사를 받아야 한다고 규정하고 있다. 이와 같이 기업의 경영자와 관계가 없는 특정의 외부전문가에게 재무제표를 검토하게 한 후 그 전문가의 재무제표에 대한 의견을 표명하게 하는 절차를 회계감사(auditing)라고 한다.

공인회계사는 기업의 재무제표가 기업회계기준 및 회계감사기준[6]에 따라 적정하게 작성되었는지 감사를 한 후 감사보고서라는 형식으로 의견을 표명하는데 이것을 감사의견이라고 한다. 감사의견에는 다음과 같이 적정의견, 한정의견, 부적정의견 그리고 의견거절 등 네 가지가 있다.

1) 적정의견(unqualified opinion)

재무제표가 기업회계기준을 준수하여 작성되었기 때문에 기업의 재무상태와 경영성과가 적정하게 표시하고 있다고 판단하는 경우에 표명하는 감사의견을 말한다.

2) 한정의견(qualified opinion)

특정한 예외사정을 제외하고는 재무제표가 전체적으로 적정하게 작성되었다고 판단될 경우 표명하는 감사의견(이 경우의 예외사항은 감사인이 감사할 때 감사의 범위가 제한되었거나 재무제표가 기업회계기준에 위배된 때를 의미한다)을 말한다.

3) 부적정의견(adverse opinion)

기업회계기준의 위배사실이 중요하기 때문에 이를 수정하지 않고는 재무제표 자체의 의미가 상실되거나 혹은 재무제표 전체의 내용을 오도할 가능성이 있다고 판단될 경우 표명하는 감사의견이다.

4) 의견거절(disclaimer of opinion)

특히 중요한 감사범위가 제한을 받아 의견을 표명할 만큼 충분하게 감사증거를 확보하지 못했을 경우에 표명되는 감사의견이다.

상기에 언급한 내용을 감사의견과 예외사항을 중심으로 요약하면 다음과 같다.

예외항목	적정의견	한정의견	부적정의견	의견거절
■ 감사범위의 제한 여부	○	○	×	○
■ 기업회계기준의 준수 여부	○	○	○	×
■ 감사인 독립성의 결여여부	×	×	×	○
예외항목의 중요성	중요하지 않은 경우	중요한 경우	특별히 중요한 경우	특별히 중요한 경우

〈표 1-9〉 감사의견과 예외사항

6) 우리나라에서 회계감사기준은 증권관리위원회에서 제정한 '회계감사기준'과 한국공인회계사회가 제정하고 금융감독위원회가 승인한 '회계감사준칙'을 모두 포함한다.

연습문제

1. 회계순환과정에 대해 설명하라.

2. 장부를 마감할 경우 실질계정과 임시계정의 차이를 설명하라.

3. 유동성배열법에 대해 설명하라.

4. 다음은 2008년 6월 30일 현재, 계명상사 원장계정의 잔액이다. 요구사항에 답하라.

(단위: 원)

〈총계정원장〉

현 금	
67,000	

매출채권	
54,000	

매입채무	
	38,000

상품매출이익	
	77,000

건 물	
22,000	

급 여	
33,000	

자 본 금	
	96,000

광고선전비	
24,000	

상 품	
43,000	

이자수익	
	12,000

차 입 금	
	20,000

〈요구사항〉

1) 각 원장을 마감하고 대체분개를 하라.

2) 시산표를 작성하라.

3) 재무상태표와 포괄손익계산서를 작성하라.

5. 다음 자료로 정산표를 작성하라. (단위: 원)

1) 원장계정잔액

현 금	830,000	기 계 장 치	270,000	장 기 차 입 금	150,000
유 가 증 권	630,000	보 험 료	40,000	대 손 충 당 금	2,400
대 여 금	200,000	잡 비	35,000	이 자 수 익	50,000
건 물	950,000	급 여	180,000	매 출 채 권	310,000
가 수 금	67,000	자 본 금	( )	상 품	780,000
상품매출이익	430,000				

2) 기말정리사항

① 매출채권의 2% 대손 설정하다.

② 기계감가상각비는 원장잔액의 3% 계상하다.

③ 건물감가상각비는 원장잔액의 5% 계상하다.

④ 보험료 중 미경과액은 10,000이다.

⑤ 이자 중 미수액은 5,000이다.

⑥ 가수금 중 45,000은 매출채권 회수액이다.

6. 다음 분개결과로 거래의 내용을 추정하라. (단위: 원)

1)	(차) 감 가 상 각 비	60,000	(대) 감가상각누계액	60,000
2)	(차) 대 손 충 당 금	200,000	(대) 대손충당금환입액	200,000
3)	(차) 선 급 보 험 료	50,000	(대) 보 험 료	50,000
4)	(차) 이 자 비 용	360,000	(대) 미지급이자비용	360,000
5)	(차) 유 가 증 권	70,000	(대) 유가증권평가이익	70,000

7. 감사의견의 종류에 대해 설명하라.

8. 다음 자료를 이용하여 2008년도 연수(주)의 재무상태표와 포괄손익계산서를 작성하라.
(단위: 원)

3월 6일. 연수(주)는 현금 6,000,000 건물 40,000,000 상품 500,000 그리고 사채 25,000,000으로 영업을 시작하다.
3월 9일. 상품 700,000을 외상으로 매입하다.
3월 15일. 상품 450,000(220,000)을 매출하다.
3월 18일. 상품 850,000을 매입하면서 350,000은 현금으로 지급하고 나머지는 나중에 주기로 하다.
3월 24일. 상품 200,000(250,000)을 외상으로 매출하다.
3월 30일. 보험료 20,000 및 사채에 대한 이자 30,000을 지급하다.
3월 31일. 결산을 맞이하다.

9. 다음 자료를 이용하여 2008년도 6월분 백석(주)의 재무상태표와 포괄손익계산서를 작성하라. (단위: 원)

6월 1일. 백석(주)은 현금 700,000 상품 55,000 건물 100,000 그리고 사채 500,000을 갖고 영업을 개시하다.
5일. 상품 60,000을 외상으로 매입하다.
9일. 단기 투자목적으로 유가증권 100,000을 구입하다.
11일. 한심(주)에게 200,000을 빌려주다.
15일. 상품 48,000(35,000)을 매출하다.
20일. 사채에 대한 이자 3,000을 지급하다.
23일. 상품 10,000(12,000)을 매출하였으나 대금을 회수하지 못하다.
25일. 보험료 6,000을 납부하다.
30일. 결산을 맞이하다. 결산일에 정리할 분개는 다음과 같다.
① 23일 상품매출대금 중 2%는 대손처리하다.
② 건물에 대해 3%의 감가상각을 계상하다.
③ 25일 지급한 보험료 중 2,000은 미경과된 것으로 판명하다.
④ 보유하고 있는 유가증권의 시가는 126,000이다.
⑤ 사채에 대한 이자 중 2,000은 미지급 상태이다.
⑥ 11일 대여한 금액에 대한 이자(4%)는 아직 회수하지 못하다.
⑦ 상품의 기말재고액을 계산하다.

10. 다음 자료를 참고하여 총계정원장을 설정하여 마감한 후, 재무상태표와 포괄손익계산서를 작성하라. (단위: 원)

계정과목	차변잔액	대변잔액
현　　금	86,500	34,000
매출채권	43,200	12,000
당좌예금	51,000	0
단기대여금	24,000	0
기계장치	64,500	20,000
상　　품	54,000	18,000
소 모 품	36,000	14,500
매입채무	32,600	53,000
장기차입금	28,000	71,500
사　　채	0	69,000
자 본 금	0	81,000
상품매출이익	0	19,000
임 대 료	0	52,000
이자수익	0	6,500
보 험 료	10,000	0
광고선전비	8,600	0
세금과공과	12,100	0

11. 다음 거래를 분개하고 재무제표를 작성하라. (단위: 원)

10/1. 현금 500 상품 700 건물 600 그리고 사채 900으로 영업개시하다.
10/6. 비품 250을 매입하여 사용하고 있으나 대금은 미지급 상태이다.
10/10. 상품 800을 현금 350에 매입하고 나머지는 어음을 발행하다.
10/16. 상품 750(400)을 매출하고 당사가 발행한 수표로 받다.
10/22. 건물에 대한 사용료 50을 받다.
10/27. 상품 200(260)을 외상을 매출하다.
10/31. 사채에 대한 이용료 60을 지급하다.

계정과목별 회계처리

제2부

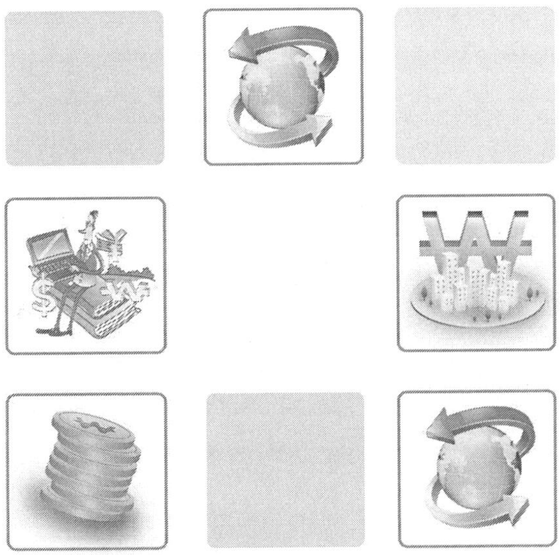

제1장 자산계정의 회계처리

제1절 금융상품과 금융자산

1. 금융상품

K-IFRS에는 재무상태를 파악할 때 동일한 시점에서 인식하고 측정해야 한다는 개념을 갖고 금융상품이란 새로운 용어가 기업회계기준서(제1032호, 제1039호, 제1107호, 제1109호)에 도입되었다. 금융상품(financial instruments)은 회계학 관점에서 볼 때, 어떤 거래가 발생하면 한쪽 당사자에게는 금융자산이 발생하게 되고 다른 쪽 당사자에게는 금융부채 또는 지분상품이 발생하게 되는데 이와 같은 모든 계약을 의미한다. 예를 들어 A군이 B양에게 10만원을 빌려주는 거래가 발생하였을 경우, A군에게는 대여금계정이 나타나고 B양에게는 차입금계정이 나타나게 되는데 이러한 계약 즉, 금융자산(대여금)과 금융부채(차입금)를 모두 금융상품이라고 한다.

금융상품에 관해 K-IFRS와 일반기업회계기준은 다음과 같이 분류하고 있다.

구 분	K-IFRS	일반기업회계기준	비 고
분류 내용	① 금융자산 ② 금융부채 ③ 지분상품	① 금융자산 ② 금융부채	일반적으로는 금융기관(은행, 증권회사 등)에서 취급하는 양도성예금증서, 기업어음 등과 같은 상품을 금융상품이라고도 한다.

2. 금융자산

금융자산(financial assets)이란 금융상품 거래에서 발생하는 일종의 채권계정을 의미한다. 금융자산을 다음과 같이 K-IFRS와 일반기업회계기준은 구분하고 있다.

	K-IFRS	일반기업회계기준	비 고
분류 내용	① 현금및현금성자산 ② 대여금 및 수취채권 ③ 당기손익인식금융자산 ④ 만기보유금융자산 ⑤ 매도가능금융자산	① 단기매매증권 ② 만기보유증권 ③ 매도가능증권	▷ 일반기업회계기준은 금융자산에 유가증권만 포함시킨다. ▷ K-IFRS는 유가증권은 물론이고 금융기관에서 취급하는 상품까지도 금융자산에 포함시킨다.

한편, 한국회계기준원은 K-IFRS 제1109호(시행예정일; 2013년 1월 1일)를 제정하여 현금및현금성자산을 제외한 금융자산을 자산보유 측정목적에 따라 공정가치측정금융자산과 상각후원가금융자산으로 2구분 하도록 하고 있다. 따라서 K-IFRS을 올바르게 적용하기 위해서는 앞으로 금융자산을 다음과 같이 분류하고 이를 회계실무에서 적용해야 한다.

대분류	정 의	평가방법	소분류	계정과목 사례
현금및현금성자산	현금처럼 유동성이 매우 높은 금융자산	-	대분류와 동일	현금, 요구불예금, 타인발행수표
공정가치측정금융자산	자산계약서상에 표시된 현금흐름을 주목적으로 취득하려는 것이 아닌 금융자산	자산의 가치변동을 공정가액으로 인식	당기손익인식금융자산	단기매매주식, 단기매매사채, 매출채권, 대여금
			기타포괄손익인식금융자산	투자목적주식, 신주인수권
상각후원가금융자산	보유목적이 자산계약서상에 표시된 현금흐름을 취득하려고 하는 금융자산	자산을 취득할 때는 공정가액으로 인식하고 취득한 후에는 상각후원가로 인식	대분류와 동일	만기보유사채, 정기적금, 매출채권, 대여금

제2절 유동자산의 회계처리

1. 현금 및 현금성자산

현금 및 현금성자산은 현금과 예금 그리고 현금성자산을 모두 포괄하는 개념[1)]을 의미한다.

1) 현금계정

현금계정(cash on hand a/c)에서 취급되는 것은 지폐・동전 등의 통화뿐만 아니라 통화대용증권(cash equivalents)까지 포함하여 처리한다. 여기서 통화대용증권이란 타인발행수표, 송금수표, 우편환증서, 대체저금환급증서, 주식배당금영수증, 공・사채이자표 등을 말한다.

현금의 계정기입은 다음과 같이 수입은 차변에, 지출은 대변에 기입하므로 현금잔액은 차변에 나타나게 된다. 현금수입과 지출의 상세한 내용은 보조장부인 현금출납장(cash books)에 기입한다.

현　금

통화의 수입	통화의 지급
통화대용증권의 수입	통화대용증권의 인도

현 금 출 납 장

월	일	적　요	수　입	지　출	잔　액

〈그림 2-1〉 현금계정 및 출납장

1) 따라서 기업회계기준을 정확하게 적용하려면 현금, 예금, 현금성자산을 각각의 계정과목으로 독립하여 처리하여서는 아니 되고 통합하여 [현금 및 현금성자산]으로 재무상태표상에 표시하여야 한다. 그러나 회계실무에서는 이를 구분하여 사용하는 것이 일반적이다.

예제 1.1

동근상사의 다음과 같은 거래를 분개한 후 원장에 전기하고 현금출납장에 기입하라.

5월 1일 : 현금 ₩800,000을 출자하여 영업을 개시하다.

3일 : 강남상사에 상품 ₩50,000을 매출하고 대금은 동점이 발행한 수표로 받다.

10일 : 영동은행에 현금 ₩70,000을 당좌예금하다.

25일 : 인천상사에서 상품 ₩60,000을 매입하고 대금은 현금으로 지급하다.

28일 : 대구상사로부터 외상매출금 ₩100,000을 우편환증서로 받다.

해답 (가) 분 개

5/ 1 :	(차) 현 금	800,000	(대) 자 본 금	800,000
3 :	(차) 현 금	50,000	(대) 상 품	50,000
10 :	(차) 당좌예금	70,000	(대) 현 금	70,000
25 :	(차) 상 품	60,000	(대) 현 금	60,000
28 :	(차) 현 금	100,000	(대) 매 출 채 권	100,000

(나) 전 기

현 금

자 본 금	800,000	당좌예금	70,000
상 품	50,000	상 품	60,000
매출채권	100,000		

(다) 현금출납장

현 금 출 납 장

월	일	적 요	수 입	지 출	잔 액
5	1	현금출자	800,000		800,000
	3	강남상사에 상품매출	50,000		850,000
	10	영동은행에 당좌예금		70,000	780,000
	25	인천상사에서 상품매입		60,000	720,000
	28	대구상사에서 외상매출금 회수	100,000		820,000
	31	차기이월		820,000	
			950,000	950,000	
6	1	전기이월	820,000		820,000

(1) 현금과부족계정

현금과부족계정(cash over and short a/c)은 현금의 장부잔액이 실제잔액과 일치하지 않을 경우에 처리하는 계정이다.

현금의 실제잔액이 장부잔액보다 부족할 경우는 부족액만큼 현금과부족계정의 차변에 기입하고 초과될 경우에는 대변에 기입하므로 현금과부족계정의 잔액은 대변과 차변 어느 쪽에도 나타날 수 있다.

현금과부족계정은 가계정 성격을 지닌 계정이므로 결산을 할 때까지 부족액이나 초과액의 원인을 알 수 없을 경우에 부족액은 잡손실계정에, 초과액은 잡이익계정에 대체하여 처리해야 한다.

예제 1.2

다음 거래를 분개하라.(결산은 매월 말에 한다)

5월 3일 : 현금의 실제잔액은 ₩5,000이고 장부잔액은 ₩5,500이다.
10일 : 위의 원인을 조사한 바 이자지급의 기장누락으로 판명되다.
31일 : 위의 현금부족액의 원인은 결산시까지 밝혀지지 않았다.
6월 4일 : 금고에는 현금이 ₩200,000이 있고 현금의 장부상 잔액은 ₩160,000이다.
18일 : 위의 원인을 조사한 바 수수료수익의 기장누락으로 판명되다.
30일 : 위의 현금초과액의 원인이 결산시까지 판명되지 않았다.

해답

	차변	금액	대변	금액
5/ 3 :	(차) 현금과부족	500	(대) 현 금	500
10 :	(차) 이 자 비 용	500	(대) 현금과부족	500
31 :	(차) 잡 손 실	500	(대) 현금과부족	500
6/ 4 :	(차) 현 금	40,000	(대) 현금과부족	40,000
18 :	(차) 현금과부족	40,000	(대) 수수료수익	40,000
30 :	(차) 현금과부족	40,000	(대) 잡 이 익	40,000

(2) 소액현금계정

기업은 거액의 현금취급에 따르는 위험(risk)을 피하기 위해 현금의 수입과 지출을 당좌예금계정을 이용하여 처리한다. 그러나 빈번히 일어나는 통신비, 교통비, 문구대 등 소액현금을 지출할 경우는 일일이 수표를 발행하지 않고 현금의 지출업무를 용이하게 하기 위해서 용도계를 통하여 소액현금으로 처리한다. 소액현금계정(petty cash a/c)은 자금을 전도(선급)하는 방법에 따라 단순자금선급제(petty cash system)와 정액자금전도제(imprest system)가 있다. 일반적으로 사용되고 있는 정액자금전도제는 용도계로부터 소액현금의 지급보고를 받고 소액자금을 사용한 금액만큼 보충해 주는 방법을 말한다. 따라서 정액자금전도제를 채택할 경우 용도계의 소액현금은 항상 일정액을 유지한다.

소액현금계정의 처리방법은 소액현금의 선급액이나 보급액을 소액현금계정의 차변에, 지급액을 대변에 기입한다. 그리고 소액현금 선급액 및 지급액의 자세한 내용은 보조장부인 소액현금출납장에 기입한다.

예제 1.3

다음 거래를 분개하고 소액현금출납장에 기입하라.

5월 1일 : 정액자금전도제를 채택하고 용도계에 ₩40,000을 수표발행하여 선급하다.

31일 : 용도계로부터 다음과 같이 소액현금 사용에 관한 보고를 받고 수표를 발행하여 보급해 주다.

[소액현금 지급보고서]

교통비 : ₩7,000 통신비 : ₩12,000 소모품비 : ₩10,000 잡비 : ₩3,000

해답 (가) 분 개

5/ 1 :	(차)	소액현금	40,000	(대)	당좌예금	40,000
31 :	(차)	교 통 비	7,000	(대)	당좌예금	32,000
		통 신 비	12,000			
		소모품비	10,000			
		잡 비	3,000			

(나) 소액현금출납장

소액현금출납장

수입	월	일	적 요	지급액	지급명세: 교통비	통신비	소모품비	잡비
40,000	5	1	수표전도액					
		3	사무용품 구입	10,000			10,000	
		5	전화요금	8,000		8,000		
		8	우표대금 지급	4,000		4,000		
		10	버스택시요금	7,000	7,000			
		12	전기요금	3,000				3,000
		31	합 계	32,000	7,000	12,000	10,000	3,000
32,000		〃	보급액					
		〃	차기이월	40,000				
72,000				72,000				
40,000	6	1	전기이월					

2) 요구불예금계정

포괄적인 현금계정에서 취급할 수 있는 예금(cash in bank)은 예금의 여러 종류 중에서 요구불예금만이 그 대상이 될 수 있다. 즉 기업이 자금을 필요할 경우 언제든지 인출이 가능한 보통예금, 당좌예금 등이 여기에 해당된다.

한편, 정기예금 및 정기적금 등과 같은 저축성예금은 기타예금계정으로 구분하여 회계처리를 하면 된다. 그러나 이것도 만기의 도래기간에 따라 현금성자산, 단기금융상품 그리고 장기금융상품 등으로 각각 구분한 후 이에 알맞게 회계처리를 하여야 한다.

(1) 당좌예금계정

당좌예금계정(current deposit a/c)은 기업이 은행과 당좌거래계약을 맺고 기업의 현금관리업무(현금의 수입 및 지출)를 은행이 대신하여 처리하는 계정이다. 기업이 당좌예금계정을 이용하기 위해서는 일정한 자격과 신용이 있어야 하고, 통장 대신에 당좌수표를 이용하는데 당좌예금은 이자가 없는 것이 특징이다.

당좌예금의 계정기입방법은 다음과 같이 예입액은 차변에, 인출액은 대변에 기입하므로 당좌예금의 잔액은 차변에 나타나는 것이 원칙이다.[2] 그러나 당좌차월계정을 별도로

2) 수표 중에서 타인이 발행한 당좌수표를 받았을 경우에는 현금으로 처리를 하지만 자기가 발행한 당좌수표를 받으면 당좌예금으로 기재하여야 한다. 그리고 은행과 당좌거래를 개설할 때 당좌개설보증금을 예치해야만 하는데 이것은 장기금융상품에 해당된다.

설정하지 않고 당좌예금계정에서 당좌차월을 취급할 경우에는 대변에도 잔액이 나타날 수 있다. 당좌예금과 관련된 자세한 내용(당좌예입이나 인출의 명세 등)은 보조장부인 당좌예금출납장에 기재한다.

당좌예금

예입액	인출액

당좌예금출납장

월	일	적 요	예 입	인 출	잔 액

〈그림 2-2〉 당좌예금 계정 및 출납장

(2) 당좌차월계정

기업은 원칙적으로 당좌예금잔액의 한도내에서 수표를 발행하여야 하지만, 은행과 약정을 해놓으면 예금잔액을 초과하여도 일정한 한도까지 수표발행이 허용되는데 이러한 예금제도가 당좌차월(bank over draft)이다. 당좌차월계약은 위험이 존재하기 때문에 근저당 설정이 요구되고 있으며, 예금주(기업)의 입장에서 보면 은행에 대해 채무를 이행하여야 하므로 일종의 부채계정이다.

당좌차월계정의 계정기입방법은 당좌예금 잔액을 초과하여 수표를 발행하였을 경우에는 대변에 기입하고 당좌예입에 의하여 상환을 하였을 경우에는 상환액을 차변에 기입한다.

그리고 당좌차월이 회계기간말까지 제거되지 않으면 단기차입금으로 대체하여 처리해야 한다.

예제 1.4

다음 거래를 분개한 후 원장에 전기하고 당좌예금출납장에 기입하라.

8월 5일 : 서울은행에 현금 ₩500,000을 당좌예금하다(당좌차월 한도는 ₩200,000이다).

7일 : 안성상사에서 상품 ₩400,000을 매입하고 수표를 발행하여 지급하다.

9일 : 인천상사에서 상품 ₩250,000을 매입하고 수표를 발행하여 지급하다.
11일 : 수원상사에서 외상매출금 ₩200,000을 받아서 당좌예금하다.

해답 (가) 분 개

8/ 5 :	(차) 당좌예금	500,000	(대) 현　　금	500,000
7 :	(차) 상　　품	400,000	(대) 당좌예금	400,000
9 :	(차) 상　　품	250,000	(대) 당좌예금	100,000
			단기차입금	150,000
11 :	(차) 단기차입금	150,000	(대) 매출채권	200,000
	당좌예금	50,000		

(나) 원장 전기

당좌예금

차변		대변	
현　　금	500,000	상　품	400,000
매출채권	50,000	상　품	100,000

단기차입금

차변		대변	
매출채권	150,000	상　품	150,000

(다) 당좌예금출납장

당 좌 예 금 출 납 장

월	일	적　　요	예　입	인　출	잔　액
8	5	현금 예입	500,000		500,000
	7	안성상사에서 상품매입		400,000	100,000
	9	인천상사에서 상품매입		250,000	▲150,000
	11	수원상사에서 외상매출금 회수	200,000		50,000
	31	차기 이월		50,000	
			700,000	700,000	
9	1	전기 이월	50,000		50,000

(3) 은행계정조정표

기업측이 갖고 있는 당좌예금계정(당좌예금출납장) 잔액과 은행측이 갖고 있는 당점(기업)에 대한 당좌예금잔액(당좌예금 잔액증명서)은 일치해야만 된다. 그러나 여러 가지 사유(회사가 장부에 오기한 경우, 회사에서는 입금을 기입하였으나 은행에서 아직 기입하지 않은 경우, 회사발행수표가 은행에 미제시된 경우 등)로 양쪽 장부금액이 일치되지 않을 때가 있다. 이런 경우 그 원인을 조사하여 예금잔액을 조정하는 절차로서 작성하는 것이 은행계정조정표(bank reconciliation statement)이다. 은행계정조정표를 작성하는 방법에는 다음과 같은 것이 있다.

① 은행의 잔액증명서를 올바른 것으로 인정하고 기업의 당좌예금계정을 조정하는 방법
② 기업의 당좌예금계정을 올바른 것으로 인정하고 은행의 잔액증명서를 조정하는 방법
③ 은행의 잔액증명서와 기업의 당좌예금계정을 모두 조정하는 방법

예제 1.5

다음 자료를 참고하여 요구사항에 답하라.

(가) [자료 1] : 20×2년 3월 31일 현재 장부잔액

㉠ 회사측의 당좌예금출납장 잔액 : ₩1,230,000

㉡ 은행측의 은행잔액증명서 잔액 : ₩1,105,000

(나) [자료 2] : 잔액의 불일치 사유

㉢ 차입금을 상환하기 위해 발행한 다음의 수표가 거래은행에 아직 제시되지 않음 : #가0066(₩200,000), #가0067(₩100,000)

㉣ 거래은행에서는 당좌차월에 대한 이자 ₩25,000을 차감하였으나 회사에서는 아직 기록하지 않음.

㉤ 20×2년 3월 31일 오후 7시에 입금한 자기앞수표 ₩400,000을 거래은행에서는 4월 1일에 입금처리함.

(다) [요구사항]

㉠ 20×2년 3월 31일 현재의 은행계정조정표를 작성하라.

㉡ 회사측의 입장에서 필요한 수정분개를 하라.

해답 (가) 은행계정조정표 (단위: 원)

	회사측 입장	은행측 입장
수정 전 잔액	1,230,000	1,105,000
가산할 금액	*	400,000
차감할 금액	25,000	200,000 100,000
수정 후 잔액	1,205,000	1,205,000

(나) 수정분개 (단위: 원)

(차) 이자비용 25,000 (대) 당좌예금 25,000

(4) 부도수표

기업은 당좌예금 잔액이나 당좌차월 한도 내에서 당좌수표를 발행하는 것이 원칙이다. 따라서 기업이 상기 조건을 위반하여 당좌수표를 발행하면 은행에서는 이와 같은 당좌수표에 대해 지급을 거절하는데 이것을 부도수표(dishonored check)라고 한다. 부도수표는 추후에 언급되는 부도어음계정에 준하여 회계처리를 하면 된다.

3) 현금성자산계정

현금성자산(cash equivalents)은 큰 거래비용 없이 현금으로 전환이 용이하고 이자율 변동에 따른 가치변동의 위험이 중요하지 않은 단기매매증권 및 단기금융상품으로서 취득 당시 만기(또는 상환일)가 3개월 이내에 도래하는 자산을 의미한다.

2. 단기금융상품

단기금융상품이란 양도성예금증서(CD), 어음관리계좌(CMA), 실적배당부 단기금리상품(MMF), 기업어음(CP), 사용이 제한되어 있는 특정예금, 정기예금 등과 같이 금융기관이 취급하는 정형화된 상품[3)]으로 만기가 1년 내에 도래하는 금융상품을 말한다. 단기금융상품은 기타금융자산으로도 일컬어지는데 만약, 만기가 1년 이후에 도래하는 장기금융상품이 있으면 투자목적으로 보유한 것으로 간주하여 이를 재무상태표상에 투자자산으로 표시하면 된다.

단기금융상품은 대부분 유가증권의 성격을 내포하고 있지만 증권거래법에서 유가증권으로 분류하지 않고 있기 때문에 유가증권이 아니다. 그리고 만기의 도래기간 측면을 기준으로 구분해 보면 단기금융상품(3개월 이상 1년 이내)은 현금계정에서 언급한 현금성자산(3개월 이내)과 차이가 있다.

양도성예금증서(Certificate of Deposit)란 시중은행이 발행하는 무기명상태에서 선이자 지급의 양도가 가능한 증서로 최저금액은 천만원(또는 오천만원) 이상이면서 1개월 이상

3) 정형화된 상품은 기업이 제2금융권(종합금융회사, 투자신탁회사, 증권회사 등)에서 판매하는 상품 중 특성상 현금화가 손쉬운 자산(어음관리계좌, 기업어음, 공사채형펀드 등)에 투자한 금액을 뜻한다.

의 거래기간이 요구되는 금융상품을 말한다. 실적배당부 단기자유금리상품(Money Market Fund)은 증권회사 및 투자신탁회사에 예탁하는 수시 인출이 가능하고 예탁금액에는 제한이 없는 금융상품을 의미한다. 그리고 어음관리계좌(Cash Management Account)란 종합금융회사에 예탁하는 단위당거래금액이 200만원 이상이고 최장 180일까지 거래기간이 가능하며 원금과 이자 모두 수시로 인출할 수 있는 금융상품을 말한다.

단기금융상품에 대해 예탁 및 인출시 발생하는 회계처리방법은 다음과 같다.

1) 계좌를 개설하고 현금을 예탁한 경우

(차) 단기금융상품 ××× (대) 현금 및 현금성자산 ×××

2) 개설된 계좌에 이자가 계상된 경우

(차) 단기금융상품 ××× (대) 이 자 수 익 ×××

3) 계좌예탁금을 현금으로 인출한 경우

(차) 현금 및 현금성자산 ××× (대) 단기금융상품 ×××

4) 만기가 되어 원리금을 인출하여 당좌예금을 한 경우

(차) 당 좌 예 금 ××× (대) 단기금융상품 ×××
이 자 수 익 ×××

예제 1.6

다음 거래를 분개하라.

㉠ 미추홀종합금융에 어음관리계좌(CMA)를 개설하고 현금 ₩7,000,000을 예탁하다.

㉡ 상기의 CMA에 대한 이자 ₩350,000이 통장에 입금되다.

㉢ 사비종합금융에 개설한 CMA ₩25,000,000이 만기가 되어 원리금(이자 ₩900,000) 모두를 인출하여 당좌예금하다.

해답

	차변	금액	대변	금액
㉠	(차) 단기금융상품	7,000,000	(대) 현금및현금성자산	7,000,000
㉡	(차) 단기금융상품	350,000	(대) 이 자 수 익	350,000
㉢	(차) 당 좌 예 금	25,900,000	(대) 단 기 금 융 상 품	25,000,000
			이 자 수 익	900,000

연습문제

1. 현금성자산에 대해 설명하라.

2. 결산시 현금과부족계정의 처리방법에 대해 설명하라.

3. 소액현금계정의 필요성에 대해 설명하라.

4. 예금 중 당좌예금의 특징에 대해 설명하라.

5. 은행계정조정표를 작성하는 이유 및 방법에 대해 설명하라.

6. 다음 거래를 동암상사 입장에서 분개하고 현금출납장에 기입하라.

8월 1일 : 전기에 이월된 현금은 ₩600,000이다.

5일 : 상품 ₩840,000(800,000)을 매출하고, 대금 중 1/2은 평화상사가 발행한 수표로 받고 잔액은 외상으로 하다.

12일 : 상품 ₩620,000을 응암상사로부터 매입하고, 대금 중 ₩420,000은 평화상사로부터 받은 수표로 지급하고 나머지는 외상으로 하다.

19일 : 고려상사에 상품 ₩760,000(720,000)을 매출하고, 대금은 당점(동암상사)가 발행하였던 수표로 받다.

21일 : 상품 ₩2,900,000(2,500,000)을 한라상사에 매출하고, 대금은 다음과 같이 받다.

① 우편환증서 ₩100,000
② 한라상사 발행의 당좌수표 ₩1,000,000
③ 응암상사 발행의 당좌수표 ₩500,000
④ 현 금 ₩600,000
⑤ 중문상사 발행의 당좌수표 ₩700,000

7. 다음 거래를 분개하라.

2월 26일 : 현금계정의 잔액은 ₩470,000이지만 금고에 보관된 현금은 ₩400,000이다.
4월 10일 : 상기 현금부족액 중 ₩50,000은 보험료 지급에 대한 기장누락으로 나타나다.
6월 30일 : 현금부족액은 4월 10일 상태에서 결산일까지 다른 원인이 규명되지 않다.
7월 14일 : 현금의 시재액이 현금계정의 잔액보다 ₩120,000 초과되었음을 발견하다.
9월 9일 : 상기 현금초과액의 원인 중 ₩110,000은 수수료수익으로 판명되다.
12월 31일 : 현금초과액의 나머지는 결산일까지 원인이 밝혀지지 않다.

8. 다음 소액현금의 거래를 분개하고 소액현금출납장을 작성하라.

4월 1일 : (주)한서상사는 정액자금전도제를 채택하기로 하고 용도계에 1개월분 자금 ₩90,000을 수표로 발행하여 지급하다.
4일 : 용도계는 문구 구입비 ₩13,000을 현금으로 지급하다.
5일 : 용도계는 택시요금 ₩9,000을 현금으로 지급하다.
11일 : 용도계는 전화료와 엽서구입비로 ₩38,000을 현금으로 지급하다.
22일 : 용도계는 커피 및 음료대금 ₩24,000을 현금으로 지급하다.
30일 : 용도계로부터 소액현금의 사용내역을 보고받다.
30일 : 용도계에 소액현금을 수표를 발행하여 다시 전도하다.

9. 2007년 12월 31일 현재 (주)한동의 당좌예금계정 잔액은 ₩5,740,000이고 은행측이 제시한 당좌예금잔액은 ₩6,579,000이다. 양측 금액의 차이 원인이 다음과 같을 때 은행계정조정표를 작성하고 (주)한동측이 필요한 수정분개를 하라.

1) (주)한동은 외상매출금 ₩471,000을 회수하여 12월 31일 19시에 입금하여 처리하였으나 은행측은 미기입한 상태이다.
2) 추심의뢰한 어음금액 ₩350,000을 은행은 추심하여 당좌예금시켰으나, 회사에는 아직 통보되지 않았다.
3) 은행측이 당좌차월이자 ₩40,000을 차감하였으나 회사는 통보받지 못한 상태이다.
4) 상품과 비품 구입비를 지출하기 위해 발행한 수표 #라0102(₩540,000), #라0103(₩460,000)가 아직 은행에 제시되지 않다.

10. 다음 자료에 의하여 2008년 12월 31일의 실제잔액을 표시하는 은행계정조정표를 작성하라.

1) 2008. 12. 31.의 잔액
   ① 회사의 당좌계정 및 당좌예금출납장 잔액 : ₩492,000
   ② 거래은행의 잔액증명서 잔액 : ₩560,000

2) 잔액의 불일치 원인
   ① 외상매입금 지급을 위하여 발행한 수표 ₩40,000이 지급되지 않았다.
   ② 운송회사에 운임으로 발행·교부한 수표 ₩60,000이 아직 은행에 제시되지 않고 있다.
   ③ 거래처로부터 외상매출금 ₩120,000이 은행에는 대체입금되었으나, 회사에는 통지가 미달되었다.
   ④ 당좌차월에 대한 이자 ₩12,000이 차감되었으나 회사에는 통지가 미달되었다.
   ⑤ 12월 31일에 현금 ₩140,000을 예입하였으나, 은행에서는 동일자로 기록하지 않았다.

11. 다음 용어에 대해 간략하게 설명하라.

1) 부도수표

2) 정형화된 상품

3) 단기금융상품

12. K-IFRS은 금융상품과 금융자산의 관계를 어떻게 정의하고 있는지 설명하라.

13. K-IFRS이 2013년부터 시행예정인 제1109호에 대해 설명하라.

3. 단기매매증권

1) 유가증권의 정의

유가증권(securities)은 재산권을 나타내는 일정한 금액단위로 분할된 주식, 사채, 국공채 등과 같은 증권으로 시장에서 거래되거나 투자의 대상이 되는 것을 의미한다. 유가증권은 발행자의 입장과 투자자의 입장이 서로 다르기 때문에 주의해서 공부를 해야 된다. 예를 들어, A회사가 주식을 발행하고 B회사가 이에 투자를 하였을 경우 A회사(발행자) 입장에서는 주식(자본금)이 되고 B회사(투자자) 입장에서는 유가증권(자산)이 되기 때문이다.

유가증권의 분류방법은 여러 가지가 있는데 본 교재에서는 자본증권[4]을 중점적으로 다루기로 한다. 자본증권은 채무증권(debt securities)과 지분증권(equity securities)으로 2구분 할 수 있다. 채무증권은 이자수익을 취득할 목적에서 투자한 것으로 다른 기업 회사채 및 국채, 공채 등이 그 예이다. 그리고 지분증권은 배당금, 시세차익 등과 같은 것을 얻기 위해 취득한 것과 기타 목적에서 다른 기업의 주식에 투자하는 것을 말한다.

2) 유가증권의 분류

회계학에서 유가증권은 취득한 후[5]에 실제 보유 의도와 보유능력에 따라 다음과 같이 단기매매증권, 만기보유증권 그리고 매도가능증권 중의 하나로 분류하고 재무상태표일마다 분류의 적정성을 재검토하여야 한다. 여기서는 유동자산 항목에 해당하는 단기매매증권을 집중적으로 공부하고 나머지 유가증권은 비유동자산 부문에서 다루기로 한다.

(1) 단기매매증권

단기매매증권은 주로 단기간 내에 매매차익을 취득할 목적으로 보유한 시장성(marketability) 있는 유가증권으로서 매수와 매도가 적극적이고 빈번하게 거래가 발생하는 유가증권을 말한다.[6] 따라서 단기적인 이익을 획득할 목적으로 운용되는 것이 분명한 증권포트폴리오를 구성하는 유가증권은 단기매매증권으로 분류하여야 한다. 하지만 시장성이 없는 경우에는 단기보유목적이 있더라도 매도가능증권으로 구분하여야 한다.

---

4) 자본증권은 증권형금융자산이라고도 한다. 따라서 자본증권을 증권형금융자산으로 명칭을 변경하면 채무증권과 지분증권이 채무형금융자산 및 지분형금융자산으로 바뀌게 된다.

5) 기업이 단기자금을 운용할 목적에서 투자를 할 경우, 위험을 최소화하기 위해 여러 가지 종목의 자산(주식, 사채, 투자부동산 등)에 분산하여 투자를 한다. 이와 같이 여러 가지 자산집합에 투자한 자산군을 포트폴리오(portfolio)라고 말한다.

6) K-IFRS는 동질적인 항목을 거래하면서 언제든지 매매를 바라는 사람들을 찾을 수 있고 가격이 공개되는 시장을 활성시장(active market)이라고 규정하고 있다.

(2) 만기보유증권

만기보유증권은 만기가 확정된 채무증권으로서 상환금액이 확정되었거나 확정이 가능한 채무증권을 만기까지 보유할 적극적인 의도와 능력이 있는 유가증권을 의미한다. 따라서 지분증권은 만기보유증권에 해당되지 않지만 변동이자율 조건부로 발행된 채무증권을 만기보유증권으로 분류할 수 있다.

(3) 매도가능증권

매도가능증권은 유가증권 중에서 단기매매증권이나 만기보유증권으로 분류되지 않는 주식이나 사채 등으로 시세차익이나 배당금수익 등을 취득하려는 목적에서 보유한 것을 말한다.

(4) 지분법적용증권(관계기업투자주식)

특정인(기업)이 유가증권 중에서 타 기업의 경영활동에 중대한 영향력을 행사하려는 목적에서 보유하는 주식이 있는데 이를 지분법적용증권이라고 한다. 일반적으로 지분법적용증권은 타 기업이 발행한 주식총수의 20% 이상 보유하면 이를 인정한다. 지분법적용증권은 관계기업투자주식으로도 일컬어지는데 유가증권으로 분류할 수는 있다. 그러나 보유목적이 앞에서 언급한 3가지 형태의 유가증권과 다르기 때문에 K-IFRS는 별도기준서를 적용하여 회계처리 하도록 하고 있다. 이에 대해서는 나중에 투자자산 부분에서 다루기로 한다.

3) 유가증권의 회계처리 방법

(1) 취득과 처분

유가증권을 매입할 경우에는 액면금액과는 관계없이 유가증권의 취득을 위하여 제공한 대가의 시장가격에 매입수수료, 이전비용 및 등록세 등과 같은 부대비용을 가산한 금액을 취득원가로 계산하여 유가증권계정의 차변에 기입한다. 그러나 일반회계기준과는 다르게 K-IFRS는 단기매매증권을 취득할 경우 특별한 규정을 인정하고 있다. 즉, 단기매매증권을 취득할 경우에 취득시점의 공정가치만 취득원가로 인정하고 나머지 취득하면서 발생한 제비용 등은 당기비용으로 처리하도록 하고 있다.

그리고 유가증권을 매각한 경우, 즉 유가증권의 양도로 유가증권 보유자가 유가증권의 통제를 상실한 때에는 취득원가를 유가증권계정 대변에 기입하고 매출액과 취득원가와의 차액[7]을 유가증권 처분이익(또는 손실)으로 당기손익 처리한다.

7) 단기매매증권을 처분할 경우 처분시점이 취득시점과 같은 년도이면 취득원가가 기준이 된다. 그러나 취득시점과 처분시점이 다른 년도이면 처분 직전년도말 공정가액이 기준이 된다.

예제 1.7

다음 거래를 분개하라. (단위: 원)
(주)종수는 단기매매차익을 획득할 목적으로 (주)선희가 발행한 주식 100주(@20,000)를 매입하면서 수수료(6,000)와 함께 수표를 발행하여 지급하였다.

해답 (차) 단기매매증권 2,000,000 (대) 당좌예금 2,006,000
지급수수료 6,000

예제 1.8

다음 거래를 분개하라. (단위: 원)
(주)예섭은 여유자금을 운영할 목적에서 (주)예림이 발행한 5년 후로 만기가 약정된 사채 200권(@25,000)를 매입하고 수수료(10,000)와 함께 제자상사가 발행한 수표로 지급하였다.

해답 (차) 만기보유증권 5,010,000 (대) 현 금 5,010,000

예제 1.9

다음과 같은 단기매매증권 자료를 참고하여 요구사항에 답하라. (단위: 원)

① 취득일(2011. 02/01): (주)신참 주식수 300주 단가 5,000
② 평가일(2011. 12/30): (주)신참 주식수 300주 공정가액 단가 5,500
③ 처분일(2012. 05/04): (주)신참 주식수 300주 공정가액 단가 5,200

〈요구사항〉
고참상사는 보유하고 있던 (주)신참 주식을 처분하면서 수수료 20,000을 지급하였다. 이와 같은 경우, 처분일에 기록해야 할 분개를 표시하라.

해답 (차) 현 금 1,540,000 (대) 단기매매증권 1,650,000
단기매매증권처분손실 110,000

(2) 평가손익

보유하고 있는 유가증권은 회계기말이 되면 결산을 대비하여 재무상태표상에 얼마의 금액으로 계상할 것인가를 결정해야 하는데 이것을 유가증권 평가라고 한다.

유가증권 평가방법은 공정가액의 변동과 관계없이 취득원가로 유가증권을 평가하는 원가법, 대차대조표일 현재의 공정가액으로 유가증권을 평가하는 공정가액법 그리고 보수주의적 입장을 견지하는 저가법 등이 있는데, 단기매매증권의 평가방법은 공정가액법을 적용하여 평가한다. 즉, 단기매매증권의 평가는 장부가액과 결산일 현재의 시가를 비교하여 평가하면 된다.

유가증권평가손익의 회계처리는 단기매매증권만 당기의 영업외손익 항목인 단기매매증권평가손익으로 인식하고 매도가능증권은 매도가능증권평가손익으로 기타포괄손익누계액 항목에 표시한다.

예제 1.10

다음 거래를 분개하라. (단위: 원)
(주)Ark가 회계기말 현재(2010년 12월 31일), 보유하고 있는 단기매매증권과 관련된 자료는 다음과 같다. 결산시 정리 분개를 종목별기준과 총계기준을 적용하여 각각 표시하라.

주식종목	보유주식수	취득원가	공정가치
(주)한강 (주)금강	300주 400주	6,000,000 5,000,000	6,400,000 4,900,000
합 계	700주	11,000,000	11,300,000

해답 ① 종목별 기준

(차) 단기매매증권	400,000	(대) 단기매매증권평가이익	400,000
단기매매증권평가손실	100,000	(대) 단기매매증권	100,000

② 총계 기준

(차) 단기매매증권	300,000	(대) 단기매매증권평가이익	300,000

(3) 투자이익(배당금수익, 이자수익)

유가증권을 보유하고 있으면 발행회사로부터 유가증권의 성격에 따라 배당이나 이자를 받게 된다. 배당(주식배당은 제외)을 받으면 배당금수익계정 대변에 분개하고 국·공·사채 등으로부터 이자를 받으면 이자수익계정 대변에 분개한다. 이들도 모두 영업외수익 항목으로 분류된다.

예제 1.11

다음 거래를 (주)방주 입장에서 분개하라. (단위: 원)

① (주)방주는 해량상사의 주주총회 결의에 따라 보유중인 단기매매증권에 대한 배당금 6,500,000을 현금으로 수령하다.

② (주)석목에 투자했던 사채가 1년이 경과하여 이에 대한 이자 800,000을 (주)석목이 발행한 수표로 받다.

해답

①	(차) 현금	6,500,000	(대) 배당금수익	6,500,000
②	(차) 현금	800,000	(대) 이자수익	800,000

연습문제

1. 유가증권 분류방법에 대해 설명하라.

2. 공정가액 산정방법에 대해 설명하라.

3. 유가증권 평가방법에 대해 설명하라.

4. 유가증권의 보유로 파생되는 배당이나 이자수익의 처리방법을 예를 제시하여 설명하라.

5. 유가증권의 분류변경에 대해 설명하라.

6. (주)섬강이 소유하고 있는 2010년 12월 31일 현재의 유가증권 명세는 다음과 같다. 요구사항에 답하라. (단위: 원)

유가증권 종류	주식수	액면금액	장부상 원가	시 가
(주)백두 주식	200주	1,000,000	1,200,000	1,000,000
(주)한라 주식	100주	500,000	500,000	500,000
(주)설악 주식	300주	1,500,000	1,580,000	1,590,000

〈요구사항〉

1) 유가증권 취득시 분개는?

2) 유가증권 평가에 따른 분개는?

3) 재무상태표상에 나타내는 유가증권계정의 표시방법은?

4) 2011년 1월 6일에 (주)백두 주식 50주를 1주당 ₩5,500에 처분할 경우, 필요한 분개는?

7. (주)경부가 소유하고 있는 2007년 12월 31일 현재의 유가증권 명세는 다음과 같다. 요구사항에 답하라. (단위: 원)

유가증권 종류	주식수	액면금액	장부상 원가	시 가
(주)호남 채권	200주	@ 10,000	@ 10,500	@ 9,500
(주)중부 채권	100주	@ 5,000	@ 5,000	@ 5,000
(주)영동 채권	300주	@ 5,000	@ 4,800	@ 5,100

〈요구사항〉

1) 유가증권 취득시 분개는?

2) 유가증권 평가에 따른 분개는?

3) 2008년 1월 16일에 (주)영동의 주식 200주를 1주당 ₩5,000에 매각하고 대금은 수표를 받아 당좌예입하다. 그리고 판매수수료 ₩20,000은 현금으로 지급하였을 경우, 분개는?

4) 2008년 12월 31일에 보유유가증권을 평가한다면 필요한 분개는 ? (단, 시가는 다음과 같다. (주)호남 : @ ₩10,200, (주)중부 : @ ₩5,000, (주)영동 : @ ₩5,000)

8. 다음 거래를 우리상사 입장에서 분개하라.

1) 서울상사의 주식 2,000주(액면가액 : @ ₩5,000)를 1주당 ₩5,600에 매입하고 대금은 수표를 발행하여 지급하다. 그리고 영남증권회사에 대한 수수료 ₩70,000을 현금으로 지급하다.

2) 서울상사의 주식 500주를 1주당 ₩6,000에 처분하고 대금은 수표로 받다. 그리고 영북증권회사에 대한 수수료 ₩30,000을 현금으로 지급하다.

3) 서울상사의 주식 300주를 1주당 ₩5,400에 처분하고 대금은 현금으로 받다. 그리고 영북증권회사에 대한 수수료 ₩20,000을 현금으로 지급하다.

4) 연세상사의 사채 3,000좌(액면가액 : @ ₩10,000)를 1좌당 ₩9,800에 매입하고 대금은 수표를 발행하여 지급하다. 그리고 수수료 ₩90,000은 현금으로 지급하다.

5) 연세상사의 사채 1,000좌를 ₩12,000에 처분하고 대금은 수표로 받다. 그리고 수수료 ₩40,000은 현금으로 지급하다.

9. 다음 거래를 간석상사 입장에서 분개하라.
   1) (주)한강 주식 200주(액면가액 : @ ₩5,000)를 1주당 ₩5,200에 수표를 발행하여 매입하고 매입수수료 ₩20,000은 현금으로 지급하다.
   2) 사채 2,000좌(액면금액 : @ ₩10,000)를 1좌당 ₩9,700에 매입하고 대금은 외상매입대금으로 받았던 (주)금강이 발행한 수표로 지급하다.
   3) 서교상사 주식 300주(액면금액 : @ ₩5,000)를 1주당 ₩5,100에, 동교상사 주식 400주(액면금액 : @ ₩5,000)를 1주당 ₩4,900에 보통예금에서 인출하여 매입하고 각각에 대한 매입비용 ₩30,000과 ₩40,000은 현금으로 지급하다.
   4) 액면 ₩4,000,000의 공채를 @ ₩1,000에 대해 @ ₩960으로 수표를 발행하여 매입하고 매입수수료는 별도로 ₩5,000은 현금으로 지급하다.
   5) (주)한강 주식 50주를 1주당 ₩5,500에 매각하고 대금은 수표를 받아 당좌예금하다. 그리고 판매수수료 ₩50,000은 현금으로 지급하다.
   6) 동교상사 주식 200주를 1주당 ₩4,700에 매각하고 대금은 수표를 받아 당좌예금하다. 그리고 판매수수료 ₩60,000은 현금으로 지급하다.
   7) 서교상사 주식에 대해 1주당 배당률을 10%로 하여 배당금을 현금으로 받다.

10. 다음 거래를 분개하고, 각각의 경우에 발생한 수익이 손익계산서의 어느 항목에 해당하는가를 표시하라.
   1) 수학(주)은 매입하여 보유하고 있는 능력(주)의 주식 500주에 대하여 1주당 ₩600씩 배당금을 현금으로 받았다.
   2) 수학(주)은 매입하여 보유하고 있는 국채에 대한 이자 ₩250,000을 현금으로 지급받았다.

11. K-IFRS는 유가증권을 취득할 때 발생하는 비용을 어떻게 처리하는지를 단기매매증권과 매도가능증권으로 나누어서 설명하라.

12. K-IFRS는 단기매매증권 중에서 시장성이 없는 경우의 회계처리방법을 어떻게 규정하고 있는지 설명하라.

4. 수취채권과 지급채무

기업이 거래처에 재화 또는 용역을 제공하거나 자금을 빌려주고 나서 추후에 이에 해당되는 금액을 받기로 약정한 권리를 수취채권(receivables)이라고 한다. 이와 반대 개념으로 기업이 거래처로부터 재화 또는 용역을 제공받거나 자금을 차입한 후 나중에 이에 해당하는 금액을 지급하기로 약정한 의무를 지급채무(payables)라고 한다.

수취채권과 지급채무 중에서 기업의 주된 영업활동과 직접적으로 관련성이 있으면 매출채권(외상매출금, 받을어음)과 매입채무(외상매입금, 지급어음)로 분류하고 그렇지 않을 경우에는 기타채권(예: 대여금, 미수금)과 기타채무(예: 차입금, 미지급금)로 분류하여 회계처리를 하여야 한다.

1) 외상매출금과 외상매입금계정[8]

(1) 계정기입방법

상품을 매출하고 대금을 현금으로 회수하면 문제가 없으나, 외상으로 매매가 성립될 경우 채권계정(receivable a/c)인 외상매출금과 받을어음계정이 발생한다. 채권계정 중 신용상의 거래로 나타나는 외상매출금계정(payable trade a/c)은 상품매출의 외상거래 점포수가 적을 때에는 인명계정(personal a/c)을 사용하는 것이 편리하나, 외상거래 점포수가 많을 때에는 거래처의 인명을 사용하지 않고 통제계정(controlling a/c)인 외상매출금이나 외상매입금계정을 설정하여 처리한다. 따라서 매출처나 매입처의 외상대금 증감이나 잔액을 파악하기 위하여 다음과 같이 매출처원장이나 매입처원장이라는 보조원장을 사용한다.

매출채권

외상매출액	회 수 액

매출처원장

경인상사

외상매출액	회수액

제일상사

외상매출액	회수액

〈그림 2-11〉 매출채권계정 및 매출처원장

8) 외상매출금과 받을어음은 매출채권 중의 하나이므로 재무제표에 공시를 할 경우, 매출채권으로 표시하여야 하지만 각각의 성격을 규명하기 위해서 본 교재에서는 외상매출금과 받을어음으로 나누어서 공부한다. 매입채무도 같은 논리를 적용한다.

매입채무

지급액	외상매입액

매입처원장

인천상회		수원상회	
지급액	외상매입액	지급액	외상매입액

〈그림 2-12〉 매입채무계정 및 매입처원장

지금까지 언급한 매출채권계정 및 매입채무계정에 관한 내용을 요약하면 다음과 같다.

- 매출채권계정 차변합계 = 매출처원장의 각 인명계좌의 차변합계
  대변합계 = 매출처원장의 각 인명계좌의 대변합계
- 매입채무계정 차변합계 = 매입처원장의 각 인명계좌의 차변합계
  대변합계 = 매입처원장의 각 인명계좌의 대변합계

한편, 기업은 자금이 부족할 경우 외상매출금(받을어음 포함)을 회수하기 전에 외상매출금을 다른 금융회사에 매각하여 자금을 융통할 수가 있다. 이와 같은 것을 외상매출금의 팩토링(Factoring)이라고 한다. 기업이 팩토링을 시행하면 금융(팩토링)회사에게 일정의 수수료를 지급하고 나머지 현금을 회수하게 되는데 이때 발생하는 비용은 당기의 영업외손익항목으로 처리한다.

예제 1.12

다음 거래를 인명계정과 통제계정으로 각각 분개하라.

3월 5일 : 강릉상점에서 갑상품 ₩200,000을 매입하고 대금 중 ₩150,000은 수표를 발행하여 지급하고 잔액은 외상으로 하다.

8일 : 강릉상점에서 매입한 상품 중 파손품이 있어 ₩20,000을 반품하다.

13일 : 원주상회에서 상품 ₩300,000을 외상으로 매입하다.

15일 : 강릉상점에서 갑상품 ₩150,000을 외상으로 매입하고 운임 ₩3,000은 현금으로 지급하다.

17일 : 원주상점에 외상매입금 ₩200,000을 수표를 발행하여 지급하다.

해답 (가) 통제계정 (단위: 원)

날짜	차변	금액	대변	금액
3/ 5	(차) 매입	200,000	(대) 당좌예금	150,000
			외상매입금	50,000
8	(차) 외상매입금	20,000	(대) 매입	20,000
13	(차) 매입	300,000	(대) 외상매입금	300,000
15	(차) 매입	153,000	(대) 외상매입금	150,000
			현금	3,000
17	(차) 외상매입금	200,000	(대) 당좌예금	200,000

(나) 인명계정

날짜	차변	금액	대변	금액
3/ 5	(차) 매입	200,000	(대) 당좌예금	150,000
			강릉상점	50,000
8	(차) 강릉상점	20,000	(대) 매입	20,000
13	(차) 매입	300,000	(대) 원주상점	300,000
15	(차) 매입	153,000	(대) 강릉상점	150,000
			현금	3,000
17	(차) 원주상점	200,000	(대) 당좌예금	200,000

매입채무

차변	대변
20,000	50,000
200,000	300,000
	150,000

매입처원장

강릉상점

차변	대변
20,000	50,000
	150,000

원주상점

차변	대변
200,000	300,000

예제 1.13

다음 거래를 (주)다우입장에서 분개하라. (단위: 원)

3월 21일: (주)다우는 (주)동해로부터 회수할 외상매출금 2,400,000을 IMF 여파로 자금사정에 문제가 발생하여 WS캐피탈에 매각하였다. 매각하면서 WS캐피탈에 수수료 5%를 지급하고 나머지는 현금으로 받아 당좌예금을 하였다.
4월 30일: WS캐피탈로부터 상기의 매출채권이 결재되었다는 통보를 받다.

해답 3/21: (차) 당 좌 예 금 2,280,000 (대) 외상매출금 2,400,000
팩토링수수료 120,000
* 팩토링수수료는 매출채권처분손실계정에 해당됨.
4/30: 분개내용 없음

(2) 대손상각비[9)]

기업은 모든 수취채권(receivable credit)을 회수하는 것이 정상적이지만, 채무자의 사정에 따라 회수가 불가능하게 되는 경우가 발생한다. 이와 같이 수취채권의 회수가 불가능하게 되어 비용으로 인식하는 것을 대손상각(bad debt)이라고 한다. 대손상각은 수취채권 중 회수가능성이 없는 것을 해당 채권계정의 대변에 기입하여 공제하는 대신에 그 금액만큼 비용으로 인식하는 회계절차로 정확한 이익을 산출하기 위해서 필요한 것이다. 기업회계기준에서는 매출채권(외상매출금, 받을어음)의 회계처리 중 나타나는 대손상각액을 영업비(판매비와 관리비)로 분류하지만, 후에 언급하는 기타의 채권에 대한 대손상각액은 영업외 비용으로 분류한다.

① 대손액의 추정방법 : 대손예상액의 추정은 대손율을 어느 계정금액에 근거하느냐에 따라 달라지는데, 일반적으로 다음과 같은 방법이 있다.
(가) 매출채권 잔액비율법 : 과거의 경험에 의하여 채권잔액에 대한 대손발생비율을 산출하는 방법
(나) 연령분석법(경과시간분석법) : 매출채권의 경과일수와 회수가능성 사이의 상관관계를 인정하여 경과일수에 따라 대손발생비율을 달리 적용하는 방법

② 회계처리방법 : 대손액의 추정방법에 따라 대손상각에 관한 회계처리를 할 때 단순히 채권의 대손액을 추정하는 경우, 특정채권의 회수불능이 확정되었을 때 대손액을 처리하는 경우, 이미 상각처리된 채권에 대해 대금을 회수하였을 경우로 나누어서 다음과 같이 파악할 수 있다.

9) K-IFRS는 자산이 특수한 사정으로 인해 더 이상 자산으로 인식할 수가 없으면 이것을 자산손상(asset impairment)으로 규정한 후 이에 해당하는 금액 만큼을 손상차손(impairment losses)으로 회계처리 하도록 하고 있다. 따라서 대손상각비는 손상차손의 한가지 유형이라고 할 수 있다.

(가) 특정채권이 회수불능될 경우

㉠ 대손충당금 잔액이 충분히 설정되어 있을 때
(차) 대손충당금 ×××　　　(대) 매출채권 ×××
㉡ 대손충당금 잔액이 부족하거나 없을 때
(차) {대손충당금 ×××　　　(대) 매출채권 ×××
　　{대손상각비 ×××

(나) 채권에 대한 대손상각액을 추정할 경우

㉠ 대손추산액이 대손충당금 잔액보다 많을 때
(차) 대손상각비 ×××　　　(대) 대 손 충 당 금 ×××
㉡ 대손추산액이 대손충당금 잔액보다 적을 때
(차) 대손충당금 ×××　　　(대) 대손충당금환입액 ×××

* 대손충당금환입액은 실무에서 수익으로 회계처리하지만, 영업활동과정에서 얻는 수익이 아니므로 원칙적으로는 판매관리비 부(-)의 금액에 해당된다.

(다) 대손처리한(상각한) 채권대금을 회수한 경우

㉠ 당기연도 금액일 때
(차) 현금및현금성자산 ×××　　　(대) 대손상각비 ×××
　　　　　　　　　　　　　　　　　(대손충당금을 차감한 금액)
㉡ 전기연도 금액일 때
(차) 현금및현금성자산 ×××　　　(대) 대손충당금 ×××

예제 1.14

다음 거래를 지시사항에 따라 분개하라.

(가) 경부상사는 결산기말에 매출채권(받을어음)의 잔액 ₩300,000에 대하여 2%를 대손으로 계상하다.

[지시사항]

㉠ 대손충당금 잔액이 전혀 없는 경우
㉡ 대손충당금 잔액이 ₩5,000 있는 경우
㉢ 대손충당금 잔액이 ₩9,000 있는 경우

(나) 남해상사의 파산으로 호남상사는 결산기말에 매출채권(외상매출금) ₩50,000을 대손으로 처리하다.

[지시사항]

㉠ 대손충당금 잔액이 전혀 없는 경우
㉡ 대손충당금 잔액이 ₩40,000 있는 경우
㉢ 대손충당금 잔액이 ₩70,000 있는 경우
㉣ 차기 연도에 이미 상각처리하였던 매출채권을 회수한 경우
㉤ 당기 연도에 이미 상각처리하였던 매출채권을 회수한 경우

해답 (가) 경부상사

	차변	금액	대변	금액
㉠	(차) 대손상각비	6,000	(대) 대손충당금	6,000
㉡	(차) 대손상각비	1,000	(대) 대손충당금	1,000
㉢	(차) 대손충당금	3,000	(대) 대손충당금 환입액	3,000

(나) 호남상사

	차변	금액	대변	금액
㉠	(차) 대손상각비	50,000	(대) 매출채권	50,000
㉡	(차) 대손충당금	40,000	(대) 매출채권	50,000
	대손상각비	10,000		
㉢	(차) 대손충당금	50,000	(대) 매출채권	50,000
㉣	(차) 현금	50,000	(대) 대손충당금	50,000
㉤	(차) 현금	50,000	(대) 대손상각비	50,000

③ **기록방법** : 대손액을 장부에 기록하는 방법은 다음과 같이 직접법과 간접법(충 당금 설정법)이 있다. 직접법은 자산의 취득원가를 파악하는데 문제가 있고 수익·비용 대응의 원칙에 순응하지 못하는 경향이 있지만 K-IFRS는 직접법과 간접법을 모두 인정하고 있다.

(가) 직접법 : 대손상각액을 해당 매출채권에서 직접 차감하는 방법이다.

(차) 대손상각비 ××× (대) 매출채권 ×××

(나) 간접법 : 대손상각액을 매출채권에서 직접 차감하지 않고 대손충당금을 설정한 후 대변에 기입하여 간접적으로 차감하는 방법이다. 즉 어느 거래처에서 얼마의 대손이 발생할지 확실히 알 수 없으므로 매출 채권계정 대신 평가계정인 대

손충당금계정을 설정하였다가 대손이 구체적으로 확정되면 매출채권계정에서 차감하는 방법이다.

(차) 대손상각비 ×××　　　　　(대) 대손충당금 ×××

2) 어음계정[10)]

(1) 어음의 정의

지급인(채무자)이 일정한 금액을 특정한 일자(만기일)에 지급하겠다는 내용을 기재한 일정한 형식을 갖춘 증권을 어음(notes)이라고 한다. 어음은 상품의 매매거래시 대금결제 수단으로 발행되는 경우가 많으며, 어음의 종류는 약속어음(promissory note)과 환어음(bill of exchange)이 있다.

No. ×××　　　　**약 속 어 음**

○○ 상점　□ □ □ 귀하

일금 :　　　　　○○○ 원정(₩ ○○○)

위의 금액을 귀하 또는 귀하의 지시인에게 이 약속어음과 상환하여 지급하겠습니다.

- 지급기일 : 20○○년 ○월 ○일
- 지 급 지 : ○○광역시
- 지급장소 : ○○은행 ○○지점
- 발행일 : 20○○년 ○월 ○일
- 발행지 : ○○광역시
- 주　소 : ○○광역시 ○○동
- 발행인 : ○○상점 □ □ □ (인)

〈그림 2-13〉 약속어음 견본

10) 기업회계기준은 [받을어음]은 [매출채권]으로, [지급어음]은 [매입채무]로 규정하고 있다. 그러나 이 부분의 예제는 어음 성격을 설명하기 위해 이를 적용하지 않았다.

No. ×××

환 어 음

○○ 상점 □ □ □ 귀하

인수 20○○년 ○ 월 ○ 일
○○○(인)

일금 ○○○ 원정(₩ ○○○)

위의 금액을 이 환어음과 상환하여 ○○상점 ○○○또는 그 지시인에게 지급하여 주십시오.

- 지급기일: 20○○년 ○월 ○일
- 지 급 지: ○○광역시
- 지급장소: ○○은행 ○○지점
- 발행일: 20○○년 ○월 ○일
- 발행지: ○○광역시
- 주 소: ○○광역시 ○○동
- 발행인: ○○상점 □ □ □ (인)

〈그림 2-14〉 환어음 견본

약속어음은 발행인(어음의 작성인)이 일정한 금액을 일정한 장소에서 지명인(수취인)에게 무조건 지급할 것을 약속하는 증서이다.

어음채권자 (수취인)	— 상 품 → ← 약속어음 —	어음채무자 (발행인, 지급인)

〈그림 2-15〉 약속어음의 채권·채무관계

그리고 환어음은 발행인이 지명인(어음인수인)에게 일정한 기일에 일정금액을 수취인에게 지급하도록 위탁한 증서이다. 따라서 환어음의 발행인은 어음상의 채무는 지지 않고 제3자인 지급인이 어음의 인수(acceptance)절차를 통하여 어음상의 금액을 지급할 의사를 나타냄으로써 어음채무가 성립한다. 즉 법률상 어음발행자는 어음상의 금액지급을 위탁하는 사람이고 어음소지인은 어음상의 수취권자이고 인수인은 지급인이 되는 것이다. 환어음의 변형적인 형태로 자기지시환어음 또는 자기앞환어음을 발행할 수도 있다.

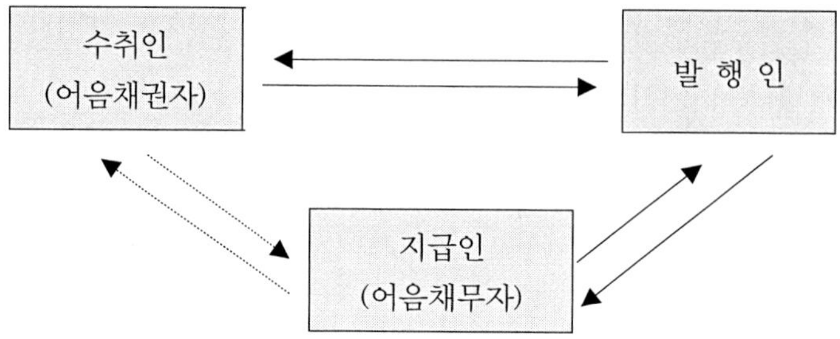

〈그림 2-16〉 환어음의 채권 · 채무관계

지금까지 언급한 어음의 종류에 따른 채권과 채무관계를 요약하면 다음과 같다.

* 약속어음
  - 발행인 : 어음상의 채무자
  - 수취인 : 어음상의 채권자
* 환어음
  - 발행인 : 어음상 채권 및 채무가 없음
  - 수취인 : 어음상의 채권자
  - 지급인 : 어음상의 채무자
* 자기지시환어음
  - 발행인 = 수취인: 어음상의 채권자
  - 지급인 : 어음상의 채무자
* 자기앞환어음
  - 발행인 = 지급인: 어음상의 채무자
  - 수취인 : 어음상의 채권자

(2) 어음계정 기입방법

회계에서는 상품의 외상거래의 결과로 나타나는 어음상의 채권이 발생하면 어음의 종류에 관계없이 약속어음이나 환어음 어느 것이든지 받을어음계정(notes receivable a/c)에 기입하고 어음상의 채무가 발생하면 지급어음계정(notes payable a/c)에 기입한다.

매출채권 (받을어음)

(어음채권의 발생)	(어음채권의 소멸)
약속어음 환어음 수취	어음대금 입금
자기지시환어음의 발행	어음 배서양도 · 할인
	어음의 부도

매입채무(지급어음)	
(어음채무 소멸) 어음대금 지급	(어음채무 발생) 약속어음 발행 환어음 인수 자기지급 환어음의 발행

〈그림 2-17〉 매출채권 및 매입채무 계정

예제 1.15

다음 거래를 동암상사 입장에서 분개하라.

3월 1일 : 부산상회로부터 상품 ₩300,000을 매입하고 약속어음(#5)을 발행하여 교부하다(발행일 : 3월 1일, 만기일 : 3월 31일, 지급장소 : 신흥은행 명동지점).

3월 31일 : 부산상회 앞 당점발행 약속어음 ₩300,000이 기일이 되어 수표를 발행하여 지급하다.

4월 5일 : 경남상회에 상품 ₩400,000을 매출하고 대금은 동점발행 당점 앞속어음(#7)을 받다(발행일 : 4월 5일, 만기일 : 5월 10일, 지급장소 : 한신은행 소공동지점).

5월 10일 : 경남상회 발행 약속어음 ₩400,000이 만기가 되어 추심하여 당좌예금을 하다.

6월 4일 : 개성상점에 외상매입금 ₩200,000을 지급하기 위하여 개성상점 수취, 매출처 수원상점 앞 환어음(#9)을 발행하다(발행일 : 6월 4일, 만기일 : 7월 5일, 지급장소 : 신흥은행 종로지점).

7월 15일 : 매입처 인천상점 발행, 부산상점 수취, 당점앞 환어음(#10) ₩150,000을 부산상점의 제시를 받고 이를 인수하다(발행일 : 7월 15일, 만기일 : 8월 20일, 지급장소 : 한신은행 창동지점).

8월 20일 : 부산상점의 제시를 받은 환어음 ₩150,000을 수표발행하여 지급하다.

9월 3일 : 한전상사에 상품 ₩250,000을 매출하고 대금은 당점 수취, 한전상사앞 환어음(#15)을 발행하다(발행일 : 9월 3일, 만기일 : 10월 5일, 지급장소 : 신흥은행 본점).

해답

3/ 1 :	(차) 매 입	300,000	(대) 지 급 어 음	300,000
/ 31 :	(차) 지 급 어 음	300,000	(대) 당 좌 예 금	300,000

4/ 5 : (차) 받 을 어 음 400,000 (대) 매 출 400,000
5/ 10 : (차) 당 좌 예 금 400,000 (대) 받 을 어 음 400,000
6/ 4 : (차) 외상매입금 200,000 (대) 외상매출금 200,000
7/ 15 : (차) 외상매입금 150,000 (대) 지 급 어 음 150,000
8/ 20 : (차) 지 급 어 음 150,000 (대) 당 좌 예 금 150,000
9/ 3 : (차) 받 을 어 음 250,000 (대) 매 출 250,000

(3) 어음기입장

어음거래에 관한 자세한 내용을 기입하기 위해 기업은 보조기입장으로 받을어음기입장과 지급어음기입장을 작성한다. 받을어음기입장은 받을어음을 수취한 순서대로 거래내용, 금액, 어음종류, 발행인 등을 기입하는 장부이다. 그리고 지급어음기입장은 지급어음을 발행한 순서대로 거래내용, 금액, 어음종류, 수취인 등을 기입하는 장부이다. 받을어음 및 지급어음 기입장을 예시하면 다음과 같다.

받을어음기입장

월일	적 요	금액	어음종류	어음번호	지급인	발행인 또는 배서인	발행일	만기일	지급장소	처리결과	
										월일	적요

지급어음기입장

월일	적 요	금액	어음종류	어음번호	수취인	발행인 또는 배서인	발행일	만기일	지급장소	처리결과	
										월일	적요

〈그림 2-18〉 받을어음 및 지급어음 기입장

(4) 특수한 어음거래의 회계처리

① 어음의 배서 : 어음의 만기일이 도래하기 전에 어음소지인은 매입대금의 할인, 추심 등을 위하여 어음의 뒷면에 배서양도를 함으로써 어음상의 채권을 이양할 수 있다.

그러나 어음배서인은 만기일에 어음대금이 소지인에게 지급되지 않으면 어음금액을 지급할 의무가 발생하게 되는데 이를 배서의무라고 한다. 배서의무는 어음의 만기일에야 확정되는 일종의 미래에 대한 불확실한 채무, 즉 우발채무(contingent liabilities)이다.

어음을 배서양도한 경우의 회계처리방법은 우발채무를 전혀 표시하지 않는 방법, 우발채무를 평가계정으로 표시하는 방법, 우발채무를 대조계정으로 표시하는 방법 등이 있다.

예제 1.16

다음 거래를 창동상사의 입장에서 분개하라.

4월 1일 : 부여상사에 상품 ₩700,000을 매출하고 대금으로 4월말 만기인 공주상회가 발행한 어음을 받다.

20일 : 화천상사에 대한 차입금을 변제하기 위해 위의 어음을 배서양도 하다.

30일 : 화천상사로부터 위의 어음이 결제되었다는 통지를 받다.[11)]

〈요구사항〉

㉠ 우발채무를 표시하지 않은 방법

㉡ 우발채무를 평가계정에 표시하는 방법

㉢ 우발채무를 대조계정에 표시하는 방법

해답 (가) 우발채무를 표시하지 않은 방법

4/ 1 : (차) 받을어음 700,000 (대) 매 출 700,000

20 : (차) 차 입 금 700,000 (대) 받을어음 700,000

30 : 분개 없음

(나) 우발채무를 평가계정에 표시하는 방법

4/ 1 : (차) 받을어음 700,000 (대) 매 출 700,000

20 : (차) 차 입 금 700,000 (대) 배서어음 700,000

30 : (차) 배서어음 700,000 (대) 받을어음 700,000

---

11) 매출채권 등을 타인에게 양도 또는 할인하는 경우, 당해 채권에 대한 권리와 의무가 양도인과 분리되어 실질적으로 이전되는 때에는 동 금액을 매출채권에서 차감하고 그 이외의 경우에는 매출채권 등을 담보제공한 것으로 본다. 그리고 은행이 어음소지인의 의뢰를 받아 어음을 할인하여 매입하는 경우, 이때 발생하는 차액(액면금액 – 만기일까지 이자공제액)인 할인료는 매출채권처분손실로 회계처리한다.

(다) 우발채무를 대조계정에 표시하는 방법

4/ 1 : (차) 받을어음 700,000 (대) 매 출 700,000

20 : (차) { 차 입 금 700,000 / 어음배서 의무대충 700,000 } (대) { 받을어음 700,000 / 어음배서 의무 700,000 }

30 : (차) 어음배서 의무 700,000 (대) 어음배서 의무대충 700,000

예제 1.17

다음 거래를 분개하라.

7월 7일 : 한진상사는 일진상사발행, 당점수취의 약속어음 ₩1,000,000을 비품을 구입하기 위해 거래은행에서 할인하고 할인료 ₩5,000을 차감한 실수금을 받아 당좌예금하다.

31일 : 위의 약속어음이 만기일에 지급되었다는 통지를 받다.

해답 (가) 우발채무를 표시하지 않은 방법

7/ 7 : (차) { 당좌예금 995,000 / 이자비용 5,000 } (대) 받을어음 1,000,000

31 : 분개 없음

(나) 우발채무를 평가계정에 표시하는 방법

7/ 7 : (차) { 당좌예금 995,000 / 이자비용 5,000 } (대) 할인어음 1,000,000

31 : (차) 할인어음 1,000,000 (대) 받을어음 1,000,000

(다) 우발채무를 대조계정에 표시하는 방법

7/ 7 : (차) { 당좌예금 995,000 / 이자비용 5,000 / 어음할인 의무대충 1,000,000 } (대) { 받을어음 1,000,000 / 어음할인 의 무 1,000,000 }

31 : (차) 어음할인 의무 1,000,000 (대) 어음할인 의무대충 1,000,000

② **어음의 부도** : 소지하고 있던 어음을 만기일에 지급인에게 제시하였으나 지급을 거절 당했을 때에는 배서인 또는 발행인에게 어음금액과 제반경비(만기일 이후의 법정이자, 지급거절증서 작성비 등)를 청구할 수 있다. 이 경우에는 채권계정인 받을어음계정 차변에서 대변으로 대체하고 부도어음계정(dishonoured notes receivable a/c)을 설정하여 처리한다.

그리고 배서한 어음이 부도되었을 경우는 청구받은 금액을 지급하고 대신에 어음발행인 또는 앞의 배서인에게 자기가 지급한 금액과 제반비용을 청구하면 된다. 이때 회계처리방법은 우발채무를 표시하는 방법에 따라 달라진다.

예제 1.18

다음 거래를 창업상사의 입장에서 분개하라.

5월 31일 : 창업상사는 도봉상사가 발행하고 강북상사가 배서한 어음 ₩800,000 이 만기일이 되어 거래은행에 동 어음의 추심을 의뢰하였으나 추심불능하다는 통지를 받다.

6월 1일 : 창업상사는 위의 어음에 대하여 강북상사에 대금상환을 청구하다. 그리고 지급거절에 따른 제반 작성비용 ₩30,000을 지급하다.

3일 : 위의 청구액과 만기일 이후의 이자 ₩1,000를 받다.

해답

5/ 31	(차) 부도어음	800,000	(대) 받을어음	800,000
6/ 1	(차) 부도어음	30,000	(대) 현 금	30,000
3	(차) 현 금	831,000	(대) 부도어음	830,000
			이자수익	1,000

* 만약, 6월 3일에 상기 어음대금을 회수할 수 없다면:

(차) 대손상각비 830,000 (대) 부도어음 830,000

③ **어음의 개서** : 어음 지급인이 만기일에 어음대금을 수취인에게 지급하는 것이 당연하지만, 자금부족 등의 이유로 어음 만기일에 어음금액의 지급연기를 수취인에게 요청할 경우가 있다. 이 경우 수취인이 승낙하면 새로운 어음을 발행하여 구어음과 교환해야 하는데, 이를 어음의 개서(renewal of bill)라고 말한다. 일반적으로 어음을 개서한 경우에는 연기한 만기일까지의 이자를 어음금액에 가산하거나 현금으로 지급한다.

예제 1.19

다음 거래를 분개하라.

4월 30일 : 서해상사는 동해상사발행 당점수취의 약속어음 ₩600,000이 만기일이 되어 제시하였으나, 동해상사가 자금부족을 이유로 지급연기를 요청해와 이를 승낙하고 만기일까지 이자 ₩3,000을 포함하는 새로운 어음을 다시 받다.

해답 ㉠ 서해상사의 분개

(차) 받을어음	603,000	(대) 받을어음	600,000
		이자수익	3,000

㉡ 동해상사의 분개

(차) 지급어음	600,000	(대) 지급어음	603,000
이자비용	3,000		

(5) 상품거래 이외의 어음

① **금융어음** : 앞에서 언급한 어음들은 상거래와 관련하여 발행되는 상업어음(commercial bill)들이다. 그러나 실무에서는 상품매매 거래와 관계없이 자금을 융통할 목적으로 어음을 발행하기도 하는데 이를 금융어음(accommodation notes) 또는 융통어음이라고 한다. 금융어음은 현금의 대차만 있는 데서 발행되는 어음이기 때문에 부도 가능성이 높아서 유통이 제한되기도 한다.

기업회계기준에서는 금융어음과 관련하여 발생하는 채권 및 채무를 단기대여금·단기차입금으로 처리하고 이것이 어음상의 채권·채무임을 주기하도록 하고 있다.

② **화환어음** : 상품을 원격지에 보낸 후 상품대금을 송부받기 전에 운송중에 있는 화물을 대표하는 증권(화물상환증, 선하증권)을 담보로 매입자(수화인) 앞 환어음을 발행하여 은행에서 할인받는 방법으로 자금을 융통할 수가 있다. 이런 경우에 어음을 발행하는 절차를 화환어음 취결이라고 하고, 발행한 어음을 화환어음(documentary draft)이라고 한다.

화환어음과 관련하여 상품의 발송자(발행인)는 어음계정이 발생하지 않지만, 상품의 인수인(수화인)은 어음을 인수하고 선하증권(또는 화물상환증)을 은행으로부터 받아서 상품(화물)을 수취해야 하기 때문에 지급어음계정이 발생한다.

예제 1.20

다음 거래를 분개하라.

3월 3일 : 대전상사에 현금 ₩7,000,000을 빌려주고, 동점이 발행한 6개월 후 지급의 약속어음을 증서로서 받다.

15일 : 한성은행으로부터 ₩3,000,000을 차입하고 약속어음을 발행하여 주다. 그리고 이자 ₩300,000을 차감한 금액을 현금으로 받다.

6월 6일 : 서울의 북악상사는 속초의 설악상사에 상품 ₩5,000,000을 송부하고 발송비 ₩50,000을 현금으로 지급하다. 상품을 발송한 후 ₩2,500,000의 화환을 취결하고 할인료 ₩300,000을 차감한 금액을 현금으로 받다.

25일 : 속초의 설악상사는 화환어음을 인수한 후 은행으로부터 화물상환증을 교부받아 상품을 찾으면서 운반비 ₩30,000을 현금으로 지급하다.

해답

날짜	차변	금액	대변	금액
3/ 3	(차) 단기대여금	7,000,000	(대) 현금	7,000,000
15	(차) 현금	2,700,000	(대) 단기차입금	3,000,000
	이자비용	300,000		
6/ 6	(차) 현금	2,200,000	(대) 매출	5,000,000
	이자비용	300,000	현금	50,000
	매출채권	2,500,000		
	운반비	50,000		
25	(차) 매입	5,030,000	(대) 지급어음	2,500,000
			매입채무	2,500,000
			현금	30,000

3) 신용카드 매출계정

현대사회에서 상품을 구입할 경우가 발생하면 과거와는 달리 거래규모가 작을 때를 제외하고는 현금으로 구매대금을 지급하지 않는 편이다. 이에 대한 대체수단으로 현금을 소지하는 위험과 불편을 해소하기 위해 등장한 신용카드(credit cards)가 편리하게 이용되고 있다. 신용카드를 이용하여 상품매매를 하는 경우도 앞에서 언급한 외상매매의 한 가지 형태이다. 따라서 상품을 판매하고 신용카드로 결재를 받으면 우선 차변에 외상매출금으로 분개하고 대변에 매출로 분개를 하면 된다. 그런 다음에 해당 신용카드를 발행한 은행에 매출전표를 제시하고 수수료(할인료)를 제외한 현금을 받으면 채권을 소멸시켜 분개를 완료한다. 이때 주의할 점은 외상매출금의 거래처가 신용카드를 발행한 은행이지 상품을 구입한 고객이 아니라는 사실이다.

예제 1.21

다음 거래를 분개하라.

9월 3일 : 동부상사에 상품 ₩600,000을 판매하고 MB신용카드(한밭은행 발행카드)로 대금을 결제 받다.

5일 : MB신용카드 매출전표를 한밭은행에 제시하여 ₩582,000을 현금으로 수령하다.(약정된 할인료는 3%이다.)

해답

	(차)		(대)	
9/3:	외상매출금	600,000	매 출	600,000
/5:	현 금	582,000	외상매출금	600,000
	이 자 비 용	18,000		

연습문제

1. 우발채무에 대해 설명하라.

2. 어음의 종류에 대해 설명하라.

3. 다음과 같은 경우 대손충당금을 각각 계상하라.

외상매출금의 잔액 ₩2,000,000에 대하여 3%의 대손을 예상하다.

1) 기말에 대손충당금 잔액이 없는 경우
2) 기말에 대손충당금 잔액이 ₩50,000 있는 경우
3) 기말에 대손충당금 잔액이 ₩60,000 있는 경우
4) 기말에 대손충당금 잔액이 ₩75,000 있는 경우

4. 다음과 같은 경우 대손충당금을 각각 계상하라.

거래처 인하상사의 파산으로 외상매출금 ₩30,000이 대손되다.

1) 기말에 대손충당금 잔액이 없는 경우
2) 기말에 대손충당금 잔액이 ₩20,000 있는 경우
3) 기말에 대손충당금 잔액이 ₩30,000 있는 경우
4) 기말에 대손충당금 잔액이 ₩50,000 있는 경우

5. 다음 거래를 분개하라.(결산일 : 12월 31일)

2007. 12. 31. 기말 외상매출금잔액 ₩2,000,000에 대해 2% 대손을 예상하다.
2008. 4. 30. 전기의 외상매출금 중 ₩30,000이 거래처의 부도로 회수불능임이판명되다.
8. 30. 당기의 외상매출금 중 ₩40,000이 거래처의 파산으로 회수가 불가능하게 되다.
12. 31. 기말 외상매출금잔액 ₩3,000,000에 대해 3% 대손을 추정하다.
2009. 3. 26. 전기의 외상매출금 중 ₩70,000이 거래처의 부도로 회수불능임이 판명되다.
12. 31. 기말 외상매출금잔액 ₩4,000,000에 대해 2% 대손을 추정하다.
2010. 5. 5. 전년도에 대손처리하였던 외상매출금 중 ₩60,000을 다시 현금으로 회수하다.

6. 다음 거래를 분개하라.

1) 만월상점은 경기상점에 상품을 매출하고 대금 ₩500,000을 동점이 발행한 약속어음으로 받다(발행일 : 5월 2일, 만기일 : 7월 2일, 지급장소 : 신탁은행 본점).
   ① 만월상점의 분개
   ② 경기상점의 분개
2) 경기상점발행 약속어음이 만기가 되어 ₩500,000을 현금으로 받다.
3) 서울상점은 부산상점에 ₩700,000을 대여하다. 서울상점은 광주상점으로부터 상품 ₩300,000을 매입하고 대금은 부산상점 지급, 광주상점앞 환어음을 발행하여 교부하다.
   ① 광주상점의 분개
   ② 서울상점의 분개
   ③ 부산상점의 분개
4) 안성상점의 외상매출금 ₩200,000에 대하여 동점발행 동진상회앞 당점수취의 환어음을 받고 곧 동진상회의 인수를 받다(발행일 : 5월 3일, 만기일 : 8월 2일, 지급장소 : 서울은행 동대문지점).
5) 춘천상회의 외상매입금 ₩700,000을 지급하기 위하여 외상매출금이 있는 경기상점앞 환어음을 발행하다.
6) 인천상점에서 상품을 매입하고 대금 ₩400,000을 안성상회에서 받은 환어음을 배서양도하다.
7) 외상매입금이 있는 부산상점 발행 당점앞 환어음 ₩300,000을 부산상점으로부터 제시받고 즉시 인수하다.
8) 남대문상회의 외상매입금 ₩100,000을 지급하기 위하여 이미 동대문상회로부터 받은 약속어음을 배서양도하다.

7. 다음 거래를 요구사항대로 분개하라.

1) 충남상사는 상품 ₩5,000,000을 서울상사에 매출하고 대금 중 ₩3,000,000은 서울상사가 발행한 수표로 받고 잔액은 경기상사가 발행한 1개월 후 만기의 약속어음을 받다.
2) 충남상사는 강원상사에 대한 외상매입금을 상기의 약속어음으로 배서하여 양도하다.
3) 충남상사는 상기 어음이 결제되었다는 통지를 강원상사로부터 받다.

〈요구사항〉

① 우발채무를 전혀 표시하지 않는 방법

② 우발채무를 평가계정으로 표시하는 방법

③ 우발채무를 대조계정으로 표시하는 방법

8. 다음 분개를 보고 거래를 추정하라. (단위: 원)

번호	차변	금액	대변	금액
1)	현금	101,600	부도어음	100,000
			이자수익	1,600
2)	당좌예금	197,500	받을어음	200,000
	이자비용	2,500	어음배서의무	200,000
	어음배서의무대충	200,000		
3)	당좌예금	296,800	할인어음	300,000
	이자비용	3,200		
4)	현금	270,000	단기차입금	300,000
	이자비용	30,000		
5)	당좌예금	250,000	받을어음	400,000
	현금	150,000		
6)	받을어음	80,000	받을어음	80,000
	현금	2,500	이자수익	2,500

9. 다음 어음기입장을 보고 날자별로 거래를 추정하라. (단위: 원)

받을어음기입장

년 월	년 일	적요	금액	어음종류	어음번호	지급인	발행인 또는 지급인	발행일		만기일		지급장소	처리결과 월	처리결과 일	처리결과 적요
9	5	매출	520,000	약	10	개성상점	개성상점	9	5	9	30	신일은행 종로지점	9	30	입금
	7	매출	400,000	환	15	인천상점	춘천상점	9	7	10	6	평화은행 인천지점			
	10	매출	300,000	환	13	안성상점	당점	9	10	10	9	제일은행 본점			

지급어음기입장

년 월	일	적요	금액	어음종류	어음번호	영수인	발행인 또는 지급인	발행일		만기일		지급장소	처리결과		
													월	일	적요
9	8	매입	700,000	약	11	인덕상점	당점	9	8	10	31	신일은행 광고지점	10	31	지급
	13	외상매입금	500,000	환	17	개성상점	인천상점	9	13	10	12	제일은행 혜화지점			
	20	매입	800,000	환	20	안성상점	당점	9	20	10	19	평화은행 신사지점			

10. 상품을 신용카드로 구입할 경우의 예를 제시하고 분개하라.

11. 외상매출금의 Factoring에 대해 설명하라.

12. 상품의 매출할인과 매출에누리 차이점을 설명하라.

13. 다음 거래를 분개하라.

1) 동욱상사는 상품 ₩5,000,000을 세연상사에 매출하고 어음을 받다.
2) 동욱상사는 급전이 필요하여 상기의 어음을 만기일 전에 주거래은행에게 처분해 줄 것을 부탁한 후, 수수료 등을 제외한 금액 ₩4,850,000을 받다.

5. 기타의 채권 및 채무

앞에서 언급한 것처럼 회계기간 중에 기업의 주요한 영업활동과 관련되어 발생한 채권과 채무는 매출채권과 매입채무로 처리한다. 그러나 영업활동과 관계없이 발생한 거래는 기타의 채권과 채무로 인식하여야 한다. 기타의 채권과 채무의 회계처리는 원칙적으로 매출채권 및 매입채무와 동일하게 처리하면 된다.

1) 대여금과 차입금계정

타인에게 현금을 빌려준 경우에는 대여금계정(loans receivable a/c)으로 처리하고 타인에게 현금을 빌려온 경우에는 차입금계정(loans payable a/c)으로 처리한다. 현금의 대여나 차입에는 일반적으로 차용증서(IOU : I Owe You)나 약속어음이 증거로 작성된다. 그런데 만약, 이와 같이 상품이외의 거래에서 주거나 받은 어음이 있을 경우에는 어음계정으로 처리하지 않고 해당계정으로 처리하여야 한다. 그리고 대여금과 차입금은 1년을 기준으로 하여 장기와 단기로 구분한다. 따라서 만약 시간이 경과하여 상환일이 재무상태표일로부터 1년 이내로 도래하는 부채가 나타나면 이것을 유동성장기부채라는 계정과목으로 재분류하는 분개가 필요하다.

예제 1.22

다음 거래를 분개하라.

㉠ 박영식에게 차용증서를 받고 현금 ₩500,000을 대여하다.

㉡ 제일은행에서 건물을 담보로 ₩1,000,000을 차입하여 당좌예금하다.

㉢ 위의 차입금 ₩1,000,000과 이자 ₩30,000을 현금으로 지급하다.

해답

	차변	금액	대변	금액
㉠	(차) 대 여 금	500,000	(대) 현 금	500,000
㉡	(차) 당좌예금	1,000,000	(대) 차입금	1,000,000
㉢	(차) 차 입 금	1,000,000	(대) 현 금	1,030,000
	이자비용	30,000		

2) 미수금과 미지급금계정

미수금과 미지급금은 상품이외의 물품의 매매에서 발생한 채권·채무를 처리하는 계정이다. 따라서 만약에 어음을 발행하여 상품을 구입하면 지급어음, 기계를 구입하면 미지급금 그리고 현금을 차입하면 단기차입금으로 회계처리를 하여야 한다. 일반적으로 미수금계정 및 미지급금계정은 주로 유가증권이나 비유동자산 등의 구입이나 처분 등을 할 때 발생한다.

예제 1.23

다음 거래를 분개하라.

㉠ 국채 ₩100,000을 매입하고 대금은 월말에 지급하기로 하다.

㉡ 영업용 컴퓨터를 ₩1,500,000에 매입하고 대금 ₩1,000,000은 현금으로 지급하고 잔액은 외상으로 하다(단, 컴퓨터를 비품으로 처리하지 않다).

㉢ 불필요한 기계장치를 ₩50,000에 매각하고 대금은 매입한 회사가 발행한 약속어음을 받다.

㉣ 위 대금을 현금으로 받다.

해답

	차변	금액	대변	금액
㉠	(차) 유가증권	100,000	(대) 미지급금	100,000
㉡	(차) 기계장치	1,500,000	(대) 현 금	1,000,000
			미지급금	500,000
㉢	(차) 미 수 금	50,000	(대) 기계장치	50,000
㉣	(차) 현 금	50,000	(대) 미 수 금	50,000

3) 선급금과 선수금계정[12)]

상거래에 있어서 상품을 인수하기 전에 대금을 미리 지급할 때에는 선급금계정(prepayment a/c) 차변에 기입하고, 상품을 인도하기 전에 대금을 미리 받은 경우에는 선수금계정(advances a/c) 대변에 기입한다. 그리고 대금이 청산되면 각각 반대기입을 하여 상계한다.

12) 계정과목을 표시할 때 선급금과 선급비용 그리고 선수금과 선수수익의 차이점을 정확히 파악해야 한다. 선급비용과 선급금은 자산이고 선수수익과 선수금은 부채라는 공통점이 있다. 그러나 선급금과 선수금은 회계기간 중에 기업의 주요한 상거래 때문에 발생한 채권과 채무이지만 선급비용과 선수수익은 일반적 상거래와 관계없이 경과기간에 따라 비용(수익)으로 인식하여 회계처리를 해야 하는 항목이다. 즉, 결산수정분개를 할 때 일시적으로 나타나는 미리 지급한(받은) 비용(수익)일 뿐이다.

예제 1.24

다음 거래를 분개하라.

㉠ 우일상회에 상품 ₩100,000을 주문하고 계약금으로 ₩20,000을 현금으로 지급하다.

㉡ 위의 주문품이 도착하여 인수운임 ₩1,000을 지급하고 인수하다.

㉢ 대성상사에 상품 ₩300,000을 매출하기로 하고, 계약금으로 동점발행 수표 ₩30,000을 받다.

㉣ 위의 상품을 발송하고 대금잔액 ₩270,000을 수표로 받아 당좌예금을 하다.

해답

	차변	금액	대변	금액
㉠	(차) 선급금	20,000	(대) 현금	20,000
㉡	(차) 매입	101,000	(대) 선급금	20,000
			매입채무	80,000
			현금	1,000
㉢	(차) 현금	30,000	(대) 선수금	30,000
㉣	(차) 선수금	30,000	(대) 매출	300,000
	당좌예금	270,000		

4) 종업원 단기대여금과 예수금계정

임원이나 종업원에게 일시적으로 자금을 대여하거나 임금·급료를 선급한 경우 자산계정인 종업원 단기대여금(선대금, 대급금)계정을 사용하고 종업원의 소득세, 조합비, 보험료, 제세금 등을 회사가 일시적으로 떠맡고 있는(원천징수) 경우에 부채계정인 예수금계정을 사용한다.

예제 1.25

다음 거래를 분개하라.

㉠ 종업원 김영남에게 급여중 ₩300,000을 수표를 발행하여 선급하다.

㉡ 본월분 급여 ₩950,000 중 건강보험료(₩8,000), 종업원소득세(₩22,000), 선대금(₩300,000)을 공제한 잔액을 현금으로 지급하다.

㉢ 상기한 내용을 관련기관(건강보험료; 건강보험관리공단, 종업원소득세; 세무서)에 납부하다.

해답

㉠ (차)	종업원단기대여금	300,000	(대)	당 좌 예 금	300,000
㉡ (차)	급 여	950,000	(대)	보 험 료 예 수 금	8,000
				소 득 세 예 수 금	22,000
				종업원단기대여금	300,000
				현 금	620,000
㉢ (차)	보 험 료 예 수 금	8,000	(대)	현 금	30,000
	소 득 세 예 수 금	22,000			

5) 가지급금과 가수금계정

현금의 지급이 실제로 이루어졌으나 내용이 불분명하여 계정과목이나 금액이 미확정인 경우에 자산계정인 가지급금계정(suspense payments a/s)을 사용한다. 반대로 현금의 수입이 있었으나 수입내용이 불분명하여 계정과목이나 금액이 불확실할 때 부채계정인 가수금계정(suspense receipts a/s)을 사용한다.

가지급금 및 가수금계정은 성격이 불분명하고 일시적인 계정이기 때문에 회계기말에 그 내역을 조사하여 확정된 계정과목으로 대체하여야 한다.

예제 1.26

다음 거래를 분개하라.

㉠ 사원 김복돌에게 출장명령을 하면서 ₩200,000을 현금으로 지급하다.

㉡ 출장 중인 김복돌로부터 ₩700,000이 송금되어 왔으나 내용이 아직 밝혀지지 않다.

㉢ 출장중인 사원이 돌아와 여비 정산결과 ₩5,000이 부족하여 현금으로 지급하고 송금액 ₩700,000은 거래처 해남상회로부터 외상매출금을 회수한 것으로 밝혀지다.

해답

㉠ (차)	가 지 급 금	200,000	(대)	현 금	200,000
㉡ (차)	현 금	700,000	(대)	가 수 금	700,000
㉢ (차)	여비교통비	205,000	(대)	가 지 급 금	200,000
				현 금	5,000
	가 수 금	700,000		매 출 채 권	700,000

6) 미결산계정

현금의 지출이나 자산의 감소가 실제로 발생하였으나 계정과목이나 금액을 정확히 파악할 수 없을 경우 미결산계정(suspense a/c)을 사용하여 처리한다. 이것은 가지급금계정과 유사하나, 주로 화재, 도난, 소송사건 등 결과가 확정되지 않은 사항을 이 계정에서 처리한다.

미결산계정도 가지급금 및 가수금계정과 같이 일시적인 계정이기 때문에 회계기말에 그 내역을 조사하여 확정된 계정과목으로 대체하여야 한다.

예제 1.27

다음 거래를 분개하라.

㉠ 다음과 같은 건물이 소실되어 보험회사에 보험금을 청구하다.
취득원가 ₩5,000,000 감가상각누계액 ₩2,300,000 보험가입액 ₩6,000,000

㉡ 보험회사로부터 보험금 ₩2,000,000을 지급받기로 결정되다.

해답

		차변 과목	금액		대변 과목	금액
㉠	(차)	건물감가상각누계액	2,300,000	(대)	건　　물	5,000,000
		미　결　산	2,700,000			
㉡	(차)	미　수　금	2,000,000	(대)	미 결 산	2,700,000
		화 재 손 실	700,000			

7) 상품권계정

상품권은 상품을 인도하기 전에 대금을 받고 후일에 상품을 인도하겠다는 약속으로 발행되는 증서이다. 현금을 받고 상품권을 발행한 때에는 발행가액으로 부채계정인 상품권계정(trading stamp a/c)에 기입하고 후일에 상품권과 교환으로 상품을 인도한 때에는 이 계정의 차변에 기입한다.

예제 1.28

다음 거래를 분개하라.

㉠ 현금 ₩50,000을 받고 상품권을 발행하다.
㉡ 위의 상품권과 상품을 교환하다.

해답 ㉠ (차) 현 금 50,000 (대) 상 품 권 50,000
㉡ (차) 상 품 권 50,000 (대) 매 출 50,000

8) 임대보증금과 임차보증금계정

기업은 주요한 영업활동과 관계없이 여유가 있는 일부 부동산을 일정기간 다른 기업에게 빌려주고 이에 대한 대가를 취득할 수가 있는데 이것을 임대보증금이라고 한다. 이와 반대 개념으로 타 기업으로부터 부동산을 빌린 후 이에 대한 대가를 지불하게 되면 임차보증금이 발생한다.

예제 1.29

다음과 같은 조건을 참고하여 KE상사와 OZ상사 입장에서 상황별로 나누어서 분개하라.

(단위: 원)

KE상사는 63층짜리 본사회사건물 중에서 1층 별관을 OZ상사와 다음과 같은 조건으로 임대계약을 체결하고 해당금액을 현금으로 받았다.

(임대조건: ㉠ 보증금 500,000,000 ㉡ 1년당 임대료 20,000,000
㉢ 임대개시일 2010년 1월 1일 ㉣ 임대기간 3년)

해답 (1) 임대 개시일(2010. 01/01)

① KE상사: (차) 현 금 500,000,000 (대) 임대보증금 500,000,000
② OZ상사: (차) 임차보증금 500,000,000 (대) 현 금 500,000,000

(2) 임대료 1차 수령일(2010. 12/31)

① KE상사: (차) 현 금 20,000,000 (대) 임 대 료 20,000,000
② OZ상사: (차) 임 차 료 20,000,000 (대) 현 금 20,000,000

(3) 임대 만료일(2012. 12/31)

① KE상사: (차) 임대보증금 500,000,000 (대) 현 금 500,000,000
② OZ상사: (차) 현 금 500,000,000 (대) 임차보증금 500,000,000

9) 부가가치세대급금과 부가가치세예수금계정

기업은 재화 또는 용역을 생산하거나 유통할 때 모든 단계에서 발생하는 부가가치에 대해 각각 일정한 세금을 납부하여야 한다. 이와 같이 각 단계에서 발생하는 부가가치에 대해 납부하는 세금을 부가가치세(VAT: Value Added Tax)라고 한다. 기업이 상품을 매입하는 과정에서 부과되는 세금은 부가가치세대급금으로 처리하고 상품을 매출하는 과정에서 부과되는 세금은 부가가치세예수금으로 처리하면 된다.

예제 1.30

다음과 같은 자료를 참고하여 요구사항에 답하라. (단위: 원)

㉠ 하얀제분은 밀가루 1box를 탁구빵집에 판매하다.
㉡ 밀가루 1box의 가격은 200,000이고 부가가치세는 10%이다.
㉢ 탁구빵집은 상기의 밀가루로 제과류를 제조하여 소비자에게 매출하다.
㉣ 소비자에게 매출하여 얻은 수익은 500,000이며 부가가치세는 10%이다.

〈요구사항〉

1) 하얀제분 입장에서 매출시 및 부가가치세 납부시 분개를 하라.
2) 탁구빵집 입장에서 매입시, 매출시 및 부가가치세 납부시 분개를 하라.

해답 1) 하얀제분 입장

① 매출시:

(차) 현 금	220,000	(대) 매 출	200,000
		부가가치세예수금	20,000

② 부가가치세 납부시:

(차) 부가가치세예수금	20,000	(대) 현 금	20,000

2) 탁구빵집 입장

① 매입시:

(차) 매 입	200,000	(대) 현 금	220,000
		부가가치세대급금	20,000

② 매출시:

(차) 현 금	550,000	(대)	매 출	500,000
			부가가치세예수금	50,000

② 부가가치세 납부시:

(차) 부가가치세예수금	50,000	(대)	부가가치세대급금	20,000
			현 금	30,000

연습문제

1. 외상매출금과 미수금의 차이점을 설명하라.

2. 외상매입금과 미지급금의 차이점을 설명하라.

3. 회계연도말에 결산을 할 때 가지급금, 가수금, 미결산계정의 처리방법에 대해 설명하라.

4. 다음 거래를 분개하라.
   1) 자전거 5대(취득원가 : @₩80,000)를 구입하고 대금은 다음달 초에 주기로 하다.
   2) 장길상에게 ₩600,000을 2개월 기한으로 빌려주다.
   3) 품귀현상이 극심한 상품 ₩5,000,000을 매입하기로 하고 우선 ₩500,000을 계약금으로 지급하다.
   4) 종업원 한수남에 대한 보험료 ₩60,000을 현금으로 납부하다.
   5) 사원 박상주를 출장보내면서 여비로 ₩800,000을 현금으로 지급하다.
   6) 국채 ₩20,000,000을 매입하고 대금은 1개월 후에 지급하기로 하다.
   7) 한성은행에서 건물을 담보로 ₩100,000,000을 차입하여 당좌예금하다.
   8) 경기상점으로부터 상품 ₩5,000,000의 주문을 받고 계약금으로 먼저 현금 ₩1,000,000을 받다.
   9) 종업원 한선수에게 금월분 급여에서 공제하기로 하고 ₩400,000을 선급하여 주다.
   10) 출장사원 이수주에게서 당사 당좌예금의 온라인 계좌로 ₩540,000이 송금되어 왔으나 내용은 아직 불명확한 상태이다.
   11) 성남상점에 ₩500,000의 수표를 발행하여 주고 차용증서를 받다.
   12) 인천상점으로부터의 차입금 ₩1,000,000이 기한이 되어 이자 ₩20,000과 함께 현금으로 지급하다.
   13) 사무실용 책상과 소파를 각각 ₩100,000과 ₩250,000에 구입하고 대금 중 ₩100,000은 월말에 지급하기로 약속하다.
   14) 상기의 책상이 불필요해서 매각처분하고 대금은 월말에 받기로 하다.
   15) 액면 ₩170,000(장부가격 : ₩190,000)의 유가증권을 ₩220,000에 매각하고 대금은 월말에 받기로 하다.

5. 다음 거래를 분개하라.

1) 화재로 다음 자산이 소실되다(단, (주)기아해상보험에 ₩55,000,000의 화재보험이 가입되어 있다).

    - 건물 : 취득원가 ₩50,000,000(감가상각누계액 ₩800,000)
    - 기계 : 취득원가 ₩10,000,000(감가상각누계액 ₩50,000)
    - 비품 : 취득원가 ₩4,000,000

2) (주)기아해상보험으로부터 ₩55,000,000의 보험금을 지급하겠다는 통지를 받다.
3) (주)기아해상보험으로부터 현금 ₩55,000,000을 받다.

6. 선급금과 선급비용의 차이점을 설명하라.

7. 다음 거래를 분개하라.

1) 출판사를 경영하는 (주)덕환은 어음을 발행하여 종이재료 ₩500,000을 구입하다.
2) 악기 도매상인 (주)솔민은 ₩2,000,000을 주고 신형 악기운반용 기계장치를 구입하다.(단, 자금 사정이 여의치 않아 약속어음을 발행하였음.)
3) (주)이지는 운전자금이 부족하여 주거래은행에 어음을 발행하여 주고 ₩30,000,000을 차입하였다.

6. 재고자산(상품)

기업이 본래의 주요한 영업활동을 유지하기 위해서 판매목적으로 보유하고 있는 자산을 재고자산(inventories)이라고 한다. 재고자산의 대표적인 예가 상품이라고 할 수 있다. 상품이란 기업이 판매목적으로 소유한 물품(merchandise)으로 기업의 중심적인 거래대상이며 상품을 거래할 때 발생하는 운송비는 운송의 책임을 누가(판매자 또는 구매자) 담당하느냐에 따라 달라진다. 운송비 부담조건이 선적지기준(FOB: Free On Board shipping point)이면 구매자가 운송비를 부담하므로 구매자의 상품원가에 포함되어야 하고 도착지기준(FOD: Free On board Destination 또는 CIF: Cost, Insurance & Freight)이면 운송비를 판매자가 부담하므로 판매자의 비용에 인식한다.

상품매매는 발생빈도가 많아서 회계처리방법의 내용도 복잡하다. 상품매매에 따른 손익을 산출하는 방법은 단일상품계정법과 분할상품계정법으로 크게 나눌 수 있다.

1) 단일상품계정

단일상품계정법은 상품을 매매할 때 발생하는 매입액, 매출액 그리고 이월액 등을 별도의 계정으로 처리하지 않고 상품계정이라는 하나의 계정에서 처리하는 방법이다. 이는 다시 매출액을 기입하는 방법에 따라 분기법(순수상품법)과 총기법(혼합상품법)으로 나눌 수 있다.

(1) 분기법

이 방법의 계정기입은 상품을 매입할 경우는 상품계정 차변에, 매출할 경우는 매입원가에 의한 매출액을 상품계정 대변에 기입하고, 실제 판매가액과 매출원가와의 차이는 따로 설정한 상품매출이익계정에 다음과 같이 기입한다.

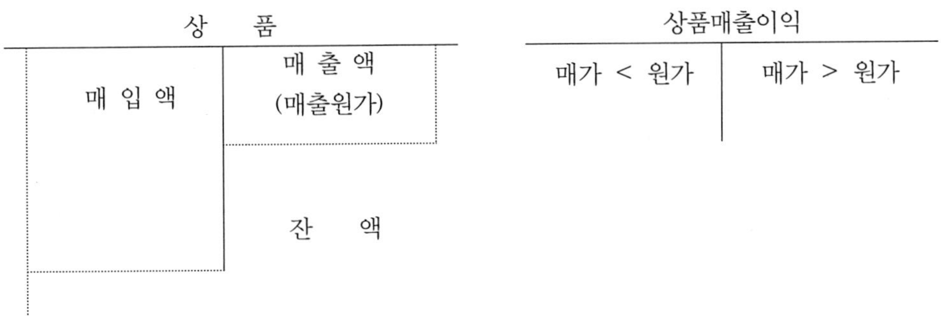

〈그림 2-3〉 단일상품계정(분기법)

분기법은 상품계정 대변과 차변이 매입원가로 기록되어서 잔액은 항상 차변에 나타난다. 이 방법은 상품을 매출할 때마다 상품원가와 이익을 구분해야 하므로 상품종류가 많을 경우와 상품의 매출횟수가 빈번한 업종은 불편하고 고가의 업종과 특수업종(부동산, 대형의 기계장치)에 적당한 방법이다.

(2) 총기법

이 방법의 계정기입은 상품을 매입할 때에는 매입원가로 상품계정 차변에 기입하고 매출을 할 때에는 매출가격으로 상품계정 대변에 기입하기 때문에 회계기간 중에는 상품매출이익을 파악할 수 없다. 그러므로 상품매출이익은 회계기말에 기말상품재고액을 파악한 후 기말상품재고액을 상품계정 대변에 기입하고 대변에서 차변금액을 차감하여 구한다. 이 방법은 동일한 계정에 원가와 매가가 함께 기입되는 혼합계정(mixed a/c)의 성격을 갖고 있다.

상	품
기초 재고액 당기 매입액	당기 매출액
상품매출이익	기말 재고액

〈그림 2-4〉 단일상품계정(총기법)

예제 1.31

가천상사의 상품매매와 관련된 거래를 분기법과 총기법으로 분개하고 원장에 전기하라.

4월 1일 : 상품 ₩250,000을 매입하고 인수운임 ₩20,000과 함께 현금으로 지급하다.
6일 : 1일 매입한 상품 중 ₩18,000은 주문과 다른 종류여서 반품하다.
11일 : 상품 ₩195,000(135,000)을 송도상사에 외상으로 매출하다.
13일 : 11일 매출한 상품 중 하자가 있어 ₩5,800을 에누리 해주다.
19일 : 11일 매출한 상품 중 ₩19,500(13,500)이 불량품으로 판정되어 반품되어 돌아오다.
30일 : 결산시에 상품매출손익을 손익계정에 대체하다.

해답 (가) 분기법

㉠ 분 개

날짜	차변	금액	대변	금액
4/ 1 :	(차) 상 품	270,000	(대) 현 금	270,000
6 :	(차) 현 금	18,000	(대) 상 품	18,000
11 :	(차) 매출채권	195,000	(대) 상 품	135,000
			상품매출이익	60,000
13 :	(차) 상품매출이익	5,800	(대) 매출채권	5,800
19 :	(차) 상 품	13,500	(대) 매출채권	19,500
	상품매출이익	6,000		
30 :	(차) 상품매출이익	48,200	(대) 손 익	48,200

㉡ 계정전기

상 품

차변	금액	대변	금액
4/ 1 현 금	270,000	4/ 6 현 금	18,000
19 매출채권	13,500	11 매출채권	135,000
		30 차기이월	130,500
	283,500		283,500
5/ 1 전기이월	130,500		

상품매출이익

차변	금액	대변	금액
4/13 매출채권	5,800	4/11 매출채권	60,000
19 매출채권	6,000		
30 손 익	48,200		
	60,000		60,000

손 익

차변	금액	대변	금액
		4/30 상품매출이익	48,200

(나) 총기법

㉠ 분 개

날짜	차변	금액	대변	금액
4/ 1 :	(차) 상 품	270,000	(대) 현 금	270,000
6 :	(차) 현 금	18,000	(대) 상 품	18,000
11:	(차) 매출채권	195,000	(대) 상 품	195,000

13:	(차) 상 품	5,800	(대) 매 출 채 권	5,800
19:	(차) 상 품	19,500	(대) 매 출 채 권	19,500
30:	(차) 상 품	48,200	(대) 손 익	48,200

㉡ 계정전기

상 품

차변		대변	
4/ 1 현 금	270,000	4/ 6 현 금	18,000
13 상 품	5,800	11 매 출 채 권	195,000
19 상 품	19,500	30 차 기 이 월	130,500
30 손 익	48,200		
	343,500		343,500
5/ 1 전 기 이 월	130,500		

손 익

차변		대변	
		4/30 상 품	48,200

2) 상품거래의 특수형태

상품을 매매할 경우에는 주로 발생하는 거래인 매입 및 매출거래와 이에 부수적으로 나타나는 거래로 다음과 같은 것이 있다.

① 매출환입 : 매출한 상품 중 일부가 계약위반(불량품, 이종품 등) 때문에 반 품되어 오는 것.

② 매출에누리 : 매출한 상품 중 일부가 계약위반(파손, 부패 등)의 내용으로 반품되어 오는 대신에 매출대금 일부를 감액해 주는 것.

매출환입 및 에누리가 발생하면 매출계정에서 차감하는 형식으로 계정에 기입하고 분개는 다음과 같이하면 된다.

(차) 매출환입 및 에누리 ××× (대) 매출채권 ×××

③ 매입환출 : 매입한 상품 중 일부가 계약위반(불량품, 이종품 등) 때문에 이를 반품하는 것.
④ 매입에누리 : 매입한 상품 중 일부가 계약위반(파손, 부패 등)의 내용으로 반품하는 대신에 매입대금 일부를 감액받는 것.

매입환출 및 에누리가 발생하면 매입계정에서 차감하는 형식으로 계정에 기입하고 분개는 다음과 같이하면 된다.

(차) 매입채무 ××× (대) 매입환출 및 에누리 ×××

⑤ 매출할인 : 매출채권을 지급기일보다 빨리 회수함으로써 매출액을 할인하여 주는 효과와 같은 것으로 일종의 비용(이자비용)성격을 나타내고 있다.[13)]
⑥ 매입할인 : 매입채무을 지급기일보다 빨리 지급함으로써 매입액을 할인받는 효과와 같은 것으로 일종의 수익(이자수익)성격을 가지고 있다.

원칙적으로 매출할인과 매입할인은 각각 매출과 매입에 대한 차감항목 성격을 지니고 있으므로 해당계정에서 직접 차감하는 방법으로 다음과 같이 표시한다.

	(차)		(대)	
매입할인시 :	매입채무	×××	현금및현금성자산	×××
			매 입	×××
매출할인시 :	현금및현금성자산	×××	매 출 채 권	×××
	매 출	×××		

예제 1.32

다음 거래를 분개하라.
5월 2일 : 신명상사로부터 상품 ₩320,000을 매입하였으나 대금은 미지급상태이다.

13) 매출할인 조건으로 다음과 같은 사례(2/10, n/30)가 있다. '2/10'의 조건은 매입자가 10일 이내에 상품대금을 갚으면 2% 할인을 해 주겠다는 뜻이다. 그리고 'n/30'의 조건은 매입자가 늦어도 30일 안에는 상품대금을 지불해야 한다는 의미이다.

그러나 인수운임 ₩30,000은 현금으로 지급하다.

6일 : 신명상사로부터 구입한 상품 중 ₩14,000은 품질이 불량해서 반품을 시키다.

10일 : 신명상사로부터 구입한 상품 중 일부(₩17,000)는 파손상태여서 에누리 받다.

20일 : 이화상사에 상품 ₩212,000(145,000)을 외상으로 매출하다.

23일 : 이화상사에 판매한 상품 중 파손품이 있어서 ₩4,000을 에누리해 주다.

해답

5/ 2:	(차) 매 입	350,000	(대)	매 입 채 무	320,000
				현 금	30,000
6:	(차) 매 입 채 무	14,000	(대)	매 입 환 출	14,000
10:	(차) 매 입 채 무	17,000	(대)	매입에누리	17,000
20:	(차) 매 출 채 권	212,000	(대)	매 출	212,000
23:	(차) 매출에누리	4,000	(대)	매 출 채 권	4,000

예제 1.33

다음 거래를 분개하라.

2월 10일 : (주)목동은 상품 ₩500,000을 외상으로 매출하였는데 대금지급조건은 2/10, n/30이다.

2월 16일 : 상기의 매출대금을 모두 회수한다.

해답

2/ 10 :	(차)	매 출 채 권	500,000	(대) 매 출	500,000
/ 16 :	(차)	현 금	490,000	(대) 매 출 채 권	500,000
		매 출	10,000		

3) 분할상품계정

단일상품계정으로 상품거래를 취급하면 단점이 있어서 이의 보완책으로 상품계정을 몇 가지(2분법, 3분법, 5분법, 7분법)로 분할하여 회계처리하는 방법이 분할상품계정이다. 상품계정을 분할할 경우 실무에서는 이월상품계정, 매입계정, 매출계정으로 3구분하는 방법을 일반적으로 많이 사용한다. 이들 계정에 기입되는 내용은 다음과 같다.

① 이월상품계정 : 기초와 기말재고액을 기재한다.
② 매입계정 : 차변에는 모든 매입액을 기재하고, 대변에는 매입에누리와 환출을 기재하므로 차변에 나타나는 잔액은 순매입액을 표시한다.
③ 매출계정 : 대변에는 모든 매출액을 기재하고, 차변에는 매출에누리와 환입을 기재하므로 대변에 나타나는 잔액은 순매출액을 표시한다.

> 상품매출이익 : 상품매출액 − 상품매출원가
> 상품매출원가 : 기초상품재고액 + 당기상품매입액 − 기말상품재고액

분할상품계정의 대표적 형태인 3분법은 매입할 경우 매입원가로 매입계정에 기록하지만, 매출할 경우 매입원가와 이익을 구분하지 않고 매출가격으로 매출계정에 기록되므로 회계기말에 기초와 기말재고상품과 관련된 분개를 하여야만 매출원가가 계산되고 이를 바탕으로 상품매매에 따른 이익을 계산할 수가 있다. 3분법에 의한 매출이익 산출방법은 매출원가계정을 어느 계정에 대비시키는가에 따라 순액법과 총액법으로 나누어진다.

(1) 순액법

순액법(net method)은 매출계정에서 매출액과 매출원가를 대비시켜 매출총이익을 산출한 후 이를 손익계정에 대체하는 방법이다.

이월상품

전기이월	×××	① 매 입	×××
② 매 입	×××	차기이월	×××
합 계	×××	합 계	×××
전기이월	×××		

매 출

에누리와 환입액	×××	매출액	×××
③ 매 입	×××		
④ 손 익	×××		
합 계	×××	합 계	×××

매 입

차변		대변	
매 입 액	×××	에누리와 환출액	×××
① 이월상품	×××	② 이월상품	×××
		③ 매 출	×××
합 계	×××	합 계	×××

손 익

차변		대변	
		④ 매 출	×××

〈그림 2-5〉 분할상품계정(순액법)

〈대체분개〉

	차변		대변	
①	(차) 매 입	×××	(대) 이월상품	×××
②	(차) 이월상품	×××	(대) 매 입	×××
③	(차) 매 출	×××	(대) 매 입	×××
④	(차) 매 출	×××	(대) 손 익	×××

(2) 총액법

총액법(gross metod)은 매입계정에서 매출원가를 산출하는 것은 순액법과 동일하나, 매출원가를 매출계정에 대체하지 않고 손익계정에 대체하는 방법을 말한다.

이월상품

차변		대변	
전기이월	×××	① 매 입	×××
② 매 입	×××	차기이월	×××
합 계	×××	합 계	×××
전기이월	×××		

매 출

차변		대변	
에누리와 환입액	×××	매출액	×××
④ 손 익	×××		
합 계	×××	합 계	×××

매 입

차변		대변	
매 입 액	×××	에누리와 환출액	×××
① 이월상품	×××	② 이월상품	×××
		③ 손 익	×××
합 계	×××	합 계	×××

손 익

차변		대변	
③ 매 입	×××	④ 매 출	×××

〈그림 2-6〉 분할상품계정(총액법)

〈대체분개〉

① (차) 매　　입 ×××　　(대) 이월상품 ×××
② (차) 이월상품 ×××　　(대) 매　　입 ×××
③ (차) 손　　익 ×××　　(대) 매　　입 ×××
④ (차) 매　　출 ×××　　(대) 손　　익 ×××

예제 1.34

다음 자료로 분할상품계정(3분법)에 의해 순액법과 총액법으로 상품매출이익을 산출하고 각 계정을 마감하라. (단위: 원)

[자료]

기초상품재고액 100,000　당기매입액 225,000　당기매출액 300,000
기말상품재고액 55,000　매출환입액 5,000　매입환출액 7,000
매입에누리 6,000

해답 (가) 순액법

이월상품

차변		대변	
전기이월	100,000	매　입	100,000
매　입	55,000	차기이월	55,000
	155,000		155,000
전기이월	55,000		

매　출

차변		대변	
환입액	5,000	현　금	300,000
매　입	257,000		
손　익	38,000		
	300,000		300,000

매　입

차변		대변	
현　금	225,500	에누리	6,000
이월상품	100,000	환출액	7,000
		이월상품	55,000
		매　출	257,000
	325,500		325,500

손　익

차변		대변	
		매　출	38,000

[대체분개]

① (차) 매　　입 100,000　　(대) 이월상품 100,000
② (차) 이월상품 55,000　　(대) 매　　입 55,000

③ (차) 매　　출 257,000　　(대) 매　　입 257,000
④ (차) 매　　출 38,000　　(대) 손　　익 38,000

(나) 총액법

이월상품

차변	금액	대변	금액
전기이월	100,000	매　입	100,000
매　입	55,000	차기이월	55,000
	155,000		155,000
전기이월	55,000		

매　출

차변	금액	대변	금액
환입액	5,000	현　금	300,000
손　익	295,000		
	300,000		300,000

매　입

차변	금액	대변	금액
현　금	225,500	에 누 리	6,000
이월상품	100,000	환 출 액	7,000
		이월상품	55,000
		손　익	257,000
	325,500		325,500

손　익

차변	금액	대변	금액
매입	257,000	매출	295,000

[대체분개]

① (차) 매　　입 100,000　　(대) 이월상품 100,000
② (차) 이월상품 55,000　　(대) 매　　입 55,000
③ (차) 손　　익 257,000　　(대) 매　　입 257,000
④ (차) 매　　출 295,000　　(대) 손　　익 295,000

4) 상품의 매입장과 매출장

매입장은 매입계정에 대한 보조부로 상품의 매입거래에 관한 자세한 내역과 순매입액을 파악하기 위해 기입하는 장부이다. 매입장의 양식은 다음과 같다.

매 입 장

월 일		적 요		금 액

〈그림 2-7〉 상품매입장

매출장은 매출계정에 대한 보조부로 상품의 매출거래에 관한 자세한 내역과 순매출액을 파악하기 위해 기입하는 장부이다. 매출장의 양식은 다음과 같다.

매 출 장

월 일		적 요		금 액

〈그림 2-8〉 상품매출장

5) 상품의 재고평가

(1) 상품재고액의 계산

기말에 상품의 매매손익을 파악하기 위하여 판매되지 않고 회사에 남아 있는 상품재고액을 정확히 계산하는 것이 필요하다. 기말재고자산에 포함해야 하는 항목은 회사 소유의 창고에 보관되어 있는 것과 본 교재의 제3부에서 언급되어 있는 특수한 것(미착품, 위탁상품, 시송품 등)으로 구분할 수 있다.

상품의 재고액은 상품재고량과 재고단가를 구하면 파악할 수 있는데, 이런 정보는 보조장부인 상품재고장(goods inventory ledger)에 기재되어 있다. 상품의 재고장은 매입내용(수량, 단가, 금액)을 기입하는 수입란과 매출내용(수량, 단가, 금액)을 기입하는 인도란 그리고 잔액란으로 구성되어 있다.

상품재고장

일자	적 요	수입			인도			잔액		
		수량	단가	금액	수량	단가	금액	수량	단가	금액

〈그림 2-9〉 상품재고장

상품재고의 수량을 계산하는 방법에는 실지재고조사법, 계속기록법 등이 있다.

① **실지재고조사법** : 회계기말에 실제로 재고조사를 실시하여 보유하고 있는 재고 수량을 파악하는 방법

② **계속기록법** : 실제로 재고조사는 하지 않고 장부상의 계속적인 기록으로 회계 기말의 재고수량을 결정하는 방법

그리고 상품재고의 단가를 계산하는 방법에는 개별법, 평균법(총평균법, 이동평균법). 선입선출법(FIFO : first in first out method), 후입선출법(LIFO : last in first out method) 등이 있다.

① **개별법** : 개별적으로 재고자산을 구분하여 매입가격별로 매출된 것과 재고로 남은 것을 식별하여 재고자산 가격을 파악하는 방법

② **총평균법** : 일정기간의 매입합계액을 매입량으로 나누어서 평균단가를 산정한 후 이 평균단가를 이용하여 기말재고액의 단가를 계산하는 방법

③ **이동평균법** : 단가가 다른 상품을 구입할 때마다 매입금액과 잔액의 합계를 매입수량과 재고량의 합계로 나누어서 평균단가를 계산한 후, 이를 판매단가로 계산하는 방법

④ **선입선출법** : 먼저 매입된 상품이 먼저 매출되는 것으로 가정하여 단가를 계산하는 방법

⑤ **후입선출법** : 나중에 매입된 상품이 먼저 매출되는 것으로 가정하여 단가를 계산하는 방법(K-IFRS는 후입선출법을 인정하지 않음)

상품재고장의 인도란 금액은 판매가격이 아닌 매입가격으로 기재되기 때문에 상품의 매입단가가 다를 경우에 어느 단가를 매출단가로 결정하느냐에 따라 상품재고액이 다르게 평가되는 문제가 발생한다.

예제 1.35

신명상사는 6월 중에 Ref-상품의 매매거래를 다음과 같이 하였다. 상품재고장을 이용하여 선입선출법, 후입선출법, 평균법(이동평균법)으로 상품재고액을 평가하라.

6월 1일 : 매입 400개 (@ ₩40), 6월 5일 : 매출 100개

17일 : 매입 500개 (@ ₩70), 6월 21일 : 매출 600개

해답 (가) 선입선출법

상품재고장

일자	적요	수입			인도			잔액		
		수량	단가	금액	수량	단가	금액	수량	단가	금액
6/ 1	매 입	400	40	16,000				400	40	16,000
5	매 출			35,000	100	40	4,000	300	40	12,000
17	매 입	500	70					300	40	12,000
21	매 출				300	40	12,000	500	70	35,000
					300	70	21,000			
30	차기이월				200	70	14,000	200	70	14,000
		900		51,000	900		51,000			
7/ 1	전기이월	200	70	14,000				200	70	14,000

(나) 후입선출법

상품재고장

일자	적요	수입			인도			잔액		
		수량	단가	금액	수량	단가	금액	수량	단가	금액
6/ 1	매 입	400	40	16,000				400	40	16,000
5	매 출				100	40	4,000	300	40	12,000
17	매 입	500	70	35,000				300	40	12,000
								500	70	35,000
21	매 출				500	70	35,000			
					100	40	4,000	200	40	8,000
30	차기이월				200	40	8,000			
		900		51,000	900		51,000			
7/ 1	전기이월	200	40	8,000				200	40	8,000

(다) 이동평균법

상품재고장

일자	적요	수입			인도			잔액		
		수량	단가	금액	수량	단가	금액	수량	단가	금액
6/ 1	매 입	400	40	16,000				400	40	16,000
5	매 출				100	40	4,000	300	40	12,000
17	매 입	500	70	35,000				800	58.75	47,000
21	매 출				600	58.75	35,250	200	58.75	11,750
30	차기이월				200	58.75	11,750			
		900		51,000	900		51,000			
7/ 1	전기이월	200	58.75	11,750				200	58.75	11,750

* 매출단가 : 58.75 = (12,000 + 35,000) / (300 + 500)

(2) 상품재고의 감모손실 및 평가손실

회계학에서 저가법은 논리적으로 일관성이 결여되어 있으므로 인정되는 경우가 거의 없지만, 일반기업회계기준은 재고자산을 평가할 때에 예외적으로 인정하고 있다.

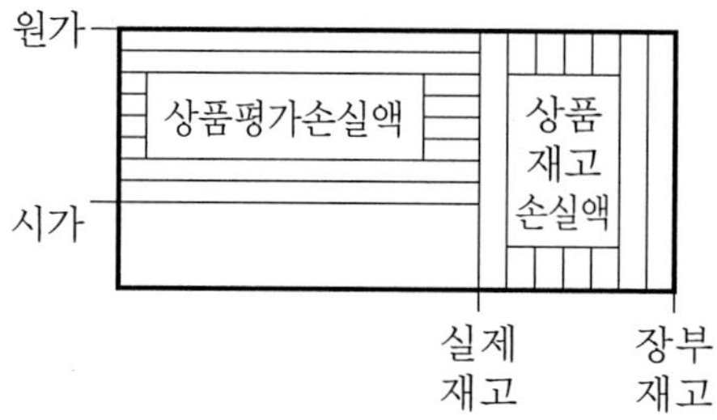

〈그림 2-10〉 상품의 평가 및 재고 손실

기말상품의 실제재고액은 여러 가지 이유(분실, 파손, 변질 등)로 수량이 부족하여 장부잔액보다 부족할 경우가 발생하는데, 이 부족액은 재고자산감모손실로 처리한다. 재고자산감모손실액 중 영업활동 과정에서 정상적으로 발생하는 것은 원가성을 인정하여 매출원가에 포함시키고 그렇지 않은 것은 영업외비용으로 처리한다.[14]

14) 기업회계기준은 원가성이 없는 경우에 [재고자산감모손실]을 [재고자산평가손실]에 포함하여 처리하도록 규정하고 있다. 그러나 K-IFRS는 재고자산 감모손실과 재고자산 평가손실에 대해 특별한 규정을 하지 않고 있다.

그리고 상품의 시세[15]가 하락하여 기말상품액이 매입원가보다 낮은 때에는 그 손실액을 재고자산의 취득원가에서 차감하는 형식으로 기재하여야 한다. 일반기업회계기준은 이러한 경우가 발생하면 과거와는 다르게 차변에는 매출원가의 금액을 증가시키고 대변에는 재고자산평가충당금의 계정과목을 사용하도록 규정하고 있다. 예를 들어, 보유하고 있던 재고자산(15,000원)의 시가가 기말에 13,500원으로 하락하였을 경우의 분개는 다음과 같다.

(차) 재고자산평가손실 1,500　　(대) 재고자산평가충당금 1,500

재고자산평가손실은 포괄손익계산서의 매출원가에 가산하고 재고자산평가충당금은 대차대조표의 재고자산에서 차감하는 형식으로 기재한 후, 차기 연도 이후에 평가손실액이 회복되면 차변에 재고자산평가충당금으로 분개하고 대변에 영업외수익 항목인 재고자산평가충당금환입으로 분개한다. 그러나 재고자산의 시가가 취득원가보다 상승하더라도 유가증권의 평가와는 다르게 시가 상승분을 고려하지 않고 취득원가를 그대로 재무상태표에 보고하여야 한다.

예제 1.36

다음 자료를 이용하여 요구사항에 답하라.

[자료]

기초상품 재고액 : 150,000원　　당기상품 매입액 : 2,000,000원
기말상품 재고수량 : 장부상 재고 350개, 실제 재고 300개
기말상품 재고단가 : 원가 1,000원, 시가(순실현가능액) 900원

〈요구사항〉

(ㄱ) 감모손실액과 평가손실액을 구하라.
(ㄴ) 감모손실액을 원가성이 없다고 가정할 경우, 매출원가와 감모손실액을 산출하고 이를 분개하라.
(ㄷ) 감모손실액을 원가성이 있다고 가정할 경우, 매출원가와 감모손실액을 산출하고 이를 분개하라.

15) 기업회계기준은 [시가]를 [순실현가능액]으로 규정하고 있다. (순실현가능가액=추정판매액－정상적인 추정판매비용)

해답 (ㄱ) 감모손실액; 50,000원〈(350 − 300)×1,000 = 50,000〉

평가손실액; 30,000원〈(1,000 − 900)×300 = 30,000〉

(ㄴ) 매출원가; 1,830,000원〈150,000＋2,000,000 − 270,000 − 50,000 = 1,830,000〉

(차)		(대)	
매 출 원 가	1,800,000	재 고 자 산	1,800,000
재고자산감모손실	50,000	재 고 자 산	50,000
매 출 원 가	30,000	재고자산평가충당금	30,000

(ㄷ) 매출원가; 1,880,000원〈1,800,000＋50,000＋30,000 = 1,880,000〉

(차)		(대)	
매 출 원 가	1,880,000	재 고 자 산	1,850,000
		재고자산평가충당금	30,000

연습문제

1. 상품계정을 단일상품계정으로 처리할 경우 분기법이 총기법보다 합리적인 이유에 대해 설명하라.

2. 상품의 매출할인과 매입할인의 회계처리방법에 대해 설명하라.

3. 회계실무에서 단일상품계정보다 분할상품계정을 선호하는 이유에 대해 설명하라.

4. 상품계정을 분할상품계정으로 처리할 경우 기초상품재고액과 기말상품재고액을 매입계정에 대체하는 이유에 대해 설명하라.

5. 상품의 재고파악시 수량을 결정하는 방법에 대해 설명하라.

6. 상품의 재고파악시 단가를 결정하는 방법에 대해 설명하라.

7. 다음 거래를 분할상품계정(3분법)을 이용하여 분개하라.
   1) 기초상품 재고액 ₩40,000
   2) 상품 ₩90,000을 매입하고 대금은 수표를 발행하여 지급하다. 그리고 운반비 ₩10,000은 현금으로 지급하다.
   3) 상품 ₩70,000(55,000)을 매출하고 대금은 수표로 받다.
   4) 상품 ₩60,000을 매입하고 대금은 외상으로 하다.
   5) 상품 ₩80,000(60,000)을 매출하고 대금 중 1/2은 타인발행수표로 받고 잔액은 당점이 발행한 수표로 받다.
   6) 결산을 맞이하다.

8. 다음은 총액법에 의한 대체분개이다. ( )안에 분개순서의 번호를 기입하고, 요구사항에 답하라. (단위: 원)

1)	(차) 손 익	786,000	(대) 매 입	786,000	(	)
2)	(차) 매 입	154,000	(대) 이월상품	154,000	(	)
3)	(차) 이월상품	185,000	(대) 매 입	185,000	(	)
4)	(차) 매 출	835,000	(대) 손 익	835,000	(	)

〈요구사항〉

① 기초상품재고액은 얼마인가?

② 기말상품재고액은 얼마인가?

③ 순매입액은 얼마인가?

④ 매출이익은 얼마인가?

9. 다음 거래를 이월상품, 매입, 매출계정에 전기한 후 총액법으로 마감하라.

1) 기초상품재고액 ₩80,000
2) 상품 ₩220,000을 외상으로 매입하다.
3) 위의 상품 중 파손품이 있어 ₩40,000을 반품하다.
4) 위의 상품 중 품질 불량으로 인하여 ₩5,000을 에누리 받다.
5) 상품 ₩320,000을 외상으로 매출하다.
6) 위의 상품 중 불량품이 있어 ₩15,000이 반품되어 오다.
7) 위의 상품 중 견본과의 상이품에 대하여 ₩7,000을 에누리 해주다.
8) 기말상품재고액 ₩45,000

10. 다음의 자료에 의하여 이월상품계정, 매입계정, 매출계정에 기입하여 매출손익을 순액법에 의하여 계산하고 분개를 하라. (단위: 원)

① 전기 이월액	100,000	② 당기 매입총액	650,000
③ 매입품환출액	25,000	④ 당기 매출총액	710,000
⑤ 매출품환입액	17,000	⑥ 매출품에누리액	15,000
⑦ 인 수 운 임	18,000	⑧ 기 말 재 고 액	130,000

11. 다음 자료는 6월중 한밭상사가 거래한 H-상품의 매출과 매입에 관한 내역이다. 상품 재고장에 선입선출법, 후입선출법, 이동평균법 등으로 H-상품의 거래내역을 기입하라.

6월 1일. 매입 500개 @ ₩40 　　7일. 매출 300개 @ ₩50

11일. 매입 400개 @ ₩60 　　15일. 매입 200개 @ ₩70

22일. 매출 500개 @ ₩90 　　29일. 매출 100개 @ ₩95

12. K-IFRS는 재고자산을 기말에 평가할 때 발생하는 감모손실과 평가손실을 어떻게 처리하도록 규정하고 있는가?

제3절 비유동자산의 회계처리

1. 투자자산

1) 투자자산의 정의

자산을 유동자산과 비유동자산으로 크게 2구분할 수 있는데 여기서 다루는 투자자산은 비유동자산에 포함된다. 투자자산(investment assets)이란 기업이 본래의 영업활동인 상품매매업이나 제조업 등에서 발생하는 자산이 아닌 여유자금을 장기적으로 활용하여 이익을 얻거나 타기업을 지배·통제할 목적으로 투자한 자산을 말한다. 따라서 투자자산은 유형자산과는 기업고유의 영업적 목적을 달성하려는 행위와 직접적으로 관련이 없다는 점에서 차이가 있고 유동자산과는 보유기간이 보다 장기(1년 이상)적이라는 점이 다르다.

2) 투자자산의 종류

자산의 분류상 비유동자산에 속하는 투자자산에는 유가증권(매도가능증권, 만기보유증권), 장기금융상품, 투자부동산, 장기대여금 그리고 관계기업투자주식[16] 등이 있다.

(1) 유가증권(매도가능증권, 만기보유증권)

① 의의 및 분류

유가증권은 제1절에서 설명한 것처럼 보유기간에 따라 유동자산과 비유동자산으로 분류할 수 있다. 유가증권 중에서 비유동자산 즉 투자자산에 해당되는 것은 지분증권으로 시장성이 없으면서 소유목적이 단기매매차익을 위한 것이 아니고 1년 이내에 처분할 상황이 아닌 매도가능증권이 있다. 그리고 채무증권으로 중도에 매각할 의사는 있지만 소유목적이 단기매매차익과 관계없고 1년 이내에 처분할 상황이 아닌 매도가능증권과 중도에 매각할 의사가 없으면서 만기까지 보유할 의도, 1년 후에 만기상황인 만기보유증권을 그 예로 들 수 있다.

② 취득 및 처분

유가증권 중에서 유동자산으로 분류되는 단기매매증권은 취득할 때 지출한 부대비용을 예외적으로 당기비용으로 처리하지만, 비유동자산으로 분류되는 매도가능증권과 만기

16) 다른 기업을 통제하고 영향력을 행사하기 위해 취득하는 주식은 그 보유정도에 따라 관계기업투자주식, 조인트벤처주식, 종속회사주식 등으로 분류하며 이것들을 회계처리 할 경우에 지분법이 적용된다. 따라서 실무에서는 이것들을 통칭하여 지분법적용투자주식이라고도 지칭한다.

보유증권은 구입할 때 지출한 금액은 물론이고 구매하면서 함께 지출한 부대비용까지 모두 합하여 취득원가로 각각의 계정 차변에 기록한다.

그리고 매도가능증권과 만기보유증권을 처분할 경우의 회계처리방법은 각각의 장부금액과 이에 해당되는 평가손익을 상계한 후, 처분손익으로 기재하면 되는데 이것은 당기의 영업외수익으로 처리한다.

③ 평가손익

매도가능증권은 기말에 평가를 할 때 시장성이 있는 경우와 없는 경우로 나누어서 회계처리를 해야 한다. 매도가능증권이 시장성이 없으면 평가손익이 발생하지 않는 원가법을 적용하여 평가한다.[17] 그러나 시장성이 있으면 장부가액과 공정가액을 비교해서 평가손익이 나타나는 공정가액법(시가법)을 적용한다. 매도가능증권의 공정가액이 장부금액보다 높게 나타나면 매도가능증권평가이익으로 처리하고 그 반대의 경우면 매도가능증권평가손실로 처리한다. 유가증권평가손익을 재무제표에 기재를 할 경우 주의할 점은 앞에서 설명한 단기매매증권의 평가손익은 포괄손익계산서에 당기손익으로 표시하지만 매도가능증권의 평가손익은 일종의 미실현손익이기 때문에 재무상태표상에 자본항목중의 하나인 기타포괄손익누계액으로 표시해야 한다는 것이다.

만기보유증권은 만기일이 도래하면 취득원가와 관계없이 액면금액으로 상환을 받는 증권이다. 따라서 취득원가가 액면금액보다 낮은 경우에는 매년 회계기간 말에 그 차액을 유효이자율법으로 상각(조정)한 후, 해당금액을 이자수익으로 대변에 기록하고 차변에는 만기보유증권으로 표시하여 자산화해야 한다. 이와 같이 취득원가에 매 회계기간 말 자산화한 금액을 합계한 것을 상각후원가(amortized cost)라고 한다. 만기보유증권은 매도가능증권과는 다르게 시장이 있는 경우라도 상각후원가법[18]을 적용하기 때문에 시장성이 있어도 공정가액으로 평가하지 않고 회계기간 말에 손상검사를 진행하여 이에 적합한 회계처리를 하여야 한다.

④ 투자이익

매도가능증권에 투자하여 보유하고 있다가 배당금을 받으면 배당금수익으로 처리한다. 그리고 매도가능증권과 만기보유증권에 투자하여 이자를 받으면 이자수익계정으로 기록하는데 배당금수익 및 이자수익은 모두 영업외수익에 해당된다.

---

17) 그러나 시장성이 없는 경우에 매도가능증권의 회수액이 장부가액보다 낮게 나타나면 평가손익은 인식하지 않지만 손상차손은 계산하여 반영하여야 한다.

18) 상각후 원가로 만기보유증권을 평가하는 방법을 상각후원가법이라고 한다.

예제 1.37

다음 거래를 (주)동일 입장에서 분개하라. (단위: 원)

2011. 08. 16. 여유자금을 갖고 장기투자계획 차원에서 보연상사가 발행한 주식을 구입하면서 이에 따른 제비용 등과 함께 현금으로 지급하다.
(우선주: 750,000 수수료: 6,000 증권거래세 3,000)

2011. 12. 31. 한국거래소에서 보연상사 주식의 공정가액이 950,000으로 나타났다.

2012. 03. 22. 배당금 60,000을 보연상사로부터 받아 당좌예금하다.

해답

08/16 : (차) 매도가능증권 759,000 (대) 현 금 759,000

12/31 : (차) 매도가능증권 191,000 (대) 매도가능증권평가이익 191,000

03/22 : (차) 당 좌 예 금 60,000 (대) 배 당 금 수 익 60,000

예제 1.38

수미상사는 여유자금이 있어 다음과 같은 조건의 사채를 만기까지 보유할 의도를 갖고 수표(450,000)를 발행하여 구입하였다. 수미상사가 취득 및 평가 시에 수행할 분개를 표시하라. (단위: 원)

액면금액: 500,000	구매일: 2011년 7월 1일	만기일:2016년 6월 30일
액면이자율: 10%	이자지급일: 매년 6월 30일	발행회사: (주)총신학숙

해답

① 구입시 분개(2011. 7/1)

(차)만기보유증권 450,000 (대)당좌예금 450,000

② 평가시 분개(2011. 6/30)

(차)현 금 50,000 (대)이자수익 50,000

만기보유증권 6,656 이자수익 6,656

(2) 장기금융상품

이것은 유동자산에 속하지 않은 금융상품, 즉 1년 이내에 만기일이 도래하지 않거나 그 기간 동안에 인출할 계획이 없는 예금으로서 정기예금, 정기적금, 신탁예금 등을 말한다.

특별한 용도에 사용하기 위해 일반적인 영업목적으로 사용할 수 없도록 제한되어 있는 현금과 예금도 만기일이 1년 이내에 도래하지 않으면 장기금융상품에 포함시킨다. 이 때 장기금융상품 중 사용이 제한된 경우에는 구분기재하지 않고 주석으로 그 내용을 기재하면 된다.

(3) 투자부동산

이것은 영업 또는 생산활동을 위해 보유한 부동산이 아니라 투자의 목적 또는 비영업용으로 소유하고 있는 토지, 건물 및 기타의 부동산을 말한다.

따라서 기업이 본래의 영업활동 단계 중에 판매를 목적으로 소유하고 있는 부동산이 있으면 이것은 재고자산으로 구분하여야 한다. 투자부동산은 유형자산의 한 형태이므로 취득원가 및 취득 후 지출한 비용에 대한 회계처리 방법은 유형자산의 경우와 동일하다.

그러나 K-IFRS는 투자부동산을 평가할 경우 다른 자산과 같이 원가모형과 공정가치모형 중에서 선택적으로 사용하도록 하고 있지만 원가모형을 채택한 기업은 반드시 공정가치를 주석으로 공시하도록 규정하고 있다. 그리고 공정가치모형을 선택하여 나타난 평가손익이 있으면 당기손익으로 처리하면 된다.

예제 1.39

다음 거래를 (주)승영 입장에서 분개하라. (단위: 원)

2011.06.07. 신도시 개발계획이 조성되고 있는 상가건물을 장기투자 목적으로 500,000,000에 매입하였다. 이에 따른 세금(등록세, 취득세)으로 450,000 그리고 중개수수료 250,000을 모두 현금으로 지급하였다.

2011.12.31. 상기 건물의 공정가액이 700,000,000으로 파악되었다.

해답 06/07 : (차)투자부동산 500,700,000 (대)현 금 500,700,000

12/31 : (차)투자부동산 199,300,000 (대)투자부동산평가이익 199,300,000

(4) 장기대여금

대여금 중 유동자산에 속하지 않는 것을 장기대여금이라 한다. 장기대여금과 장기성매출채권은 명목가액과 현재가치의 차이가 중요할 경우, 현재가치로 평가하여야 한다.

예제 1.40

다음 거래를 (주)상필 입장에서 분개하라. (단위: 원)

① 계획하고 있는 공장이전부지 대금을 지불하기 위해 600,000,000을 번쩍은행이 취급하고 있는 5년 만기 상품에 정기예금하다.
② 실버산업 개발 분야의 선두주자 회사인 혜경상사가 자금지원을 요청하여 3년 후에 받는다는 조건으로 400,000,000을 대여해 주다.

해답

	차변	금액	대변	금액
①	(차)장기금융상품	600,000,000	(대)현 금	600,000,000
②	(차)장 기 대 여 금	400,000,000	(대)현 금	400,000,000

(5) 관계기업투자주식

투자자산은 단순히 여유자금을 운영하려는 의도에서 투자하는 것과 보다 적극적으로 다른 회사를 지배하고 통제하려는 목적[19]에서 투자하는 것이 있다. 후자의 경우처럼 적극적인 영향력을 행사하기 위해 타 회사가 발행한 주식에 투자하는 유가증권을 관계기업투자주식(investments in associates)이라고 한다. 관계기업투자주식도 유가증권 중의 하나이므로 취득원가의 처리방법은 투자자산과 동일하지만 회계기말에 평가를 할 경우는 다른 유가증권과는 달리 보유목적의 특수성 때문에 지분법(equity method)을 적용하여 평가를 해야 한다. 지분법은 투자지분이 증가하면 그 만큼 차변에 자산(관계기업투자주식)을 증가시키고 대변에 수익(지분법이익 또는 관계기업투자이익)을 인식하는 방법을 말한다. 이와 반대로 투자지분이 감소되면 차변에 비용(지분법손실 또는 관계기업투자손실)이 발생하게 되고 대변에는 자산의 감소(관계기업투자주식)가 나타나게 된다.

19) 투자회사가 피투자회사 주식을 20% 이상 소유하면 일반적으로 피투자회사를 지배하거나 통제가 가능하다고 간주한다.

한편, 관계기업투자주식에 투자를 한 후 현금배당을 받을 경우에는 주의하여 회계처리를 하여야 한다. 일반적인 지분증권에 투자를 하여 현금배당을 받으면 배당금수익으로 처리하는 것이 당연하지만 관계기업에 투자를 하여 현금배당을 받으면 관계기업투자지분이 상대적으로 그만큼 감소를 하였기 때문에 관계기업투자주식을 대변에 기록하여 차감해 주어야 한다.

참고로 K-IFRS는 다음과 같이 보유주식 비율에 따라 피투자기업의 명칭과 평가방법을 요약하고 있다.

피투자기업 주식보유 비중	피투자기업 명칭	피투자주식 평가방법	비 고 (투자기업 명칭)
20% 이상 ~ 50% 미만	관계기업	지분법	투자기업
50% 이상	종속기업	연결재무제표 작성	지배기업

예제 1.41

전완상사는 다음과 같은 주식에 투자하였다. 주식매입일, 당기순이익보고일, 배당금수령일에 알맞은 분개를 하라. (단위: 원)

ⓐ 투자주식 개요: 400주(치악상사 발행주식의 30%에 해당됨.), 1주당 매입가격 5,000
당기순이익 1,200,000 배당금지급액 500,000
ⓑ 주식매입일: 2011년 1월 5일
ⓒ 당기순이익 보고일: 2011년 12월 26일
ⓓ 배당금 수령일: 2011년 12월 30일

해답 ① 주식매입일 분개(2011. 1/5)

(차)관계기업투자주식 2,000,000 (대)현 금 2,000,000

② 당기순이익 보고일 분개(2011. 12/26)

(차)관계기업투자주식 360,000 (대)관계기업투자이익 360,000

③ 배당금 수령일 분개(2011년 12/30)

(차)현 금 150,000 (대)관계기업투자주식 150,000

연습문제

1. 유가증권 중 투자자산에 해당하는 유가증권을 예시하라.

2. 유가증권의 회계처리(평가차액, 감액손실의 회복 등) 방법을 유동자산과 비유동자산 입장에서 설명하라.

3. 장기금융상품에 대해 설명하라.

4. 건물 및 토지가 투자부동산 또는 유형자산으로 분류되는 기준에 대해 설명하라.

5. 다음 거래를 분개하라.
   1) 동봉상사는 성봉상사를 지배·통제할 목적으로 성봉상사가 발행한 주식의 28%인 7,500주(액면가액 : @₩5,000)를 1주당 ₩5,600에 매입하고 대금은 수표를 발행하여 지급하다.
   2) 동봉상사는 성봉상사의 주식 100주를 1주당 ₩6,000에 매각하고 대금은 수표로 받아 당좌예금하다.
   3) 합자회사인 인천상사에 현금 ₩2,000,000을 출자하다.
   4) 성남상사를 지배할 목적으로 동회사의 주식 1,000주(액면가액 : @₩55,000)를 1주당 ₩5,200에 매입하고 매입수수료 ₩100,000을 포함한 대금은 수표를 발행하여 지급하다(단, 성남상사의 발행주식 총수는 3,000주이다).
   5) 유휴자금을 장기증식할 목적으로 경원상사의 사채(액면가액 : ₩5,000,000, 상환기간 : 3년, 이자율 : 연 10%, 이자지급 : 연말 1회)를 ₩4,800,000에 매입하고 대금은 수표를 발행하여 지급하다.
   6) 위의 사채에 대하여 연말에 1년분의 이자 ₩500,000을 현금으로 수취하고 사채액면과 차액에 대하여 제1차 연도분의 평가를 하다.

6. 관계기업투자주식에 대해 설명하라.

7. 투자자산에서 얻는 배당금수익과 이자수익의 차이점을 설명하라.

8. K-IFRS은 투자부동산의 평가방법을 어떻게 규정하고 하는지를 설명하라.

2. 유형자산

1) 유형자산의 정의

유형자산(tangible assets)이란 재화의 생산, 용역의 제공, 타인에 대한 임대 또는 자체적으로 사용할 목적에서 보유하는 물리적 형체가 있는 자산으로 1년을 초과하여 사용할 것이 예상되는 토지, 건물, 구축물, 기계장치, 건설중인 자산 등과 같은 자산을 말한다.

유형자산은 기업이 소유하는 자산 중에서 중요한 부분을 차지하기 때문에 유형자산으로 인식되기 위해서는 정의내용과 다음의 인식조건을 모두 충족하여야 한다.

① 자산으로부터 발생하는 미래 경제적 효익이 기업에 유입될 가능성이 매우 높은 경우
② 자산의 취득원가를 신뢰성이 있게 측정할 수 있는 경우

2) 유형자산의 회계처리 방법

(1) 취득원가

유형자산의 취득원가는 유형자산을 구입하거나 제작하였을 경우에 이를 얻기 위해 지급한 대가인 취득원가[20]로 인식하고 현물출자, 증여, 기타 무상의 형태로 취득한 자산의 취득원가는 공정가액[21]으로 인식한다. 그리고 교환형태로 취득한 자산의 취득원가는 동종자산 간의 교환일 때에는 장부가액[22]으로 인식하고 이종자산 간의 교환일 때에는 공정가액으로 인식한다.

유형자산을 매입할 경우는 구입대금과 매입에 필요한 부대비용을 합하여 취득원가를 산정한 후, 이를 차변에 기재한다. 여기서 구입대금은 송장가격에서 매입에누리, 매입환출 및 매입할인을 차감한 금액을 말한다. 그리고 부대비용은 설치장소 준비를 위한 지출, 외부운송 및 취급비, 유형자산의 취득과 직접 관련된 제세공과금, 복구비용[23] 등을 의미한다.

---

20) 취득원가는 자산을 취득하기 위하여 자산의 취득시점이나 건설시점에서 지급한 현금 및 현금성 자산 또는 제공하거나 부담할 기타 대가의 공정가액을 말한다.

21) 공정가액은 합리적인 판단력과 거래의사가 있는 독립된 당사자간에 거래될 수 있는 교환가격을 의미한다.

22) 장부가액은 자산의 취득원가에서 감가상각누계액과 손상차손(감액손실액)을 차감한 금액을 의미한다.

23) 복구비용은 유형자산의 경제적 사용이 종료된 후 원상회복을 위해 지출한 대가의 현재가치를 말한다.

예제 1.42

다음과 같은 경인상사의 거래를 분개하라.

① 상품재고를 보관하기 위한 창고부지 ₩755,000,000에 매입하면서 당좌수표를 발행하여 지급하다. 그리고 등기비용, 중계수수료 및 취득세 등 이와 관련된 제비용 ₩600,000은 현금으로 지급하다.

② 영업용 건물을 신축하기로 하고 설계비로 ₩3,000,000을 우선 지급하고 (주)제일건설에게 계약금 명목으로 ₩20,000,000을 타인발행 수표로 지급하다.

③ 상기의 건물을 완성하면서 공사대금 잔액 ₩45,000,000을 어음을 발행하여 지급하고 건물을 인수받다.

④ 재무구조를 개선하기 위해 대주주로부터 다음과 같이 임야를 기증받았다.

6월 4일: 공시지가 100억원의 임야를 수증하다.

6월 28일: 취득세 및 등록세 등의 부대비용 5천만원을 지급하다.

⑤ 연초에 구입한 트럭을 반월상사의 신형트럭과 1 : 1로 교환하기로 하였다. 중고트럭은 교환당시 장부가액이 ₩97,000,000이었고 반월상사의 신형트럭은 시장에서 ₩100,000,000에 판매되고 있다.

해답

	차변	금액	대변	금액
①	(차) 토 지	755,600,000	(대) 당좌예금	755,000,000
			현 금	600,000
②	(차) 건설중인자산	23,000,000	(대) 현 금	23,000,000
③	(차) 건 물	68,000,000	(대) 건설중인자산	23,000,000
			매 입 채 무	45,000,000
④ 6/ 4 :	(차) 토 지	10,000,000,000	(대) 자산수증이익	10,000,000,000
6/28 :	(차) 토 지	50,000,000	(대) 현 금	50,000,000
⑤	(차) 차량운반구(신형)	100,000,000	(대) 차량운반구(구형)	97,000,000
			유형자산처분이익	3,000,000

(2) 취득후 지출(자본적 지출과 수익적 지출)

기업이 비유동자산을 취득하여 사용하는 기간 중에 여러 가지 이유로 인해 추가로 발생하는 지출이 나타날 수 있다. 이와 같이 유형자산의 취득 또는 완성 후의 지출이 가장 최근에 평가된 성능수준을 초과하여 미래 경제적 효익을 증가시키는 경우에는 자본적 지출(capital expenditure)로 처리하여 해당 자산가치를 증가시켜야 한다. 그러나 비용의 지출이 단순히 자산의 원상을 회복시키거나 능률유지 정도에 그치면 수익적 지출(revenue expenditure)로 처리하여 당기비용으로 처리해야 한다.(K-IFRS는 자본적 지출과 수익적 지출이란 표현을 사용하고 있지 않다.)

자본적 지출과 수익적 지출을 구분하려는 이유는 수익·비용 대응의 원칙에 따라 적정한 기간이익을 측정하려는 목적이 있기 때문이다. 예를 들어 비용에 속하는 것을 자본적 지출로 처리하면 비용이 감소되는 동시에 자산이 증가되어 평가이익을 계상하는 결과가 되며 자본적 지출로 처리할 것을 비용(수익적 지출)으로 처리하면 비용이 과대계상되어 이익이 은폐되어 비밀적립금이 생기게 된다.

자본적 지출과 수익적 지출에 관한 내용을 다음과 같이 정리할 수 있다.

	자본적 지출	수익적 지출
구분기준	- 자산의 생산능력 증대 - 자산의 내용연수 연장 - 상당한 원가절감, 품질향상	- 자산의 원상회복 - 자산의 능률유지 - 지출의 효과 단기(당기)적
회계처리	비유동자산의 증가로 계상	당기 비용으로 계상

〈표 2-3〉 자본적 지출과 수익적 지출

예제 1.43

다음 거래를 분개하라.

① 건물 계단을 자동승강기로 변경한 후, 공사비 ₩500,000,000 중 ₩350,000,000을 현금으로 지급하고 잔액은 월말에 지급하기로 하다.

② 건물에 대한 수리 및 개조를 하고 공사비 ₩50,000,000을 수표를 발행하여 지급하다(그 중 ₩45,000,000은 자산의 가치를 증가시킨 것으로 판명되다).

해답

	차변	금액	대변	금액
①	(차) 건 물	500,000,000	(대) 현 금	350,000,000
			미지급금	150,000,000
②	(차) 건 물	45,000,000	(대) 당좌예금	50,000,000
	수 선 비	5,000,000		

(3) 취득후 평가

유형자산은 한정된 수명을 갖고 있다는 특징을 갖고 있는 자산이기 때문에 유형자산의 사용기간 동안 그 원가를 합리적으로 배분하는 평가과정이 필요하다. 기존의 회계기준은 역사적원가로 유형자산을 평가하도록 하였지만 K-IFRS는 회계기간 말에 유형자산을 평가할 경우에 원가모형(cost model) 또는 재평가모형(revaluation model) 중에서 하나를 선택할 수 있도록 규정하고 있다. 원가모형은 유형자산의 원가를 취득원가와 자본적지출액을 합한 것으로 산정하는 방법을 말하는데 이것은 이미 장부에 반영되어 있으므로 재평가를 할 필요가 없다. 그러나 재평가모형은 유형자산의 원가를 공정가치로 인식하는 방법을 의미하므로 유형자산을 재평가 하여야 한다.[24] 한편, 기업이 일단 재평가모형을 선택하여 회계처리를 하게되면 회계공준 요소 중 하나인 계속성 원칙에 위배되므로 다시 원가모형으로 바꿀 수 없다. 이렇게 배분하여 평가하는 것을 감가상각이라고 하는데 추후에 상세히 설명한다.

기업이 보유한 유형자산은 내용연수가 만료되거나 또다른 사유로 인해 처분할 필요가 발생한다. 이럴 경우 자산의 취득원가에서 감가상각누계액과 감액손실[25]누계액을 차감한 금액인 장부가액과 처분가액의 차이는 유형자산처분이익(손실)으로 계상되며 이것은 영업외손익에 해당한다.

예제 1.44

다음 거래를 분개하라.
감가상각액을 계산하는 예제에 언급할 (주)태평양상선이 정액법으로 감각상각을 처리하다가 제3영업연도 중간(6월말)에 사용중이던 선박을 ₩100,000,000을 받고 처분하였다고 가정하자. 처분시의 분개를 하라.

24) 공정가치가 장부금액보다 크면 차변에 자산의 장부가액을 증가시키면서 대변에는 자산재평가잉여금으로 회계처리를 한다. 이때 발생하는 자산재평가잉여금은 재무상태표상의 자본항목인 기타포괄손익에 해당한다. 그러나 공정가치가 장부금액보다 작으면 차변에 자산재평가손실로 처리하고 대변에는 해당자산의 장부금액을 감소처리한다. 이때 발생하는 자산재평가손실은 손익계산서의 비용항목에 해당한다.

25) 손상차손(감액손실)이란 유형자산의 회수가능가액이 장부가액에 미달하는 경우 그 차액을 말한다.

해답 ① 당년도 감가상각(6개월분)과 관련된 분개

(차) 감가상각비 45,000,000 (대) 감가상각누계액 45,000,000

* 90,000,000(1년도분) × 6/12 = 45,000,000

② 유형자산(선박) 처분과 관련된 분개

(차)		(대)	
현 금	100,000,000	선 박	400,000,000
감가상각 누계 액	225,000,000		
유형자산처분손실	75,000,000		

* 180,000,000(2년간분) + 45,000,000(6개월분) = 225,000,000

한편, 유형자산에 대해 재평가모형이 아닌 원가모형을 선택하여 사용할 경우에도 유형자산을 취득한 후에 시장가치의 현저한 하락, 사용강도나 사용방법에 현저한 변화, 심각한 물리적 변형, 법률·기업환경·규제 등의 영향으로 인해 효용감소 등과 같은 경우가 발생하면 유형자산을 감액손실하기 위한 회계처리를 실행하여야 한다. 즉 유형자산의 사용 및 처분으로부터 기대되는 미래 현금흐름에 대한 추정액이 유형자산의 장부가액보다 작은 경우에는 이를 감액손실로 계상하여야 한다.

예제 1.45

ok상사는 유형자산 감가상각에 대한 다음과 같은 자료를 참조하여 요구사항에 답하라. (단위: 백만원)

- 취득원가: 15,000
- 내용연수: 5년
- 잔존가액: 0
- 취득일: 2012년 1월 1일
- 감가상각방법: 정액법
- 사업연도: 1년
- 2차연도말 유형자산 회수가능액: 7,800

〈요구사항〉

2013년(2차연도)말 결산시점의 분개를 하라.

해답

(차)		(대)	
감가상각비	3,000	감가상각누계액	3,000
감 액 손 실	1,200	감액손실누계액	1,200

(3) 공시

유형자산을 공시할 경우에는 취득원가에서 추후에 언급하는 감가상각누계액과 감액손실누계액 등을 차감하는 형식으로 대차대조표에 표시한다.

유형자산의 계정과목은 업종의 특성을 반영하여 신설하거나 통합이 가능하다. 따라서 기계장치의 비중이 크지 않은 서비스 업종 등에서는 기계장치를 기타의 유형자산으로 분류할 수 있다.

3) 감가상각

(1) 정의

토지 및 건설중인자산을 제외한 건물, 비품, 기계 등과 같은 비유동자산의 일부인 유형자산은 물리적 원인(사용 또는 시간의 경과)과 기능적 원인(부적응화, 진부화) 등으로 가치가 감소한다. 자산의 가치를 정확히 평가하고 정확한 당기순이익을 산출하기 위해서는 자산가치의 감소를 결산을 실시할 때마다 추정하여 비용으로 처리하는 동시에 비유동자산의 취득원가에서 차감하여야 한다. 이와 같이 유형자산의 감가상각대상금액[26]을 그 자산의 내용연수 동안 체계적인 방법에 의하여 각 회계기간에 배분하는 절차를 감가상각(depreciation)이라 하며 이때 비용으로 계상하는 금액을 감가상각비라 한다.

감가상각을 할 경우 필요한 기본요소로는 자산의 역사적 원가인 '취득원가', 내용연수가 종료되는 시점에서 처분할 수 있는 자산의 예정가격인 '잔존가액', 자산의 정상적인 예정 사용기간인 '내용연수' 등이 있다.

(2) 상각방법

유형자산을 감가상각하는 회계처리 방법에는 정액법, 체감잔액법(정률법, 이중체감법), 연수합계법, 체증상각법(감채기금법, 연금법), 비례법(생산량비례법, 작업시간비례법) 등 여러 가지 방법이 있으나, 기업회계기준은 정액법, 체감잔액법, 연수합계법, 생산량비례법 등을 대표적인 방법으로 인정하고 있다.

① 정액법(fixed installment method)

이것은 회계기간 동안 매기 균등액을 감가상각비로 계상하는 방법으로 다음과 같은 계산식에 의하여 감가상각액을 산출한다.

감가상각비 = (취득원가 − 잔존가치) / 내용연수

26) 감가상각대상금액이란 유형자산의 취득원가에서 잔존가액을 차감한 금액을 말한다.

정액법은 계산이 간편하여 이용하기 편리하다는 것이 장점이 있다. 그리고 유형자산의 가치가 시간의 경과와 비슷하게 감소하고 자산의 기능적 진부화 정도를 무시할 수 있는 경우에 이용하면 좋다.

예제 1.46

(주)태평양상선은 해상으로 물류유통을 전문하는 회사이다. 이 회사는 제품의 운송을 위해 선박 1척을 제1영업연도 초에 다음과 같은 조건으로 구입하였다. 요구사항에 답하라. (단위: 천원)

[구입조건]
취득원가: ₩400,000,000　　잔존가치: 취득원가 10%　　내용연수: 4년

[요구사항]
연도별로 정액법에 따른 상각금액을 계산하라.

해답

연도	계산근거	감가상각액	감가상각누계액	장부가액
0				400,000
1	360,000 × 0.25	90,000	90,000	310,000
2	360,000 × 0.25	90,000	180,000	220,000
3	360,000 × 0.25	90,000	270,000	130,000
4	360,000 × 0.25	90,000	360,000	40,000
		360,000		

② 정률법(fixed percetage on diminishing value method)

이것은 매년 결산을 하기 전에 비유동자산의 장부가액에 일정한 감가상각률을 곱하여 감가상각액을 산출하는 방법이다. 여기서의 장부잔액은 미상각잔액(취득원가 − 감가상각 누계액)을 말한다.

감가상각비 = 미상각잔액 × 상각률
여기서, 상각률 = $1-\sqrt[n]{잔존가격 / 취득원가}$
n = 내용연수

정률법은 초기에 감가상각을 많이 계산하는 방법이기 때문에 유형자산을 취득하면서 현금지출이 많은 초기에 순이익이 작게 나타나는 효과가 있으므로 법인세비용 지출을 줄일 수 있다는 장점이 있다.

예제 1.47

상기한 (주)태평양상선의 문제를 가지고 정률법에 따른 감가상각금액을 계산하라.
(단위: 원)

해답

연도	계산근거	감가상각액	감가상각누계액	장부가액
0				400,000
1	400,00 × 0.438	175,000	175,200	224,800
2	224,800 × 0.438	98,462	273,662	126,338
3	126,338 × 0.438	55,336	328,998	71,002
4	71,002 × 0.438	*31,002	360,000	40,000
		360,000		

* 31,002는 조정금액임.

③ 생산량비례법(percentage of production method)

이것은 자산의 내용연수를 전제하지 않고 잔존가치를 영(zero)으로 취급하면서 실제의 자산채취 및 사용정도에 따라 감가상각액(depletion)을 계산하는 방법이다. 이 방법의 대상은 광산, 유전 등과 같이 채취량에 비례하여 자산가치가 감소하는 감모성 자산과 제품제조용 기계, 복사기 등과 같이 사용정도에 비례하여 감가상각이 발생하는 자산이다.

감가상각비 = 취득원가 × 실제생산량(채취량) / 총추정생산량

예제 1.48

다음 거래를 분개하라.
(주)황지탄광은 추정매장량 800,000톤의 석탄광구를 ₩40,000,000에 매입한 후 첫해에 200,000톤을 생산하였다. 이 경우의 감가상각액을 계상하라.

해답 (차) 광업권상각 10,000,000 (대) 광 업 권 10,000,000

(3) 기장방법

기업이 기말에 결산정리사항으로 감가상각을 실시한 후 이에 대한 내용을 장부에 기장하는 방법은 다음과 같이 직접법과 간접법이 있다. 직접법은 취득원가와 감가상각한 내역(비용배분금액 = 감가상각누계액)을 파악하는데 어려움이 있다는 점 때문에 실무에서는 간접법을 많이 사용한다.

① 직접법
이것은 감가상각비를 해당 비유동자산에서 직접 차감을 하는 방법이다.

② 간접법
이것은 감가상각비를 비유동자산에서 직접 차감을 하지 않고 감가상각누계액을 설정한 후 대변에 기입하여 간접적으로 차감하는 방법이다.

예제 1.49

다음 거래를 분개하라.
진주상사는 결산을 맞이하여 기계장치(취득원가: ₩75,000,000 잔존가치: 취득원가의 10% 내용연수: 5년)에 대해 감가상각을 계상하다.

[요구사항]
감가상각은 정액법으로 하고 기장방법은 직접법 및 간접법으로 하라.

해답 ① 직접법
(차) 감가상각비 13,500,000 (대) 기 계 장 치 13,500,000
② 간접법
(차) 감가상각비 13,500,000 (대) 감가상각누계액 13,500,000

연습문제

1. 유형자산의 취득원가 산정방법에 대해 설명하라.

2. 유형자산과 투자자산의 차이점을 설명하라.

3. 유형자산과 무형자산의 차이점을 설명하라.

4. 유형자산의 감액손실과 평가손실의 차이점을 설명하라.

5. 자본적 지출과 수익적 지출의 차이점을 설명하라.

6. 감가상각을 시행하는 목적을 설명하라.

7. 대손상각과 감가상각의 차이점을 설명하라.

8. depreciation, amortization, depletion의 차이점을 설명하라.

9. 감가상각을 장부에 기재하는 방법 중 간접비의 장·단점을 설명하라.

10. 감가상각이 다른 비용과 어떤 차이가 있는가를 설명하라.

11. K-IFRS은 유형자산을 평가할 때 어떤 모형을 선택하도록 하고 있는가?

12. 다음 거래를 분개하라. (단위: 원)

① 목동에 위치한 41층 복합건물을 77,500,000,000에 구입하면서 수표를 발행하다. 그리고 등기이전비 9,570,000 및 취득세 6,780,000은 현금으로 지급하다.
② 상기 건물을 옆에 트윈복합건물(80,000,000,000)을 신축하기로 하고 (주)창만건설에 착수금 명목으로 30,000,000을 수표로 지급하다.
③ 트윈복합건물에 대한 중도금 50,000,000,000을 수표를 발행하여 지급하다.
④ 트윈복합건물이 완공되어 건물을 인수하고 도급금의 잔액을 현금으로 지급하다.

⑤ 트윈복합건물에 일부층까지 에스컬레이터를 설치하기로 하고 857,000,000을 수표를 발행하여 지급하다.
⑥ 트윈복합건물의 내부수리비로 900,000을 현금으로 지급하다.
⑦ 공장을 이전하기로 하고 우선 창고부지를 750,000,000에 매각처분하면서 대금은 현금으로 받다.
⑧ 종합상가건물 중 F-4동을 매각하고 대금 450,000,000을 현금으로 받아 당좌예금하다.(단, 건물의 취득원가는 760,000,000이고 감가상각누계액은 200,000,000이다.)
⑨ 종합상가건물 중 C-2동을 수선하고 수선비용 340,000,000을 수표를 발행하여 지급하다. 그 중 건물개량비는 320,000,000이고 잔액은 도장공사를 위한 비용이다.

13. 다음 거래를 분개하라. (단위: 원)

1) 취득원가 6,500,000의 기계에 대한 감가상각비를 정액법에 의하여 계산하고 직접법과 간접법에 의한 분개를 하라.(단, 기계의 내용연수: 5년, 잔존가치: 10%)
2) 4년간 사용할 수 있는 기계 40,000,000을 수표로 매입해서 사용하다가 결산을 맞이하다. (잔존가치: 취득원가의 10%, 결산: 연1회)

[요구사항]
① 취득시의 분개는?
② 감가상각을 「정액법」으로 할 경우에 1, 2, 3, 4 차분의 분개는?
③ 감가상각을 「정률법」으로 할 경우에 1, 2, 3, 4 차분의 분개는?
④ 감가상각을 「연수합계법」으로 할 경우에 1, 2, 3, 4 차분의 분개는?

3) 총추정매장량 800,000톤의 석탄광산을 250,000,000에 현금으로 매입한 후 1차연도에 50,000톤을 채굴하였다.

[요구사항]
① 취득시의 분개는?
② 감가상각을 「생산량비례법」으로 할 경우에 1, 2 차분의 분개는?

14. 외부(주주 또는 기타)로부터 자산을 기부 받았을 경우, 각각에 대한 회계처리방법을 설명하라.

3. 무형자산

1) 무형자산의 정의

현재는 물론 미래와 같은 정보화시대의 기술집약산업 위주 경제체계에서는 과거처럼 유형자산을 중시하는 경향과는 달리 무형자산이 기업의 가치에서 차지하는 비중은 점점 높아질 수밖에 없다.

무형자산(intangible assets)은 재화의 생산이나 용역의 제공 및 타인에 대한 임대 또는 관리에 사용할 목적으로 기업이 보유하고 있으면서 물리적 형체가 존재하지 않는 다음과 같은 특징이 있는 자산을 말한다.

① 식별 가능한 자산이어야 한다.
② 기업이 통제하고 있는 자산이어야 한다.
③ 미래 경제적 효익이 있는 비화폐성자산[27]이어야 한다.

무형자산은 물리적 형체가 없다는 형식적 특성 이외에 자산의 정의 및 인식 요건의 충족 여부를 판단할 때에도 상대적으로 불확실성이 높기 때문에 무형자산을 인식하고 측정하는 경우에는 자산의 과다 평가 가능성을 항상 고려해야 한다. 따라서 상기의 무형자산 정의를 모두 완전하게 충족시키면 자산으로 인식하지만 이를 충족시키지 못하면 당연히 비용으로 인식해야 한다.

대표적인 무형자산의 예는 영업권[28], 산업재산권, 라이선스, 프랜차이즈, 저작권, 컴퓨터소프트웨어, 임차권리금, 광업권, 어업권, 개발비 등이다.

2) 유형자산과의 관계

무형자산은 유형자산과 함께 대표적인 비유동자산으로 분류된다. 무형자산은 물리적 형체가 없는 것이 일반적인 현상이지만 일부 무형자산은 컴팩트디스크, 법적서류 또는 필름 등과 같이 물리적 형체에 담겨서 있을 수도 있다. 이와 같은 무형자산이 담겨 있는

27) 비화폐성자산은 화폐성자산(현금 및 확정되었거나 확정가능한 화폐금액으로 받을 자산) 이외의 자산을 말한다.

28) 영업권(goodwill)은 특정기업이 경영능력의 우수성, 판매조직의 효율성, 독창적인 기업이미지 등 때문에 동종산업에 비해 정상이익률 이상의 초과수익률을 획득할 가능성이 있는 경우 이것을 화폐단위로 표시한 자산이다. 영업권에 대한 회계처리는 [무형자산기준서]에서 규정하지 않고 [사업결합기준서]에서 규정하고 있다. 왜냐하면 자가창설영업권은 인정하지 않고 사업결합과정에서 발생하는 매입영업권만 인정하기 때문이다.

물리적 형체에 관계없이 유형자산과 무형자산의 요소를 동시에 겸비한 자산의 경우에는 어떤 요소가 더 중요한가를 판단한 후 더 중요한 요소에 따라 자산을 분류한다. 예를 들어 고가의 수치제어 공작기계가 그 기계를 제어하는 소프트웨어가 없으면 가동이 불가능한 경우라면 그 소프트웨어를 공작기계의 일부로 간주하여 기계와 소프트웨어 전체를 유형자산으로 분류한다. 그러나 관련된 유형자산의 일부로 볼 수 없는 소프트웨어는 당연히 무형자산으로 분류한다. 그리고 연구[29]·개발[30]활동으로 인하여 시작품과 같은 물리적 형체를 가진 자산이 만들어지더라도 그 자산의 물리적 요소는 무형적인 연구결과에 따른 부수적인 것으로 판단하여 무형자산으로 분류한다.

3) 무형자산의 회계처리 방법

무형자산의 회계처리와 관련된 제반사항은 유형자산의 경우와 크게 다를 바가 없다.

(1) 취득원가

무형자산은 특성상 자산 인식요건을 외부로부터 취득하는 경우와 내부에서 창출하는 경우로 나누어서 엄격하게 적용해야 한다. 전자의 경우는 다른 자산의 회계처리방법을 준용하여 자산으로 인식하면 되지만 후자의 경우는 무형자산의 요건을 모두 충족시킬 경우에 한하여 자산으로 인식하고 그렇지 않으면 당기비용으로 처리해야 한다.

무형자산의 취득원가는 유형자산과 같이 구입원가에 부대비용을 가산하면 된다. 즉 자산을 취득하기 위해 자산 취득시점이나 생산시점에서 지급한 현금 및 현금성자산 또는 제공하거나 부담할 기타 대가의 공정가액이 취득원가에 해당한다.

무형자산의 취득유형에 따른 취득원가 산정방법을 요약하면 다음과 같다.

29) 연구란 새로운 과학적 또는 기술적 지식을 얻기 위해 수행하는 독창적이고 계획적인 탐구활동을 말한다.

30) 개발은 상업적인 생산 또는 사용 전에 연구결과나 관련 지식을 새롭거나 현저히 개량된 자료, 장치, 제품, 공정, 시스템 및 용역의 생산을 위한 계획이나 설계에 적용하는 활동을 말한다. 따라서 개발 활동에 투입한 비용 중에서 앞의 조건을 모두 충족시키면 무형자산으로 분류하고 그렇지 못할 경우에는 당기비용(경상개발비)으로 처리해야 한다.

취득유형	취 득 원 가
일괄취득	총 취득가액을 각 자산의 공정가액비율로 안분
매수결합	매수결합일의 공정가액
국고보조	취득일의 공정가액
자산교환	이종자산 교환: 교환으로 제공한 자산의 공정가액 동종자산 교환: 교환으로 제공한 자산의 장부가액
내부창출	무형자산 인식요건을 충족한 이후의 지출로 무형자산의 창출, 제조, 사용준비에 직접 관련된 지출과 합리적으로 배분된 간접 지출

〈표 2-4〉 무형자산 취득유형별 취득원가 산정방법

예제 1.50

다음 거래를 (주)승철 입장에서 분개하라. (단위: 원)

① 다음과 같은 재무상태를 갖고 있는 (주)낙심을 50,000,000에 현금으로 M&A하였다.(기계 100,000,000 건물 130,000,000 사채 210,000,000 자본금 20,000,000)

② 연구개발 중인 신형잠수함(KS2020)의 성능이 우수하다는 평판을 듣고 추가로 20,000,000을 투입하다. 그리고 기타 연구활동과 관련된 연구소 운영경비를 평년 수준으로 5,000,000을 지출하다.

해답

	차변	금액	대변	금액
①	(차)기 계	100,000,000	(대)사 채	210,000,000
	건 물	130,000,000	현 금	50,000,000
	영업권	30,000,000		
②	(차)개발비	20,000,000	(대)현 금	25,000,000
	연구비	5,000,000		

(2) 취득후 평가

K-IFRS는 무형자산도 회계기말에 유형자산과 동일하게 원가모형 또는 재평가모형을 선택하여 상각[31]을 실시한 후 재무제표에 표시하도록 하고 있다. 무형자산의 상각방법은

31) 무형자산의 상각표시는 해당자산 뒤에 [***상각비]라고 기록하여 유형자산의 감가상각비와 구별

자산의 경제적 효익이 소비되는 형태를 적절하게 반영한 합리적인 방법이어야 한다. 무형자산의 상각대상금액을 내용연수 동안 합리적으로 배분하기 위해서 유형자산의 경우처럼 다양한 방법을 사용할 수 있다. 그러나 합리적인 상각방법을 결정할 수 없는 경우의 무형자산 상각(amortization)은 정액법 또는 생산량비례법 등을 일반적으로 이용한다.

무형자산을 상각할 때, 무형자산의 특성상 원칙적으로 잔존가액을 없는 것으로 간주하기 때문에 취득원가와 내용연수의 산정이 관건이라고 할 수 있다. 그런데 취득원가와 관련된 내용은 유형자산의 경우와 크게 차이가 없으므로 무형자산에서는 내용연수가 핵심의 대상이다.

K-IFRS는 무형자산을 상각할 때 내용연수가 한정되어 있는 경우와 한정되어 있지 않은 경우로 구분하여 처리하도록 하고 있다. 따라서 아래의 표처럼 관계법령에 의해 내용연수가 한정되어 있으면 그 내용연수에 맞게 상각처리를 하면 되고 그렇지 않을 경우에는 상각처리를 하는 대신에 손상검사를 실시한 후 손상차손을 인식하여 당기손익에 반영시켜야 한다.

무형자산에 대해 관계법률이 규정하고 있는 각 자산의 내용연수를 요약하면 다음과 같다.

종 류	내용연수	종 류	내용연수
창업비	5년	전용측선이용권	20년
특허권	12년	전기가스공급시설이용권	10년
상표권	10년	전신전화전용시설이용권	20년
의장권	8년	공업용수도시설이용권	10년
실용신안권	5년	수도시설이용권	10년
수리권	10년	열공급시설이용권	10년
어업권	10년	댐사용권	50년
광업권	20년 또는 생산량비례법	수도시설관리권	20년
채취권(해저광물자원개발법에 의한 것)	10년 또는 생산량비례법	유료도로관리권	10년
		하수종말처리장시설관리권	20년

〈표 2-5〉 무형자산의 법인세법상 내용연수

한다. 그리고 유형자산과는 다르게 장부기록 방법도 직접법으로만 표시해야 한다.

예제 1.51

다음 거래를 분개하라.

1월 6일 : 혜성개발은 미래의 핵심산업이 될 수 있는 우주정거장역 운행시스템과 관련된 신상품(투입액 ₩3,840,000,000)을 개발하였다. 그리고 이 상품에 대한 특허권을 취득하면서 부대비용 ₩2,000,000을 지출하였다.

12월 31일 : 결산을 맞아 특허권에 대한 상각을 하다.

해답

1/ 6 :	(차) 특 허 권	3,842,000,000	(대) 현 금	3,842,000,000
12/31 :	(차) 특허권상각비	384,200,000	(대) 특허권	384,200,000

4. 기타의 비유동(장기투자)자산

기타의 비유동자산은 비유동자산으로 분류한 것 중에서 투자자산, 유동자산 그리고 무형자산에 속하지 않은 자산을 말하는데 기타 장기투자자산이라고도 한다.

이연법인세자산, 보증금, 장기매출채권, 장기미수금 등이 대표적인 기타의 비유동자산 항목에 해당된다.

1) 이연법인세대(부채), 차(자산)

과세소득에 대하여 과세당국에 납부하여야 할 세금을 법인세라고 하며, 이연법인세란 미래기간에 과세소득의 증가 또는 감소를 유발하는 거래의 법인세효과를 뜻한다. 이연법인세계정과 관련하여 나타날 수 있는 것은 회계연도말 현재, 자산과 부채에 대한 기업회계기준상의 평가액과 법인세법상의 평가액이 일시적인 차이로 인해 발생하는 세금효과가 있는데, 이것이 발생하면 이연법인세차(자산) 또는 이연법인세대(부채) 계정으로 처리한다.

예제 1.52

다음 거래를 분개하라.

㉠ 기업회계기준에 의한 당기순이익은 ₩6,000,000이지만, 세법의 규정에 의한 순이익은 ₩5,000,000이다(단, 법인세율은 20%이다).

ⓛ 기업회계기준에 의한 당기순이익은 ₩3,000,000이지만, 세법의 규정에 의한 순이익은 ₩4,000,000이다(단, 법인세율은 20%이다).

해답 ㉠ (차) 법인세 비용 1,200,000 (대) 미지급법인세 1,000,000
이연법인세대 200,000

ⓛ (차) 법인세 비용 600,000 (대) 미지급법인세 800,000
이연법인세차 200,000

2) 장기성매출채권

일반적인 상거래에서 발생한 매출채권 중 유동자산에 속하지 않은 외상매출금과 받을어음을 장기성매출채권이라 한다.

3) 보증금

보증금은 전세권, 전신전화가입권, 임차보증금 및 영업보증금을 말한다.[32] 전세권은 타인의 부동산을 이용할 수 있는 권리를 뜻하고 전신전화가입권은 특정한 전신 또는 전화를 소유하는 권리를 의미한다. 그리고 임차보증금은 타인의 재산을 임차한 권리를 뜻하고 영업보증금은 거래보증금, 입찰보증금 등과 같이 영업을 목적으로 제공한 보증금을 지칭한다.

예제 1.53

다음 거래를 (주)Dan 입장에서 분개하라. (단위: 원)

① 비업무용 건물을 7,500,000에 (주)Esther로부터 임차하고 대금을 지불하다.

② (주)KT 명의로 되어있는 전신전화가입권을 지방선거 홍보용으로 사용하기 위해 900,000을 후원상사가 발행한 수표로 지급하다.

해답 ① (차)보증금(전 세 권) 7,500,000 (대)현 금 7,500,000

② (차)보증금(전화가입권) 900,000 (대)현 금 900,000

32) 보증금을 회계기간 중에 분개를 할 경우에는 각각의 해당계정과목을 사용할 수 있지만 재무제표에 표시할 때는 보증금으로 표기하여야 한다.

연습문제

1. 무형자산의 특성에 대해 설명하라.

2. 무형자산의 인식기준에 대해 설명하라.

3. 무형자산 상각의 특성에 대해 설명하라.

4. 무형자산의 취득유형 및 유형별 취득원가 산정방법에 대해 설명하라.

5. 무형자산을 상각할 때 내용연수가 차지하는 비중을 설명하라.

6. 연구비와 경상개발비, 개발비 각각의 회계처리방법을 비교하여 설명하라.

7. 무형자산의 감액에 대해 설명하라.

8. 다음 거래를 분개하라. (단위: 원)

   ① (주)예섭은 어린이용 컴퓨터게임인 [소닉-05]를 새롭게 출시하였다. 이에 대한 개발비 8,500,000는 이미 지급하다.
   ② 예지상사는 가두리어장 개업에 이르기까지의 제비용 350,000,000을 현금으로 지급하다.
   ③ (주)관우는 가상세계를 묘사한 [해성충돌]이라는 시리즈물을 위하여 인지세, 초상권 등으로 980,000,000을 수표를 발행하여 지급하다.
   ④ 예림상사는 신제품개발에 성공하여 특허권 신청을 하고 승인을 얻다.
   그리고 등록비 등의 제비용 23,000,000을 현금으로 지급하다.
   ⑤ 미선상사는 (주)선우개발에게 450,000,000을 주고 10년간 토지를 이용할 권리를 얻다.

9. 기타의 비유동자산에 대해 설명하라.

10. 영업권에 대한 자산과 비용 처리의 기준을 설명하라.

제2장 부채계정의 회계처리

부채(liabilities)는 기업이 과거의 거래 또는 사건의 결과로 다른 조직(개인)에게 현금 또는 효익을 장래에 제공할 의무를 말한다.

부채를 분류하는 기준은 여러 가지가 있다. 부채는 상환시기(정상영업주기 또는 보고기간 후 1년 이내)에 따라 유동부채와 비유동부채로 분류할 수 있는데 유동부채에는 매입채무, 단기차입금 등이 있고 비유동부채에는 사채, 장기차입금 등이 있다.

그러나 K-IFRS는 부채를 현금및현금성자산 등과 같은 금융자산을 상대회사에게 상환하기로 작정한 계약의 존재여부에 따라 금융부채(financial liabilities)와 비금융부채로 다음과 같이 분류하고 있다.

구 분	계정과목 예
금융부채	매입채무, 단기차입금, 미지급비용, 사채 등
비금융부채	미지급법인세, 우발부채, 선수금, 선수수익 등

제1절 유동부채의 회계처리

유동부채에는 매입채무, 단기차입금, 미지급금, 선수금, 예수금, 유동성장기부채[1] 등이

1) 유동성장기부채는 장기부채 중 1년이내에 상환해야 할 부채를 말한다. 만일 이 부채를 장기부채 항목에 포함시키면 재무비율(특히 유동비율)의 산출에 문제가 있고 부채분류기준에도 위반이 된다.

있으며, 비유동부채에는 사채, 장기차입금, 장기성매입채무 등이 있다. 유동부채의 회계처리는 유동부채와 상대적으로 관계되는 각 유동자산에 대한 회계처리방법의 반대개념으로 해석하면 된다.

제2절 비유동부채의 회계처리

1. 사채

1) 사채의 정의

사채(bonds)는 주식회사가 장기간 자금을 조달하기 위하여 사채권을 발행하여 교부하고 자금을 차입하는 비유동부채를 말한다. 사채를 발행한 회사는 약정에 따라 일정 기간마다 소정의 이자를 지급하여야 하고 만기일에는 원금을 상환하여야 한다. 사채의 발행은 주식회사만이 발행할 수 있고 이사회 결의에 의하여 모집한다. 사채를 다음 장에서 다루어지는 주식과 비교하면 다음과 같다.

사 채	주 식
비유동부채 의결권 없음 상환의무 있음 이자지급 잔여재산분배권이 우선적임	자기자본 의결권 있음 상환의무 없음 배당금 지급 잔여재산이 있는 경우 분배 받음

〈표 2-6〉 사채와 주식의 차이점

2) 사채의 발행

상법에서는 기업이 사채를 발행할 경우 자본과 준비금의 2배를 초과하지 못하도록 규정하고 있으며, 사채권에는 사채의 액면가액, 연이자율, 이자지급일, 만기일을 표시해야 한다.

사채발행 방법은 액면(평가)발행, 할인발행, 할증발행 등 세 가지가 있다.

액면발행(issued at par)은 사채액면가액과 사채발행가액이 일치하는 경우로 유효이자율[2]과 사채(표시)이자율이 같은 경우에 발행된다.

할인발행(issued at discount)은 사채발행가액이 액면가액보다 낮은 가격으로 발행되는 것으로 유효이자율이 사채이자율보다 높은 경우에 발행되는데, 이 경우 액면가액과 발행가액과의 차액은 사채할인발행차금계정으로 처리한다. 사채할인발행차금계정은 사채의 평가계정으로 사채액면가액으로부터 차감하는 형태로 표시된다. 이것은 사채에 대한 선급이자의 성격으로 사채를 상환할 때까지 매기간 상각해야 하며, 상각방법은 정액법과 유효이자율법이 있다. 정액법은 사채상환기간 동안 매기 균등액을 상각하는 방법이고, 유효이자율법은 사채의 장부가액에 유효이자율을 적용하여 상각하는 방법이다. K-IFRS는 사채할인(할증)발행차금을 상각하는 경우 유효이자율법만 인정하고 있다.

할증발행(issued at premium)은 사채발행가액이 액면가액보다 높은 가액으로 발행되는 경우로 사채이자율이 유효이자율보다 높다. 이 경우 사채액면가액과 발행가액과의 차액은 사채할증발행차금계정이 설정된다. 사채할증발행차금은 사채이자의 선수분이라고 볼 수 있다.

액 면 발 행 (액면가액 = 발행가액)		할 인 발 행 (액면가액 〉 발행가액)		할 증 발 행 (액면가액 〈 발행가액)	
차 변	대 변	차 변	대 변	차 변	대 변
당좌예금 10,000	사채 10,000	당좌예금 9,000 사채할인 1,000 발행차금	사 채 10,000	당좌예금 11,000	사 채 10,000 사채할증 1,000 발행차금

〈표 2-7〉 사채의 발행방법과 예

한편, 기업이 자금을 조달할 목적으로 사채를 이용하려면 이에 따른 광고선전비, 사채권 인쇄비, 대행수수료 등 부대비용이 추가적으로 필요하다. 이와 같이 사채발행에 따른 제반비용을 사채발행비라고 하며, 사채의 발행금액에서 직접 차감하는 형식으로 회계처리한다. 왜냐하면 사채발행비는 자산이 아니라 부채를 차감하여 표시할 성격이 있는 금액이기 때문이다.

2) 사채를 발행하는 시점에서 사채와 비슷한 조건의 채무(예: 차입금 등)에 대한 시장이자율을 말한다. 일반적으로 유효이자율은 시장이자율과 같은 개념으로 인식하지만 발행회사 입장에서는 사채발행비 때문에 시장이자율보다 조금 높을 수 밖에 없다.

예제 2.1

다음 거래를 요구사항에 알맞게 분개하라. (단위: 원)

(주)Ark는 여유자금을 운용할 목적으로 (주)Dan이 아래와 같은 조건으로 발행한 사채에 현금을 투자하였다.

사채발행일: 2010년 7월 1일	사채만기일: 2015년 6월 30일	액면금액: 20,000,000
이자지급일: 매년 6월 30일	사채발행비: 150,000	발행금액: 16,000,000
액면이자율: 12%	유효이자율: 14%	

〈요구사항〉

사채발행일에 기록할 분개를 발행회사와 투자회사 입장에서 행하라.

해답 ① 발행회사(Dan) 입장

(차)		(대)	
현금	15,850,000	사채	20,000,000
사채할인발행차금	4,150,000		

② 투자회사(Ark) 입장

(차)		(대)	
만기보유증권	16,000,000	현금	16,000,000

3) 사채이자

사채발행회사는 사채를 발행하면 사채권자와 계약에 의해 일정한 이자율에 의해 사채이자를 지급해야 한다.

사채이자는 연 1회 또는 연 2회 지급하게 되는데, 사채이자를 지급할 때 사채할인발행차금과 사채발행비를 동시에 상각하는 수가 많다. 특히 사채발행일과 사채이자지급일이 일치하는 경우 그렇다. 그러나 사채발행일과 사채이자 지급일이 일치하지 않은 경우에 이자를 계산하면 조정이 필요하다.

예제 2.2

다음 거래를 분개하라.

1월 1일 : 인천 주식회사는 사채액면총액 ₩10,000,000을 @ ₩9,500에 발행하고 대금은 당좌예입하다. 그리고 사채발행비 ₩600,000은 현금으로 지급하다 (사채액면 : @ ₩10,000, 상환기간 : 5년, 사채이자율 : 연 10%, 이자지급 : 연 2회, 차금상각 : 정액법)

6월 30일 : 위의 사채에 대해 6개월분 이자를 수표발행하여 지급하다.

해답

1/ 1	(차)	당 좌 예 금	8,900,000	(대) 사 채	10,000,000
		사채할인발행차금	1,100,000		
6/ 30	(차)	이 자 비 용	610,000	(대) 당 좌 예 금	500,000
				사채할인발행차금	110,000

4) 사채의 상환

회사가 조달된 사채자금을 반환하는 것을 사채의 상환(retirement)이라고 한다.

사채의 상환방법은 만기상환과 만기일 이전에 상환하는 수시(조기)상환이 있다.

만기상환은 사채상환 만기일에 사채권자에게 사채전액을 지급하는 것으로 회사는 만기일이 되면 사채계정에서 미지급사채계정에 대체하여 상환에 대비하여야 한다.

수시상환은 추첨상환과 매입상환으로 다시 분류된다. 추첨상환은 추첨에 의해서 당첨된 번호의 사채를 상환하는 것으로 보통 액면가액으로 상환이 이루어진다. 매입상환은 만기일 이전에 사채의 일부 또는 전부를 매입하여 상환하는 것으로 매입가격은 시장가격이 된다. 또한 현재까지의 사채할인발행차금 잔액을 전액 상각하여야 한다. 이것은 사채시장의 여건으로 보아 회사가 사채의 매입상환이 유리하다고 인정되거나 회사의 자금사정이 호전되는 경우에 이루어진다. 그리고 사채를 만기일 이전에 상환하면 사채상환손실 또는 사채상환이익이 발생되어지는데 이것은 영업외손익항목으로 처리한다. 사채의 매입상환시 이자지급일과 다른 날짜가 있으면 매매 직전의 이자지급일로부터 매입일까지의 이자를 미지급이자로 계상한다.

예제 2.3

다음 거래를 분개하라.
사채액면 ₩20,000,000을 다음 조건으로 발행하고 있는 수원주식회사는 4년 초에 그 중 ₩10,000,000을 @ ₩9,600에 매입 상환하고, 대금은 수표발행 지급하다(발행가격 : @ ₩9,500, 액면가액 : @ ₩10,000, 이율 : 연 20%, 이자지급 : 연 2회, 상환기간 : 5년).

해답 (차) 사 채 10,000,000 (대) 당 좌 예 금 9,600,000
사 채 상 환 이 익 200,000
사채할인발행차금 200,000

2. 장기차입부채와 장기성매입채무

기업이 금융기관 또는 신용대여기관 등으로부터 장기간(1년 이상) 후에 상환하겠다는 조건으로 자금을 차입하는 부채를 장기차입부채라고 한다. 따라서 시간이 경과함에 따라 차입금에 대한 상환일이 결산일로부터 1년 이내에 지급해야 하는 장기차입부채는 유동성 장기부채로 재분류해야 한다.

그리고 장기성매입채무는 기업의 주요한 영업활동과 관계된 매입채무(외상매입금, 지급어음) 중에서 대금의 지급기한을 1년 이후로 하는 조건이 있는 경우의 부채를 의미한다.

예제 2.4

다음 내용을 참고하여 요구사항에 답하라.
(주) YH는 다음과 같은 조건으로 OK은행에서 운영자금을 차입하였다.

- 금액; ₩20,000,000 ▸ 차입일; 2008년 1월 1일 ▸ 상환일; 2011년 12월 31일
- 이자; 원금에 대해 연간 10%(상환일 일괄지급)

〈요구사항〉

1) 2008년 1월 1일의 분개
2) 2010년 12월 31일의 분개
3) 2011년 12월 31일의 분개

해답					
2008. 1/ 1	(차) 현　　금	20,000,000	(대) 장 기 차 입 금	20,000,000
2011. 12/31	(차) 장 기 차 입 금	20,000,000	(대) 유동성장기부채	20,000,000
2012. 12/31	(차) 유동성장기부채	20,000,000	(대) 현　　금	28,000,000
	이 자 비 용	8,000,000		

연습문제

1. 사채와 주식의 차이점을 설명하라.

2. 유동성장기부채를 설명하고 예시하라.

3. 사채의 발행방법에 대해 설명하라.

4. 사채할인발행차금에 대해 설명하라.

5. 장기차입부채와 장기성 매입채무의 차이점을 설명하라.

6. 다음 거래를 분개하라.

1) 사채 ₩60,000,000을 다음 조건으로 발행하고 납입금은 당좌예금하다(액면가액 : @ ₩10,000, 발행가액 : @ ₩9,700, 이자율 : 연 12%, 이자지급 : 연 2회, 상환기간 : 5년).
2) 상기의 사채에 대하여 반년분의 이자를 현금으로 지급하다.
3) 8월 1일 : 액면총액 ₩40,000,000의 사채를 액면 @₩10,000에 대하여 @₩10,200으로 발행하고 전액을 납입받아 당좌예금하다(상환기간 : 5년, 이자율 :연 8%, 이자지급 : 연 2회). 그리고 사채발행에 소요된 비용 ₩80,000은 현금으로 지급하다.

   12월 31일 : 상기의 사채에 대하여 반년분의 이자를 수표를 발행하여 지급하다.
4) 다음과 같은 조건으로 발행한 사채의 액면총액이 ₩60,000,000인 사채를 K주식회사는 4년째 초에 ₩40,000,000을 @ ₩9.900으로 매입상환하고 대금은 수표를 발행하여 지급하다(액면가액 : @ ₩10,000, 발행가액 : @ ₩9,800, 이자율 : 연 8%, 이자지급 : 연 2회, 상환기간 : 5년).
5) 상기의 사채잔액 ₩20,000,000을 만기에 수표로 상환하다.
6) 사채 ₩80,000,000이 납기가 되어 이중 ₩60,000,000은 감채기금으로 상환하고 잔액은 수표를 발행하여 상환하다.

7. 다음 거래를 각 상사의 입장에서 요구사항대로 분개하라.
경기상사는 기업확장을 위해 사채를 다음과 같은 조건으로 발행하였는데, 이를 인천상사가 모두 인수하였다(발행일 : 20×1. 1. 1., 만기일 : 20×6. 12. 31., 액면가액 : ₩2,000,000, 발행가액 : ₩1,700,000, 표시이자율 : 10%, 이자지급 : 연 1회).

〈요구사항〉
1) 20×1. 1. 1.의 분개
2) 20×1. 12. 31.의 분개
3) 20×6. 12. 31.의 분개

8. 미지급배당금과 미교부주식배당금의 차이점을 설명하라.

9. 미지급금과 미지급비용의 차이점을 설명하라.

3. 장기충당부채

1) 충당금의 정의

충당금(allowance)은 정확한 기간손익을 계산하기 위하여 당기의 비용을 정확하게 계상하려는 목적으로 설정된다. 이것은 미래의 자산가치 감소나 특정지출에 대한 준비액으로서 그 부담이 당해 연도에 속할 때 자산가치가 감소되는 것을 추정하여 부채로 결산시에 설정하는 것을 말한다.

회계학적 측면에서 볼 때, 부채로 인식되려면 미래에 부담해야 할 경제적 자원의 지출시기 및 금액이 어떤 상태에 있는지를 보고 판단해야 한다. 만약 지출시기와 지출금액이 불확실한 조건하에 있다면 충당부채 또는 우발부채로 인식해야 한다. K-IFRS는 다음과 같은 3가지 조건을 모두 충족할 경우에 한하여 충당부채로 인식하도록 규정하고 있다.

첫째, 과거사건의 결과로 현재에 의무가 존재할 것.

둘째, 당해 의무를 이행하기 위하여 경제적 효익이 포함된 자원을 유출시킬 가능성이 50% 이상 높을 것.

셋째, 당해 의무의 이행에 요구되는 금액을 신뢰성 있게 측정할 수 있을 것.

충당금과 적립금은 혼동하기 쉬우나 충당금과 적립금은 다르다. 즉 충당금은 결산시에 정확한 순이익을 계산하기 위하여 당기의 비용으로 계상됨에 반하여, 적립금은 결산 후 주주총회의 결의에 의한 잉여금의 처분항목이다. 따라서 충당금설정의 본래 목적이 비용의 정확한 기간배분임에도 실무상에서 이익을 조작하기 위한 편법으로 이용될 소지가 있음을 유의하여야 한다.

2) 충당금의 종류

충당금의 종류에는 평가성충당금과 장기성충당부채(부채성충당금) 등이 있다.

평가성충당금(allowance of valuation nature)이란 미래의 지출을 수반하는 것이 아니고 어떤 자산의 가치 감소액을 표시하기 위하여 그 자산에 대한 차감적 성질을 갖는 충당금을 말한다. 이러한 충당금의 대표적인 것으로는 대손충당금과 감가상각누계액 등이 있는데, 이것은 앞장에서 설명이 되었으므로 여기서는 생략한다.

장기충당부채(allowance of liability nature) 즉 부채성충당금은 당기의 수익에 대응시킬 비용으로서 수익에서 차감하는 것이 합리적이고 장래에 지출될 것이 확실할 때 그 준비로서 계상하게 되는 일종의 추정부채이다. 장기충당부채에는 퇴직급여충당부채, 판매보증충당부채, 하자보수충당부채 등이 있다.

K-IFRS는 퇴직급여부채를 퇴직급여의 상대계정으로 인정하고 여타의 충당부채와 달리 회계처리를 하도록 기업회계기준서 제1019호(종업원급여)에 규정하고 있다. 따라서 본 교재에서는 기본적인 내용(퇴직급여 자금을 기업내부에 적립하는 방식)만을 공부하고 구체적인 사항은 고급회계에서 다루기로 한다.

① 퇴직급여충당부채

종업원이 일정기간 이상 근무하고 퇴직하게 되면 기업은 퇴직하는 사람에게 퇴직급여를 지급할 의무가 있다. 근로기준법 또는 노사간의 협약에 따라 종업원이 퇴직할 때에 지출할 퇴직금에 대한 준비금으로서 매기에 퇴직금 지급을 위하여 설정하는 충당금을 퇴직급여충당부채(reserve for retirement allowance)라고 한다. 근로기준법 제34조 제1항에 의하면 "사용자(기업)는 계속근로연수 1년에 대하여 30일분 이상의 평균임금을 퇴직금으로서 퇴직하는 근로자에게 지급할 수 있는 제도를 설정하여야 한다"고 규정하고 있다.

이와 같은 퇴직급여는 종업원이 실제로 퇴직하는 때에 기업의 채무로서 확정된다.

그러나 종업원이 실제로 퇴직하지 않았다 하더라도 종업원은 언제인가는 퇴직할 것이므로 기업으로서는 퇴직금지급이라는 부채가 발생하는 것은 확실한 것이다.

또한 종업원의 퇴직급여는 근무연수에 비례하게 되므로 정확한 회계기간별 손익계산을 위해서 퇴직급여의 매기간당 부담액을 추정하여 이를 비용화해야 한다. 이에 따라 퇴직급여의 매기간당 부담액을 추정하여 비용화하기 위하여 상대계정으로 설정되는 것이 퇴직급여충당계정이다. 이 경우 매결산시에 설정해야 할 퇴직급여충당총액에서 퇴직급여충당부채의 기말잔액을 차감한 금액이다.

그리고 종업원이 실제로 퇴직하여 퇴직금을 지급하는 경우에는 퇴직급여충당부채를 감소시킨다.

② 판매보증충당부채

판매보증충당부채(allowance for quality and services quaranties)는 제품 또는 상품을 일정기간의 품질보증부로 판매하였을 경우, 미래에 발생할 무상수선을 위한 비용 예상액을 판매시점의 비용으로 계상하기 위하여 설정하는 충당금이다. 충당금의 설정시에는 그 대변에 기입하고, 무상수선을 위한 비용이 실제로 발행한 경우에 그 수선비용을 차변에 기입한다.

예제 2.5

다음 자료를 참고하여 퇴직금 지급시와 결산시에 하여야 할 분개를 하라.
(주)가천상사가 갖고 있는 퇴직급여충당부채의 기초 현재 잔액은 ₩40,000,000 인데, 이것은 전기말 현재의 퇴직금추계액과 동일하다. 당기중에 임직원이 퇴직하여 지급한 퇴직금은 ₩3,500,000이다(기말 현재, 퇴직금추계액은 ₩55,000,000으로 계상함).

해답 퇴직금지급시 :

(차) 퇴직급여충당부채 3,500,000 (대) 현 금 3,500,000

결 산 시 :

(차) 퇴 직 급 여 18,500,000 (대) 퇴직급여충당부채 18,500,000

* 55,000,000 − (40,000,000 − 3,500,000) = 18,500,000

예제 2.6

다음의 거래를 분개하라.

㉠ 상품 ₩1,000,000을 1년 보증으로 판매하였는데, 과거의 경험에 비추어 5%의 보증수선비를 계상하다.

㉡ 차기에 실제 보증수선비용으로 ₩40,000이 지출되다.

㉢ 당연도말의 판매보증충당부채계정의 잔액이 ₩500,000인데, 당연도의 품질보증의 추산액이 ₩600,000이다.

해답 ㉠ (차) 판 매 보 증 비 50,000 (대) 판매보증충당부채 50,000

㉡ (차) 판매보증충당부채 40,000 (대) 현 금 40,000

㉢ (차) 판 매 보 증 비 100,000 (대) 판매보증충당부채 100,000

연습문제

1. 충당부채와 우발부채의 차이점을 설명하라.

2. 충당금과 적립금의 차이점을 설명하라.

3. K-IFRS이 인정하는 충당부채가 되려면 어떤 조건이 필요한가?

4. 우발자산 및 우발부채를 K-IFRS가 자산 및 부채로 인식하지 않고 주석으로 표시하도록 한 이유에 대해 설명하라.

5. 기업회계기준서(제1019)는 퇴직급여를 어떻게 정의하고 있는가를 밝혀라.

6. 다음 거래를 분개하라. (단위: 원)
   1) 성현상사는 2년간 보증수리 조건으로 기계장치(SH-55) 35,000,000을 판매하였다. 과거에 이 제품은 평균적으로 매출액 대비 4%의 보증수리비가 청구되었다.
   2) 성현상사는 SH-55 에 대한 보증수리비로 120,000을 지불하였다.
   3) 승재상사가 신제품으로 개발하여 판매한 상품(MJ-45)이 환경단체로부터 문제가 있는 것으로 나타나 20,000,000 약식소송이 제기되었다.(이 사건의 승소 가능성은 없는 것으로 판단한다는 회사고문변호사의 의견이 나왔다.)
   4) 상품(MJ-45)에 대한 소송이 확정되어 20,000,000을 배상하였다.

7. 다음과 같은 퇴직금제도를 운용하고 있는 (주)조선에 대한 요구사항에 답하라.

(단위: 원)

① 2011년 12월 31일: 퇴직급여부채가 7,500,000 당좌예금으로 예치되어 있다.
② 2012년 10월 10일: 이도령과 성춘향이 퇴직하여 2,000,000의 퇴직금을 지출하다.
③ 2012년 12월 31일: 전체직원들에 대한 퇴직금 추산액은 11,000,000으로 예상하다.

〈요구사항〉

1) 퇴직금 지급시(2012. 10/10)의 분개를 표시하라.

2) 퇴직금 설정시(2012. 12/31)의 분개를 표시하라.

제3장 자본계정의 회계처리

제1절 자본금의 회계처리

1. 주식회사의 설립

주식회사는 주식(stock)을 발행[1]하여 자본을 조달한다. 주식회사는 회사의 정관에 회사가 발행할 총주식수를 정하고 정관에 규정된 총발행주식의 1/4 이상을 발행한 후 주식대금을 인수받아 납입함으로써 설립된다. 그리고 잔여주식 3/4은 이사회의 결의에 의해 필요할 때마다 분할 발행할 수가 있다. 이 경우 회사가 발행할 주식의 총수를 수권자본이라 하며 이와 같은 주식발행제도를 수권자본제도(authorized capital system)라고 한다.

주식회사의 설립은 발기설립과 모집설립의 두 가지 방법이 있다. 발기설립은 회사설립시 발행주식 전부를 발기인이 인수하는 방법으로 비공개기업의 형태라 할 수 있다. 모집설립은 회사설립시 발행주식의 일부만 발기인이 인수하고 나머지는 일반대중으로부터 공모하는 방법이다.

그리고 주식회사는 한국거래소에 주권이 상장(listing)되었는가의 여부에 따라 상장기업과 비상장기업으로 분류된다. 상장기업은 다시 한국거래소의 유가증권시장에서 거래하는 유가증권시장 상장기업과 코스닥시장에서 거래하는 코스닥시장 상장기업으로 세분화 된다. 상장기업이 되기 위해서는 엄정한 심사기준을 통과해야만 한다.

---

1) 상법은 1주당 주식의 액면가를 100원 이상 설정하도록 규정하고 있다.

예제 3.1

다음 거래를 분개하라.

2008. 1. 1. (주)목동상사는 회사를 설립하면서 수권주식수 1,000,000주 중 250,000주를 액면금액 ₩5,000으로 발행하다. 발기인은 발행즉시 전주식을 인수하고 현금을 납부하였다.

해답 2008. 1/ 1. (차)현금및현금성자산 1,250,000,000 (대)자 본 금 1,250,000,000

예제 3.2

다음의 거래를 분개하라.

㉠ (주)신정상사는 수권주식수 100,000주 중 설립할 때 25,000주를 주당 액면가액 ₩5,000으로 발행하고 발기인이 그중 12,500주를 인수하여 전액을 현금으로 받아 당좌예금하다.

㉡ 일반인으로부터 상기의 주식 12,500주를 주당 ₩4,000에 공모한 후 청약증거금을 받아 당좌예금하다.

㉢ 주식을 주식청약자에게 배정한 후 나머지 금액을 전액 납입받아 이를 당좌예금하다.

해답

		차변	금액		대변	금액
㉠	(차)	당 좌 예 금	62,500,000	(대)	자 본 금	62,500,000
㉡	(차)	당 좌 예 금	50,000,000	(대)	주식청약증거금	50,000,000
㉢	(차)	주식청약증거금	50,000,000	(대)	자 본 금	62,500,000
		당 좌 예 금	12,500,000			

2. 주식의 발행

자본을 모집하는 방법에는 주식을 발행하여 현금으로 납입금을 받는 것이 일반적이지만 현금이외의 자산으로 납입을 받을 수 있는데 이것을 현물출자라고 한다.

주식발행의 방법에는 할증발행, 평가발행, 할인발행 등이 있다. 할증발행은 액면가액 이상으로 발행하는 방법이며, 평가발행은 발행가액과 액면가액이 같은 경우이고 할인발행은 액면가액 이하로 발행하는 방법이다. 이상의 방법 중 주로 할증발행이 이루어진다.

평 가 발 행		할 인 발 행		할 증 발 행	
(액면가액 = 발행가액)		(액면가액 〉 발행가액)		(액면가액 〈 발행가액)	
차 변	대 변	차 변	대 변	차 변	대 변
당좌예금 5,000	자본금 5,000	당좌예금 4,000 주식할인발행차금 1,000	자본금 5,000	당좌예금 6,000	자본금 5,000 주식발행초과금 1,000

〈표 2-8〉 주식의 발행방법과 예

상법에서는 원칙적으로 주식의 할인발행을 제한하고 있으나, 회사가 설립된 후 2년이 경과하면 주주총회의 결의와 법원의 인가를 얻어 할인발행을 할 수가 있다. 주식을 할인발행할 경우에는 주식할인발행차금계정이, 할증발행할 경우에는 주식발행초과금계정이 발생되는데, 주식할인발행차금은 주식발행회사의 가치가 낮게 평가된 경우이다.

주식을 발행하면서 나타나는 주식발행초과금과 주식할인발행차금의 회계처리방법은 상이하다. 할증발행으로 인해 나타나는 주식발행초과금은 자본잉여금에 해당하고 할인발행 때문에 발생하는 주식할인발행차금은 자본조정항목으로 분류한 후 자본에서 차감하는 형식으로 표시하여야 한다.

그리고 주식을 발행할 때 지출하는 제비용(예: 수수료, 광고비, 인쇄비 등)을 주식발행비라고 하는데 이것은 주식의 발행금액에서 차감하면 된다. 따라서 주식을 할증발행하면 주식발행초과금은 감액되고 주식을 할인(또는 액면)발행하면 주식할인발행차금이 증액된다.

예제 3.3

다음 거래를 분개하라.

남서울주식회사는 액면가액 @ ₩5,000의 보통주를 @ ₩8,000에 10,000주를 발행하고 주식대금은 당좌예입하다. 그리고 주식발행비용 ₩1,500,000을 현금으로 지급하다.

해답 (차) 당 좌 예 금 78,500,000 (대) ┌자 본 금 50,000,000
└주식발행초과금 28,500,000

예제 3.4

다음 거래를 분개하라.
천안주식회사는 이사회의 결의에 의해 주식 5,000주를 @ ₩4,000(액면가액 @ ₩5,000)에 발행하고 주식대금은 당좌예입하다. 그리고 주식발행비용 ₩1,000,000을 현금으로 지급하다.

해답 (차) ┌당 좌 예 금 19,000,000 (대) 자 본 금 25,000,000
└주식할인발행차금 6,000,000

3. 주식의 종류

주식은 배당 및 잔여재산청구 우선권, 의결권, 액면가액 기재, 주주명 기재 등의 유·무에 따라 다음과 같이 다양하게 분류된다.

구분기준	유·무	종 류	내 용
배당 및 잔여재산 청구권의 우선 여부	×	보통주	출자지분에 따라 평등하게 배당 및 잔여재산을 분배받을 수 있는 주식. 의결권 및 경영참여권이 있음.
	○	우선주	배당 또는 잔여재산 분배에 있어 보통주보다 우선적으로 참여할 수 있는 주식. 그러나 의결권은 없음.
의결권의 유·무 여부	×	무의결권주	우선적 배당을 전제로 의결권을 부여하지 않은 주식.
	○	의결권주	주주총회에서 상정되는 안건에 대한 의결권이 부여되는 주식.

<table>
<tr><td rowspan="2">액면가액 기재의 유・무 여부</td><td>×</td><td>무액면주</td><td>액면가액의 기재없이 발행주식만 기재된 주식(상법상 우리나라에서는 허용되지 않음).</td></tr>
<tr><td>○</td><td>액면주</td><td>주권에 그 주식의 액면가액이 기재되어 있는 주식.</td></tr>
<tr><td rowspan="2">주주명 기재의 유・무 여부</td><td>×</td><td>무기명주</td><td>주주의 성명이 기재되지 않은 주식으로 단지 주권을 소유함으로써 주주의 자격이 인정되는 주식.</td></tr>
<tr><td>○</td><td>기명주</td><td>주권과 주식회사의 주주명부에 주주의 성명이 기재되어 있는 주식.</td></tr>
</table>

〈표 2-9〉 주식의 종류

4. 자본의 분류

재무상태표의 중요한 요소 중의 하나인 자본(capital)은 자산총액에서 부채총액을 차감한 금액을 말한다. 소유자지분(owners' equity)또는 순자산으로 일컬어지는 자본은 분류기준에 따라 다양하게 구분할 수 있는데 K-IFRS는 다음과 같이 분류하도록 하고 있다.

1) 납입자본

주주가 불입하여 납입한 자본을 의미하며 자본금(예: 보통주자본금, 우선주자본금), 주식발행초과금 등이 여기에 속한다.

2) 이익잉여금

기업이 영업활동을 하여 획득한 이익 중에서 자본조정과 상계되거나 기타 항목(배당금, 일반적립금 등)으로 처분되지 않고 기업 내부에 유보되어 있는 이익을 말한다.

3) 기타 자본 구성요소

자본 중에서 납입자본과 이익잉여금에 포함되지 않은 자본조정, 기타포괄손익누계액(예: 해외사업환산손익, 재평가잉여금 등)과 일반적립금(예: 법정적립금, 임의적립금)을 말한다.

5. 자본의 증자와 감자

1) 증자

증자는 자본금을 증가시키는 것으로 주식을 발행하여 자본을 조달하는 것이다. 증자의 형식에는 유상증자와 무상증자 두 가지가 있다.

유상증자는 주식회사가 이사회의 결의에 의해 주식대금을 받고 주식을 새로 발행하는 실질적 증자이며, 무상증자는 잉여금항목을 자본금항목으로 대체시키는 것이기 때문에 자본금의 증가는 이루어지지만 실질적으로 자본의 증가, 즉 자산의 증가가 이루어지지 않는 형식적인 증자이다. 무상증자의 유형은 잉여금의 자본전입, 주식배당, 전환주식의 전환, 전환사채의 주식전환 등이 있다.

예제 3.5

다음 거래를 분개하라.
신라주식회사는 이사회의 결의에 의해 유상 60%, 무상 40%의 비율로 자본금 ₩10,000,000을 증자하기로 하고 주주에게 주식을 발행하여 교부하였다. 무상분은 자본잉여금 ₩4,000,000을 자본에 전입하였고 유상분은 당좌예입하다.

해답 (차) 당 좌 예 금 6,000,000 (대) 자 본 금 10,000,000
　　자본잉여금 4,000,000

2) 감자

감자는 자본금을 감소시키는 것으로 무상감자와 유상감자 두 가지 유형이 있다. 상법에서는 자본의 감소가 회사의 이해관계자에게 중대한 영향을 미치므로 주주총회의 특별결의에 의해서만 감자를 할 수 있다고 규정하고 있다.

유상감자는 자본금의 감소로 인해 자본의 환급 또는 소멸된 주식의 대가를 실질적으로 지급하는 감자로서 실질적 감자라고도 한다. 유상감자의 형식에는 주식대금의 환급, 주식의 매입소각 등이 있다. 무상감자는 자본금이 감소하였는데 회사자산은 감소하지 않고 명목상으로 자본금이 감소되는 것이 때문에 형식적 감자라고도 한다. 무상감자의 형식은 주식의 액면금액 감소와 주식의 합병 등이 있다.

한편, 감자를 할 경우 감자를 하기 위해서 지출하는 금액과 발행주식의 액면금액 간에 차이가 있으면 감자차익 또는 감자차손이 발생하게 된다. 이 때 발생하는 감자차익은 자본잉여금으로 처리하고 감자차손은 자본조정항목이므로 자본에서 차감하는 형식으로 처리한다.

예제 3.6

다음 거래를 분개하라.
서울주식회사는 자본금 ₩9,000,000을 전보하기 위해 구주 3주에 대하여 신주 2주의 비율로 무상감자하다.

해답 (차) 자본금 10,000,000 (대) 차기이월결손금 9,000,000 / 감 자 차 익 1,000,000

예제 3.7

다음 거래를 분개하라.
인천주식회사는 주식 2,000주를 @ ₩4,000(액면가액 @ ₩5,000)에 현금으로 매입 소각하다.

해답 (차) 자본금 10,000,000 (대) 현 금 8,000,000 / 감자차익 2,000,000

3) 인출금

개인기업의 경우 기업주가 현금 또는 상품을 개인적 사용목적으로 인출해 가거나 반대로 추가적으로 자본을 출자하는 거래를 빈번하게 발생시킬 수 있다. 이런 경우에는 임시계정인 인출금계정을 사용하였다가 기말에 자본금계정으로 대체하면 된다. 따라서 기중에 표시되는 인출금계정 잔액은 차변과 대변 중 어느 쪽에도 발생할 수가 있는 계정과목이다.

연습문제

1. 주식회사의 설립방법에 대해 설명하라.

2. 수권자본제도에 대해 설명하라.

3. 주식의 발행방법에 대해 설명하라.

4. 유상증자와 무상증자의 차이점에 대해 설명하라.

5. 유상감자와 무상감자의 차이점에 대해 설명하라.

6. 다음 거래를 분개하라.
   1) (주)경기는 다음과 같은 사항을 정관에 규정한 후 발기인에게 발행주식 전부를 인수시키기로 하다(회사가 발행할 총주식수 : 50,000주, 회사가 설립시 발행하는 주식수 : 15,000주, 주식의 1주당 발행가액 : ₩5,000).
   2) (주)경기는 상기한 주식의 금액 전액을 현금으로 납입받다.
   3) (주)만월은 수권주식(90,000주) 중 10,000주를 일반에게 공모하여 1주당 ₩5,000의 청약증거금을 현금으로 받다.
   4) (주)만월은 주식청약자에게 주식을 배정하고 잔액을 전액 현금으로 납입받아 당좌예금하다.
   5) 서울상사는 주식 3,000주(1주당 액면가액 : ₩5,000)를 1주당 ₩5,300에 발행하고 대금을 현금으로 받다.
   6) 부산상사는 주식 4,000주(1주당 액면가액 : ₩5,000)를 1주당 ₩5,000에 발행하고 대금을 현금으로 받아 당좌예금하다.
   7) 대구상사는 주식 5,000주(1주당 액면가액 : ₩5,000)를 1주당 ₩4,900에 발행하고 대금을 현금으로 받다.
   8) (주)녹천은 회사를 설립하기로 하고 수권주식수 2,500,000주를 총주식수로 하면서 우선 800,000주(액면 ₩5,000)를 액면금액으로 발행하고 전액을 납입받아 당좌예금하다.

9) (주)녹천은 회사를 설립하면서 들어간 제반경비 ₩1,400,000을 수표를 발행하여 지급하다.

10) (주)녹천은 법인등록을 한 후 개업에 이르기까지의 비용 ₩1,200,000을 현금으로 지급하다.

11) (주)녹천은 제1기 결산을 맞이하다.

7. 다음 거래를 분개하라.

1) 정군상사는 이사회에서 이익준비금 ₩9,000,000을 자본금으로 전입하기로 하고 신주 1,800주(1주당 액면가액 : ₩5,000)를 발행하여 구주주에게 1 : 1의 비율로 무상교부를 하다.

2) 박군상사는 전환사채(액면가액 : ₩6,000,000)를 갖고 있는 사채권자가 이를 주식으로 전환해 달라는 청구를 하여 보통주식 1,200주(1주당 액면가액 : ₩5,000)를 발행하고 교부하다.

3) 임군상사는 주주총회의 결의로 주식 4,000주(1주당 액면가액 : ₩10,000)를 1주당 액면가액 ₩5,000으로 감소시키다.

4) 총자본금이 60,000,000(1주당 액면가액 : ₩5,000)인 김군상사는 주주총회에서 이월결손금 ₩27,000,000을 보전하기 위해 주식을 2 : 1의 비율로 합병시키다.

5) (주)진명은 이사회의 결의에 의하여 이월결손금 ₩5,000,000을 전보하기 위하여 1주 액면가액 ₩10,000의 주식 4,000주를 액면가액 1주당 ₩8,000으로 감자하기로 하다.

8. 감자차익과 감자차손의 회계처리 방법에 대해 설명하라.

9. 개인기업이 결산을 할 때, 인출금계정은 어떻게 처리되는 지를 설명하라.

10. 다음 거래를 분개하라.

1) 업무용 자동차에 대한 자동차세(₩50,000)로 납부하다.

2) 노트북을 판매하는 개인기업의 사업주가 자녀의 중등학교 입학선물로 노트북 1개(₩750,000)를 가져가다.

제2절 잉여금의 회계처리

주식회사의 자본은 발행주식의 액면총액을 나타내는 자본금과 자본이 자본금을 초과하는 금액을 나타내는 잉여금으로 구성된다. 일반기업회계기준은 잉여금을 발생원천에 따라 다음과 같이 자본잉여금과 이익잉여금으로 구분하고 있지만 K-IFRS는 기업이 취득한 이익 중에서 자본조정과 상계처리하거나 배당금 및 일반적립금 등으로 처리하지 않고 남아있는 이익을 이익잉여금으로 규정하고 있다.

- ▶ 잉여금
  - 자본잉여금
    - 주식발행초과금
    - 감자차익
    - 기타자본잉여금 : 자기주식처분이익, 자산수증이익 등
  - 이익잉여금
    - 법정적립금 : 이익준비금, 기타법정적립금(기업합리화적립금, 기업발전적립금 등)
    - 임의적립금 : 사업확장적립금, 감채적립금, 배당평균적립금, 결손보전적립금, 준비금 등
    - 미처분이익잉여금

〈그림 2-18〉 잉여금의 구분

1. 자본잉여금

자본잉여금(capital surplus)은 주주가 납입한 자본금을 초과한 부분으로 영업활동의 결과로 나타난 것이 아니라 자본거래에 의해서 발생한다.

1) 자본잉여금의 정의

자본잉여금은 자본거래에 의해서 발생하며 상법상 강제로 적립되는 법정준비금이다. 따라서 이것은 결손금의 보전과 자본전입(무상증자) 이외에는 사용할 수 없다.

2) 자본잉여금의 종류

자본잉여금에는 주식발행초과금, 감자차익 그리고 기타자본잉여금이 있다.

(1) 주식발행초과금

주식발행시 할증발행, 즉 액면을 초과하여 발행할 경우의 초과금액이 주식발행초과금이다.

(2) 감자차익

자본감소시 감소액이 주식의 매입소각, 주식대금의 반환에 필요한 금액과 결손금 보전에 충당한 금액을 초과할 경우의 초과금액이 감자차익이다.

(3) 기타자본잉여금

자본거래에서 발생한 잉여금으로 위에서 언급한 자본잉여금 이외에 다음과 같은 자기주식처분이익과 자산수증이익 등이 있다.

① 자기주식처분이익 : 자기주식처분이익은 자기주식[2])을 처분할 경우 처분가액이 취득원가를 초과할 때 발생하는 금액을 말하며 영업이익과 구별하기 위해 자본잉여금으로 처리한다.

② 자산수증이익 : 기업이 주주로부터 증여 또는 무상으로 자산을 취득하였을 경우에 발생하는 이익을 뜻한다.[3])

예제 3.8

다음과 같은 신목동상사의 거래를 분개하라. (단위: 원)

3월 12일. 신목동상사는 자본을 감소하기 위해서 자기주식 300주(액면단가 5,000)를 1주당 6,500에 현금으로 매입하였다.

5월 30일. 신목동상사는 매입하여 소각하려고 하였던 자기주식을 경제여건이 변동되어 1주당 7,500에 다시 시장에 매각하였다.

6월 25일. 신목동상사는 선심짱 주주로부터 토지 5,000,000을 무상으로 기증을 받았다. 그리고 (주)김밥할멈으로부터도 기계 3,000,000을 무상으로 기증받았다.

2) 특별한 경우에 회사에서 발행한 주식을 다시 발행회사가 취득하는 경우가 있는데 이런 것을 자기주식이라고 한다. 상법에서는 원칙적으로 자기주식의 취득을 금지하고 있다.

3) 자산수증이익이 발생하였어도 주주이외의 사람으로부터 받은 것은 당기이익으로 인식한다.

해답

3/12.	(차)자기주식	1,950,000	(대)현 금	1,950,000
5/30.	(차)현 금	2,250,000	(대)자 기 주 식	1,950,000
			자기주식처분이익	300,000
6/25.	(차)토 지	5,000,000	(대)자 산 수 증 이 익	5,000,000
	기 계	3,000,000	자 산 수 증 이 익	3,000,000

2. 이익잉여금

이익잉여금(retained erning)은 영업활동으로 얻은 이익을 유보하여 축적한 잉여금으로 손익거래에서 발생된 것이다. 기업회계기준에서는 이익잉여금을 법정적립금(이익준비금, 기타법정적립금), 임의적립금, 배당금, 미처분이익잉여금 등으로 세분화하여 규정하고 있다.

1) 이익잉여금의 종류

(1) 법정적립금

① 이익준비금

상법 제458조의 규정에 의하면 회사는 그 자본의 2분의1에 달할 때까지 매결산기의 금전에 의한 이익배당액의 10분의 1 이상의 금액을 이익준비금으로 적립하여야 한다고 규정하고 있다. 이것은 자본충실의 원칙에 의해 기업자본구조를 견실하게 하기 위한 것이다. 이익준비금의 사용은 결손보전과 자본전입 외에는 사용할 수 없다.

② 기타 법정적립금

기타 법정적립금은 조세특례제한법 또는 상장법인 재무관리규정에 의해 적립하는 것으로 기업합리화적립금과 기업발전적립금 등이 있다.

(2) 임의적립금

임의적립금은 법적 강제력에 의한 적립금이 아니고 정관의 규정 또는 주주총회의 결의에 의해서 임의로 적립되는 적립금으로 적극적 적립금과 소극적 적립금의 두가지로 분류할 수 있다. 임의적립금은 사업확장, 사채상환, 평균배당실시, 퇴직금적립 등 특정 목적을 달성하기 위해 적립할 수 있다.

적극적 적립금은 자산을 증대시킬 목적으로 적립하는 것으로 사업확장적립금과 감채적립금이 있다. 사업확장적립금은 건물, 토지, 기계 등을 매입할 목적으로 적립하는 것이며, 감채적립금은 사채상환에 필요한 자금조달 목적에 의한 적립금이다.

소극적 적립금은 순자산의 감소를 억제할 목적으로 적립하는 것으로 배당평균적립금, 결손보존적립금, 자기보험적립금, 퇴직급여적립금 등이 있다. 이러한 소극적 적립금은 목적이 달성되면 차변에 기입되어 소멸된다.

(3) 배당금

기업이 영업활동을 수행하여 취득한 이익을 투자자들에게 분배해 주는 것을 배당금(dividends)이라고 한다. 일반적으로 기업은 다음과 같이 3단계를 거쳐서 배당을 실시를 한다. 우선, 배당을 받을 대상자를 확정(배당기준일)한다. 그런 다음 주주총회에서 다른 내용들과 함께 이것을 승인 받은 후(배당선언일) 마지막으로 배당금을 지급하는 단계(배당지급일)로 진행된다.

그리고 배당을 하는 방법에는 현금배당, 주식배당 등이 있다. 배당금과 관련되어 회계처리를 할 경우, 배당기준일에는 거래가 발생하지 않았기 때문에 분개대상이 아니다. 그러나 배당선언일과 배당지급일에는 다음과 같이 분개를 하여야 한다.

구 분	배당선언일	배당지급일
현금배당	(차)이익잉여금 ××× (대)미 지 급 배 당 금 ×××	(차)미 지 급 배 당 금 ××× (대)현 금 ×××
주식배당	(차)이익잉여금 ××× (대)미교부주식배당금 ×××	(차)미교부주식배당금 ××× (대)자본금 ×××

(4) 미처분이익잉여금

당기의 이익잉여금처분계산서상에 표시되는 미처분이익잉여금은 전기에서 이월된 미처분이익잉여금과 당기에 취득한 당기순이익의 합계액이다.

2) 이익잉여금의 처분

(1) 순이익의 처분

주식회사의 순이익은 개인기업과 마찬가지로 집합손익계정에 비용계정과 수익계정이 집합되어 산출되어진다. 개인기업에서는 기말에 순이익을 자본금계정에 직접 대체하나 주식회사에서는 미처분이익잉여금계정에 대체하였다가 그 처분이 주주총회에서 이루어진다. 이 경우 미처분이익잉여금과 적립금이입액의 잔액에서 이익준비금, 배당금 등이 처분되고 잔액은 차기이월미처분이익잉여금으로 차기에 이월된다.

예제 3.9

다음 거래를 분개하라.

3월 31일 : 남서울주식회사의 결산결과 당기순이익 ₩3,000,000이 발생하다(단, 전기이월미처분이익잉여금 ₩1,000,000이 있다).

4월 11일 : 주주총회의 결의에 다음과 같이 잉여금처분 결의를 하다.

현금배당금	₩2,000,000	이익준비금	₩200,000
감채적립금	₩1,000,000	사업확장적립금	₩400,000
주식할인발행차금상각	₩200,000		

해답

3/31

	차변	금액		대변	금액
(차)	집합손익	3,000,000	(대)	미처분이익잉여금	4,000,000
	이월이익잉여금	1,000,000			

4/11

	차변	금액		대변	금액
(차)	미처분이익잉여금	4,000,000	(대)	미지급배당금	2,000,000
				이익준비금	200,000
				감채적립금	1,000,000
				사업확장적립금	400,000
				주식할인발행차금	200,000
				차기이월미처분이익잉여금	200,000

(2) 순손실의 처리

개인기업은 순손실을 자본금계정에 대체하여 자본금의 감소가 이루어지지만, 주식회사에서는 순손실이 자본금계정에 대체되지 않고 미처리결손금계정을 세워 처리하게 된다. 주주총회에 의해 결손금의 전보순서는 임의적립금, 기타법정적립금, 이익준비금, 재평가적립금, 자본준비금 등의 이입액 순으로 결손금을 보전하고 잔액은 차기로 이월한다.

예제 3.10

다음 거래를 분개하라.

6월 30일 : 부산 주식회사는 결산결과 당기순손실 ₩500,000이 발생하다(단, 이월이익잉여금 ₩200,000이 있다).

9월 9일 : 주주총회의 결의에 의해 위의 결손금을 보전하다.

임의 적립금이입액	₩150,000
자본 준비금이입액	₩100,000

해답

날짜		차변 계정	금액		대변 계정	금액
6/ 30	(차)	이월이익잉여금	200,000	(대)	손익	500,000
		미처리결손금	300,000			
9/ 9	(차)	임의적립금	150,000	(대)	미처리결손금	300,000
		자본준비금	100,000			
		차기이월미처리결손금	50,000			

연습문제

1. 자본잉여금과 이익잉여금의 차이점에 대해 설명하라.

2. 기업에 손실이 발생하였을 경우, 결손금의 보전방법에 대해 설명하라.

3. 자기주식의 취득을 원칙적으로 금지하는 이유를 설명하라.

4. 이익잉여금처분계산서와 결손금처리계산서에 대해 설명하라.

5. 다음 거래를 분개하라. (단위: 원)

① (주)영종전자는 공장건설을 하는데 국가보조금 75,000,000을 보조받고 당좌예금하다.
② (주)새한도시가스는 신규가입자들로부터 가스공급 설비비로 47,000,000을 징수하여 당좌예금하다.
③ 만월대학은 컴퓨터 250개(1개당 시가 1,500,000)를 (주)간석시스템으로부터 기증받다.
④ (주)동암은 (주)중성투자금융에 대한 차입금 700,000,000 중 690,000,000은 현금으로 상환하고 나머지는 면제를 받다.
⑤ (주)백두는 자기주식 4,500주(1주당 액면가격 5,000)를 1주당 5,300에 매입하고 (주)태백으로부터 받은 수표로 지급하다.
⑥ (주)백두는 상기한 자기주식을 1주당 5,500에 처분하고 대금은 현금으로 받다.
⑦ (주)하지는 주주총회의 승인을 얻어 이익 중 3,500,000을 감채적립금으로 대체하고 감채기금으로 동액의 현금을 정기예금하다.
⑧ (주)하지는 사채 5,000,000을 상환하다.(단, 감채기금과 감채적립금이 각각 2,000,000이 있다)
⑨ (주)송도은 결산시 종업원에 대한 퇴직급여충당금 80,000,000을 계산하고 동액을 수표발행하여 정기예금하다.
⑩ (주)제물포는 분리형신주인수권부사채를 액면가(10,000)로 발행하였다(단, 발행당시의 일반사채와 신주인수권의 상대적 공정가액비율을 8 : 2로 처리하였음).

제3절 자본조정의 회계처리

자본거래에서 발생한 항목에는 자본금과 잉여금 중 어느 한 부분과 관련시키기에 곤란한 항목이 있다. 이런 경우 기업회계기준은 해당항목을 자본항목의 총액에 가산하거나 차감하는 방법의 일환으로 자본조정(capital adjustments)에 표시하도록 규정하고 있다. 자본조정항목에는 주식할인발행차금, 감자차손, 자기주식, 자기주식처분손실 등이 있다.

1. 주식할인발행차금

주식을 할증발행하는 경우에 발생하는 주식발행초과금은 자본잉여금의 증가항목으로 처리한다. 그러나 주식을 할인발행하는 경우에 발생하는 주식할인발행차금은 자본잉여금의 감소항목으로 처리하는 것이 아니라 자본조정으로 처리해야 한다.

2. 감자차손

기업이 자본을 감소할 목적으로 소각시킨 주식의 발행금액보다 주주에게 환급하여준 금액이 많은 경우에 발생하는 것을 감자차손이라고 한다. 만약 기업이 자본잉여금 항목인 감자차익을 갖고 있으면 감자차손과 상계처리를 하고 나머지를 자본조정에 기재한다.

3. 자기주식

자기주식(treasury stock)은 회사가 주식을 발행한 후 특별한 경우에 다시 발행회사가 취득한 주식을 말하는데, 상법은 원칙적으로 자기주식 취득을 금지하고 있다. 그러나 불가피한 이유[4]로 자기주식을 취득한 경우, 취득한 자기주식은 조속히 소각하거나 매각처분해야 한다. 만약 자기주식을 처분하기 전에 결산을 할 경우에는 자본조정으로 기재하고 주석으로 취득경위, 처리계획 등을 표시해야 한다.

4. 자기주식처분손실

앞에서 언급한 자기주식을 처분할 경우, 처분대가로 받은 금액이 취득원가보다 적으면 발생하는 손실을 자기주식처분손실이라고 한다. 만약 기업이 자본잉여금 항목인 자기주

4) 기업이 자기주식을 취득하는 이유로 기업의 영업활동을 축소하려는 목적에서, 특정의 소유주지분을 매입하기 위한 목적에서, 기업의 주가를 유지하기 위한 목적에서 등과 같은 것이 있다.

식처분이익을 갖고 있으면 자기주식처분손실과 상계처리를 하고 나머지를 자본조정에 기재한다.

예제 3.11

다음과 같은 거래를 분개하라. (단위: 원)

① (주)하나는 보통주식 100주(액면단가 5,000)를 1주당 4,700에 발행하여 현금으로 수취하였다.

② (주)두리는 보통주식 2,500주(액면단가 5,000)를 1주당 6,000에 발행하여 영업활동을 진행하다가 경제여건의 변화 때문에 250주를 현금(1주당 7,000)으로 매입한 후 소각하였다.

③ (주)세찌는 자기주식 300주(액면단가 5,000)를 1주당 6,500에 현금으로 매입하였다가 문제가 발생하여 이를 다시 1주당 5,500을 받고 현금으로 매각하였다.

해답

①	(차)	현금	470,000	(대) 자본금	500,000
		주식할인발행차금	30,000		
②	(차)	자본금	1,250,000	(대) 현금	1,750,000
		감자차손	500,000		
③	(차)	현금	1,650,000	(대) 자기주식	1,950,000
		자기주식처분손실	400,000		

제4절 기타 포괄손익누계액의 회계처리

거래가 발생하여 손익으로 인식되면 당기순손익에서 처리하는 것이 원칙이다. 그러나 단기간내에 손익으로 실현될 가능성이 없기 때문에 포괄손익계산서상에 당기순이익으로 포함시키는 것이 문제가 될 수 있는데 이것을 기타포괄손익누계액이라고 한다. 따라서 기타포괄손익누계액이 발생하면 포괄손익계산서상에서 당기순손익을 계상할 때는 이를 포함시켜서는 않되고 총포괄손익을 산정할 때에만 표시하여야 한다. 그리고 재무상태표상에는 자본중 기타포괄손익누계액 부문에 표시해야 한다. 기타포괄손익누계액의 대표적인 예로 해외사업장(외화재무제표)환산손익, 재평가잉여금, 매도가능증권평가손익, 현금흐름위험회피파생금융상품평가손익[5] 등이 있다.

1. 해외사업장(외화재무제표)환산손익

해외사업장(외화재무제표)환산손익이란 회사가 해외지점 또는 사무소에서 보유하고 있는 외화로 표시된 자산·부채를 원화로 환산할 때 발생하는 환산손익을 의미한다.

2. 매도가능증권평가손익

매도가능증권평가손익은 유가증권 중에서 매도가능증권을 시가법 또는 지분법으로 평가할 경우에 발생하는 손익을 말한다. 이 평가손익은 실현되지 않은 손익이기 때문에 당기의 손익계산서에 반영하여서는 안 된다. 그렇다고 이 평가손익은 자본거래의 결과로 나타난 것이 아니기 때문에 자본잉여금이나 자본조정항목에 표시하여서도 문제가 있다.

3. 재평가잉여금

재평가잉여금은 기업이 회계정보의 유용성을 증대시키기 위해서 자산을 회계기간 말 재평가모형을 도입하여 평가할 경우에 발생한다. 회계기간 말에 평가할 자산의 공정가액이 장부금액보다 높게 나타나면 재평가이익이 발생하는데 이를 포괄손익계산서상에는 포괄손익(재평가이익)으로 표시하고 재무상태표상에는 기타포괄손익누계액(재평가잉여금)으로 표시한다.

---

5) 파생상품(derivatives)이란 주식, 채권 등과 같은 일반적인 금융상품에서 파생되어 만들어진 상품을 말한다. 대표적인 예로 선물, 스왑 같은 것이 있는데 이자율, 주가, 환율 등에 따라 가치가 수시로 변동하는 특징이 있다.

그러나 자산의 공정가액이 장부금액보다 낮게 나타나면 재평가손실로 인식하여 포괄손익계산서상에 당기손실로 반영하여야 한다.

예제 3.12

다음과 같은 거래를 분개하라. (단위: 원)

① (주)부여는 첨단수송장비를 5,000,000에 구입하여 사용하였는데 기말에 이 것의 공정가액이 7,000,000으로 평가되었다.

② (주)논산은 여유자금이 있어 3년간 활용할 목적으로 세종상사가 발행한 주식을 20,000,000매입하였는데 기말에 이 자산의 시가가 28,000,000으로 나타났다.

해답

	차변	금액	대변	금액
①	(차) 기 계 장 치	2,000,000	(대) 자 산 재 평 가 이 익	2,000,000
②	(차) 매도가능증권	8,000,000	(대) 매도가능증권평가이익	8,000,000

연습문제

1. 자본의 분류방법에 대해 K-IFRS와 일반기업회계기준을 비교하여 설명하라.

2. '단기간 내에 실현가능성이 없는 항목' 의 의미를 설명하라.

3. 감자차익과 감자차손의 회계처리 방법에 대해 설명하라.

4. 주식발행초과금과 주식할인발행차금의 회계처리 방법에 대해 설명하라.

5. 자기주식을 취득할 수 있는 조건을 예시하라.

6. 다음 자료를 참고하여 자본금, 자본잉여금, 자본조정, 기타포괄손익누계액, 이익잉여금 등을 계산하라. (단위: 원)

주식발행초과금	250,000	자기주식처분이익	35,000
재평가잉여금	40,000	주식할인발행차금	75,000
우선주자본금	460,000	사업확장적립금	90,000
보통주자본금	780,000	매도가능증권평가이익	180,000
자기주식	400,000	신축적립금	65,000
감자차익	55,000	사채할인발행차금	120,000
이익준비금	140,000		

7. 상기한 [문제 6]를 참고하여 K-IFRS가 분류하는 각 자본요소를 계산하라.

제4장 수익 및 비용계정의 회계처리

제1절 수익의 회계처리

1. 수익의 정의

수익(revenue)이란 기업이 일정기간 동안 주요 또는 통상적인 경영활동 일환으로 고객에게 제공한 재화나 용역에 대하여 반대급부로 획득한 경제적 효익의 유입액을 말하며 이것은 자산의 증가 또는 부채의 감소 등으로 나타난다. 수익은 경영활동의 종류와 수익이 인식[1]되는 방법에 따라 구분할 수 있는데 대표적인 사례를 제시하면 다음과 같다.

첫째, 재화를 판매하는 경우

둘째, 용역을 제공하는 경우

셋째, 자산을 타인에게 사용하게 함으로써 발생하는 이자 · 배당금 · 로열티 등을 유입하는 경우

2. 수익의 인식과 측정

1) 수익의 인식

수익의 정의 부분에서 언급한 바와 같이 수익의 인식(recognition)은 수익이 속하는 회계기간을 판단하는 것으로 특정 거래 또는 경제적 사건을 화폐액으로 측정함을 의미한다. 수익은 구체적으로 다음 기준과 같은 조건이 충족되었을 때 인식한다.

---

1) 인식은 특정 거래 또는 경제적 사건을 화폐액으로 측정한 후 이를 자산, 부채, 자본, 수익, 비용 등으로 구분하여 재무제표에 계상하는 것을 말한다.

① 실현기준 : 수익이 실현되었거나 또는 실현가능할 것, 즉 교환이 있었을 것
② 가득기준 : 수익이 획득되었을 것

상기한 기준을 구체적인 수익인식 시점으로 분류하면 판매시점 기준, 생산(진행)시점 기준, 회수시점 기준 등으로 나눌 수가 있다.

회계학적 거래 유형에 따라 수익을 인식하는 방법을 예시하면 다음과 같다.

구 분	수익인식방법
위탁판매	수탁자가 제3자에게 판매한 시점
상품권	상품권을 회수한 시점
할부판매	재화가 인도되는 시점(단, 현재가치와 명목가액이 중요한 차이가 나는 경우에는 현재가치 평가)
부동산판매	법적소유권 이전시점과 위험과 효익이 이전되고 판매자의 중요한 추가의무 완료시점 중 빠른 날
설치 및 조건부 판매	설치 및 검사가 완료된 시점
시용판매(반품조건부판매)	구매자가 인수를 수락한 시점 또는 반품기간의 종료시점

〈표 2-10〉 거래 유형별 수익인식방법

2) 수익의 측정

수익의 측정(measurement)은 재무상태표 및 포괄손익계산서에 인식된 재무제표 구성요소의 금액을 얼마로 할 것인가를 결정함을 의미한다.

재무제표 구성요소에 대한 수익의 측정은 당해 항목의 성격과 그 측정치의 목적적합성 및 신뢰성 정도에 따라 다음과 같은 대체적인 측정기준을 사용한다. 재무제표 구성요소의 하나인 수익의 측정인 판매대가의 공정가액으로 측정하는 것이 일반적이다.

① 취득원가와 역사적 현금수취액
② 현행원가
③ 현행시장가치
④ 순실현가능가치와 상환가액
⑤ 현재가치

3. 수익계정의 종류

수익[2]은 기업의 정상적인 영업활동 결과로서 획득한 것인가, 아니면 주요 영업활동이외의 결과로서 발생한 것인가에 따라 다음과 같이 분류된다.

그러나 K-IFRS는 포괄손익계산서상에 수익을 표시할 때 매출액과 기타수익으로 구분하여 나타나도록 규정하고 있다.

1) 영업수익(매출이익)

영업수익은 기업의 일반적 상거래, 즉 특정 기업의 주된 영업활동과정에서 경상적으로 발생하는 수익을 말한다. 따라서 주요 영업활동이 아닌 것으로부터 획득한 수익은 영업외수익이 된다.

영업수익은 업종에 따라 다르게 나타난다. 상품매매업에 있어서 영업수익에 속하는 항목은 매출액, 수수료수익(서비스업 및 상품매매업의 수탁판매 · 수탁매입의 경우), 수입창고료(수탁판매·수탁매입의 경우), 적송품매출이익, 미착상품매출이익, 선물매매이익 등이다.

2) 영업외수익

영업외수익이란 기업의 주된 영업활동 이외의 보조적 또는 부수적인 활동에서 경상적(순환적)으로 발생하는 금융적 수익을 말한다.

영업외수익에 속하는 항목은 이자수익, 배당금수익, 임대료, 단기투자자산평가이익, 외환차익(외화자산의 회수 또는 외화부채의 상환시에 발생하는 차익), 외화환산이익(결산일에 화폐성외화자산 또는 화폐성외화부채를 평가하는 경우에 환율의 변동으로 인하여 발생하는 환산이익), 유형자산처분이익, 지분법평가이익, 사채상환이익 등이다.

3) 수익과 자본의 관계

자본을 조달하는 원천은 크게 두 가지로 구분할 수 있다. 그 하나는 기업 소유주가 직접 투자를 하여 출자한 납입자본이고, 다른 하나는 기업이 영업활동을 하여 획득한 이익을 자본주에게 배분하지 않고 기업에 유보시켜 자본을 증가시키는 방법이다.

---

2) 수익과 수입은 다른 개념이다. 수익은 발생주의에 따른 자산유입액으로 비용과 대응대는 것이다. 한편, 수입은 현금주의에 따른 현금유입액으로 지출과 대응되는 것이다. 여기서 발생주의는 현금의 수입 · 지출과 관계없이 기간중에 손익이 발생하면 수익 · 비용으로 처리하는 것을 말하고, 현금주의는 현금을 받았을 때 수익으로 현금을 지출할 때 비용으로 처리하는 것을 말한다.

특정 기업의 잉여금에는 자본잉여금과 이익잉여금이 있는데 포괄손익계산서에 나타나는 잉여금은 이익잉여금이 해당된다. 따라서 한 회계기간 동안 수익이 증가하면 자산의 증가나 부채의 감소를 초래하게 되어 자본이 증가하는 현상이 나타나게 된다.

연습문제

1. 영업수익과 영업외수익의 차이점을 설명하라.

2. 할부판매의 수익인식 방법에 대해 설명하라.

3. K-IFRS가 규정하고 있는 수익의 분류 방법을 설명하라.

4. 수익의 인식 및 측정 기준에 대해 설명하라.

5. 수익과 수입의 차이점을 설명하라.

6. 재무제표 구성요소 인식시 일반적으로 적용되는 발생주의에 대해 설명하라.

7. 다음 거래를 보기와 같이 분개한 후 발생한 수익은 어느 수익계정으로 분류되는지를 밝혀라. (단위: 원)

〈보기〉

(주)신라에 대한 외상매입금(1,503,000)을 결제하면서 3,000은 면제받다.

① 〈차〉 매입채무	1,503,000	〈대〉 현 금	1,500,000
		채무면제이익	3,000

② 영업외이익

① 상품을 730,000(700,000) 매출하고 대금은 수표로 받다.
② 대여금에 대한 상환기간이 도래하여 원리금 8,800,000을 받아 당좌예금하다.
③ 보통주식 2,500주(취득원가: @ 5,800)를 1주당 6,400에 매각하고 대금은 현금으로 받다.
④ 적십자사로부터 수재의연금을 5,000,000 받다.
⑤ 보통주식 2,000주(액면가액: @ 5,000)에 대해 1주당 1,400씩 배당금을 받다.
⑥ 전기에 상각처리한 매출채권(4,200,000)대금을 다시 회수하다.
⑦ 건물에 대한 임대료 6,500,000을 수표로 받다.
⑧ 출장중인 사원으로부터 보내온 300,000이 결산시에도 원인이 밝혀지지 않다.
⑨ 회사소유의 차량이 파손된 후 보험처리를 하여 250,000의 이익이 발생하다.
⑩ 신사옥건설목적으로 매입해 놓았던 토지의 시가가 500,000 상승한 것으로 공시되었다.
⑪ 투기목적으로 구입해 두었던 토지의 시가가 300,000 상승된 것으로 고시되었다.
⑫ 회사가 영업부진으로 결손이 누적되고 있는 상태에서 단골회사로부터 외상매입금 800,000을 면제해 주겠다는 내용증명서를 받다

8. 수익과 비용을 영업수익(비용)과 영업외수익(비용)으로 구분할 경우, 임대료와 임차료는 어느 곳으로 분류되는가?.

제2절 비용의 회계처리

1. 비용의 정의

비용(expense)이란 수익과 대응되는 개념으로 수익을 획득하는 과정에서 지출된 경제적 가치를 화폐가치로 나타낸 것을 말한다. 비용도 주된 영업활동(상품매입 및 판매 등)을 위한 지출인가, 아닌가의 여부에 따라 다음과 같이 분류된다.

그러나 K-IFRS는 포괄손익계산서상에 비용을 표시할 때 성격별로 구분하여 표시할 것인가? 아니면 기능별로 구분하여 표시할 것인가? 를 기업이 선택할 수 있도록 하고 있다. 후자의 기능별 표시방법은 매출원가, 물류활동원가(물류비), 관리활동원가(일반관리비) 등과 같이 비용을 각 기능에 따라 구분하는 방법을 뜻하고 전자의 성격별 표시방법은 상품매입액, 상품의변동, 종업원급여, 감가상각비 등과 같이 비용을 각 성격에 따라 구분하는 방법을 말한다.

2. 비용계정의 분류

1) 영업비(매출원가, 판매비와 관리비)

영업비란 기업의 본래의 주된 영업활동에 소비된 모든 비용 중에서 제1절에서 언급한 영업수익을 획득하기 위해서 소비된 비용을 말하며, 이에는 매출원가(cost of goods sold)와 판매비와 관리비(selling and administrative expense)[3)]가 있다.

매출원가는 매출한 상품의 원가를 말하며, 영업비 중에서 가장 중요한 것으로 다음과 같이 산출된다.

매출원가 = 기초상품재고액 + 당기순매입액 − 기말상품재고액

판매비와 관리비는 상품과 용역의 판매활동 또는 기업이 관리와 유지하는데 발생하는 경상적(반복적) 비용으로서 매출원가에 속하지 아니하는 모든 영업상의 비용을 말한다.

이에 속하는 비용항목은 급여, 퇴직급여, 복리후생비, 임차료, 접대비, 감가상각비, 무형자산상각비, 세금과공과, 광고선전비, 연구비, 경상개발비, 대손상각비 등이 있다. 여기에서 주의할 사항은 사회보험(고용보험, 건강보험, 국민연금, 산재보험) 중에서 회사부담

3) 「판매비와 관리비」만을 영업비로 주장하는 경우도 있다.

금에 해당하는 것은 복리후생비로 회계처리를 하지만 종업원부담금에 해당하는 것은 예수금으로 회계처리를 해야 하는 점이다.

2) 영업외 비용

영업외 비용이란 기업의 주된 영업활동 이외의 보조적 또는 부수적인 활동에서 순환적으로 발생하는 금융적·재무적인 비용을 말한다.

영업외 비용에 속하는 항목은 이자비용, 기타의 대손상각, 유가증권처분손실, 유가증권평가손실, 투자자산처분손실, 재고자산평가손실, 기부금, 외환차손(외화자산의 회수 또는 외화부채의 상환시에 발생하는 차손), 외화환산손실(결산일에 화폐성외화자산 또는 화폐성외화부채를 환산하는 경우 환율의 변동으로 인하여 발생하는 평가손실) 등이다.

3) 법인세비용 등

법인세비용은 법인세비용차감전순손익에 법인세 등의 규정에 의하여 과세하였거나 과세할 세율을 적용하여 계산한 금액을 말하며, 여기에는 법인세에 부가하는 세액도 포함한다.

법인세비용계정은 기중에 원천징수된 법인세액, 중간예납액 그리고 수시로 부과된 법인세액과 주민세 등을 처리하는데, 결산시 법인세추정액에서 법인세의 기납부액을 차감한 금액은 법인세비용계정의 차변에 기입하고 미지급법인세계정의 대변에 기입한다. 만약 기중에 법인세액이 과다하게 납부되었을 경우 초과액은 법인세비용계정에서 감액하고 선급법인세계정의 차변에 기입한다.

3. 비용의 인식과 측정

비용의 인식은 비용이 언제 발생되는가에 대한 것으로 비용이 속하는 회계기간을 결정하는 기간귀속의 문제이다. 비용의 인식기준은 다음과 같은 것이 있다.[4]

① 직접 수익에 관련된 비용만을 대응시킬 것
② 직접 수익과 관련되지 않거나 관련시키기 어려운 비용은 당해 기간의 비용으로 인식할 것

비용의 측정은 얼마의 화폐가치를 회계기간 중 소멸한 자산에 부여할 것인가를 다루는 것이다. 비용의 측정기준은 자산의 평가기준처럼 역사적 원가, 대체원가 등이 될 수 있다.

---

4) SFAC No.5, pars. 85-86.

연습문제

1. 영업비용과 영업외 비용의 차이점을 설명하라.

2. K-IFRS는 비용을 포괄손익계산서상에 표시할 경우 어떤 방법을 요구하고 있는가?

3. 비용의 인식기준에 대해 설명하라.

4. 다음 거래를 분개하고 발생한 비용은 어느 비용계정으로 분류되는지를 밝혀라.

〈보기〉

* 건물(취득원가 : ₩200,000,000)을 ₩180,000,000에 처분하고 현금을 받다.

① (차)	현 금	180,000,000	(대) 건 물	200,000,000
	유형자산처분손실	20,000,000		

② 영업외 비용

1) 1년분 보험료 ₩36,000을 현금으로 납부하다.
2) 회사설립시에 지급했던 제반비용 ₩2,000,000에 대해 1차분 상각을 하다.
3) 상품제조시 필요한 원자재 ₩500,000을 구입하다.
4) 화재로 인하여 기계 ₩3,000,000이 소실되다.
5) 주민세 ₩5,000을 납부하다.
6) 회사에 부여된 법인세 ₩6,500,000을 납부하다.
7) 사채 ₩5,000,000에 대한 이자 ₩20,000을 현금으로 지급하다.
8) 건물 임차료 ₩400,000을 수표를 발행하여 지급하다.
9) 방위성금 ₩1,000,000을 방송국에 수표로 보내다.

5. (주)영화의 2010년 영업활동기간(1월 1일부터 12월 31까지) 실적은 다음과 같다. 포괄손익계산서를 구분식으로 작성하라. (단위: 원)

1) 기간중 수익

매출	2,600,000	이자수익	750,000	임대료	1,300,000
배당금수익	480,000	유형자산처분이익	640,000		

2) 기간중 비용

매출원가	1,200,000	이자비용	160,000	접대비	750,000
세금과공과금	200,000	감가상각비	330,000	연구비	420,000
급여	900,000	광고선전비	670,000	기부금	550,000

3) 법인세비용

법인기업 소득의 3%

6. 비용을 판매관리비와 영업외비용으로 구분하였을 경우 다음과 같은 비용은 어느 곳에 속하는가?

접대비 및 기부금, 잡비 및 잡손실

7. 다음 거래를 (주)상지 입장에서 비용의 성격을 알맞게 파악한 후 분개하라. (단위: 원)

1) 신제품을 선전하기 위해 거래처에 제품을 발송하면서 운반비 30,000을 지급하다.
2) 거래처 홍보부 직원의 결혼축의금으로 200,000을 지출하다.
3) 공장장 첫딸 돌 축하금으로 100,000을 지급하다.
4) 회사와 관련되어 있는 (사)산업진흥협회 회원비로 500,000을 납부하다. 그리고 공장 입주자협회에도 회원비 250,000을 지급하다.
5) 영업부 사원들의 체육대회 회식비 1,000,000을 후원하다.

제5장 재무제표

제1절 결산(Ⅱ)

1. 결산정리의 정의

결산(closing)이란 일정한 회계기간의 경영성과를 확정하고 재무상태를 명백히 하는 동시에 각종 장부를 마감하는 제반절차를 말한다.

제1부에서 언급한 결산은 결산정리사항이 없는 것을 가정하고 설명하였다. 즉 회계기간 말에 원장의 각 계정잔액이 실제와 일치한다는 가정하에 결산을 설명하였다. 그러나 회계실무에서는 회계기간 말에 이르면 원장의 각 계정잔액이 실제잔액과 일치하지 않는 경우가 많다. 이런 경우 자산・부채계정의 장부잔액을 실제잔액과 일치시키고, 수익・비용계정의 장부잔액도 그 기간에 발생한 금액과 정확하게 대응시키는 수정절차가 필요한데 이것을 결산정리(adjustment)라고 한다.

제1부에서 구체적인 결산절차를 언급하였기 때문에 여기서는 실질(재무상태표)계정과 손익계정의 결산정리사항만 설명한다. 실질계정에 대한 설명은 앞장(1~4장)에서 자세히 설명하였기 때문에 여기서는 간단히 언급한다.

2. 실질계정의 결산정리

1) 재고자산(상품의 매출원가)

상품계정을 분할상품계정(3분법)으로 처리하는 경우 상품매매손익을 파악하기 위해서 정확한 매출원가를 계산해야 된다. 매출원가는 이미 분개한 당기 매입액에 기초재고액 및 기말재고액의 분개를 해야 산출할 수 있다. 기초재고액 및 기말재고액은 다음과 같이 정리분개를 한다.

기초재고액 :	(차) 매　　입	×××	(대) 이월상품	×××
기말재고액 :	(차) 이월상품	×××	(대) 매　　입	×××

한편, K-IFRS는 비용을 포괄손익계산서상에 표시할 때 기능별 표시방법과 성격별 표시방법 중에서 하나를 선택하도록 규정하고 있다. 따라서 회계기말에 이 기준에 따라 회계처리를 하려면 다음과 같이 기초 및 기말 상품재고액의 변동여부를 고려하여 각각 수정분개를 해야 한다.

구　분	기능별 표시방법	성격별 표시방법
① 상품변동이 없는 경우 (기초재고 = 기말재고)	(차)매 출 원 가 ××× 매 출 원 가 ××× 상품(기말재고) ××× (대)상품(기초재고) ××× 매　　입 ××× 매 출 원 가 ×××	분개내역 없음
② 상품변동이 있는 경우 (기초재고 < 기말재고)	(차)매 출 원 가 ××× 매 출 원 가 ××× 상품(기말재고) ××× (대)상품(기초재고) ××× 매　　입 ××× 매 출 원 가 ×××	(차)상　　품 ××× (대)상품의 변동 ×××
③ 상품변동이 있는 경우 (기초재고 > 기말재고)	(차)매 출 원 가 ××× 매 출 원 가 ××× 상품(기말재고) ××× (대)상품(기초재고) ××× 매　　입 ××× 매 출 원 가 ×××	(차)상품의 변동 ××× (대)상　　품 ×××
참고사항	▶ 기능별 표시방법은 매출원가를 다른 비용과 구분해서 표시해야 한다. 따라서 매출원가를 계산하기 위해서는 상기내용과 같은 수정 절차가 필요하다. ⓐ 기초재고상품을 매출원가계정으로 대체 ⓑ 당기에 매입한 상품을 매출원가계정으로 대체 ⓒ 기말재고상품을 매출원가계정으로 대체 ▶ 그러나 본 교재는 매출원가계정을 이용하지 않고 매입계정에서 매출원가를 산정하는 방법을 선택하였으므로 당기매입액에 대한 수정분개가 필요 없다.	▶ 상품의 변동(기초재고와 기말재고의 차액)이 대변에 나타나면 당기수익으로 처리하고 차변에 나타나면 당기비용으로 처리한다. ▶ 매출원가는 당기 매입액과 상품의 변동을 합한 금액이다.

2) 자산평가(평가손익)

자산을 회계기간 말에 시가기준 또는 저가기준을 적용하여 평가할 경우 K-IFRS는 다음과 같이 처리하도록 규정하고 있다.

(1) 재고자산

재고자산은 저가기준에 의해 평가를 하기 때문에 아래와 같은 평가손실만 나타난다.

(차)재고자산평가손실 ×××	(대)재고자산평가충당금 ×××

(2) 투자자산

투자자산 중에서 유가증권은 보유목적에 따라 다르게 평가기준이 적용된다. 대표적으로 단기매매증권은 공정가치로 평가해야 하는데 평가손익이 아래와 같이 나타난다.

(차)단기매매증권 ×××	(대)단기매매증권평가이익 ×××
(차)단기매매증권평가손실 ×××	(대)단기매매증권 ×××

(3) 유형자산

유형자산은 원가모형과 재평가(시가)모형 중 선택하여 측정할 수가 있다. 재평가모형을 선택하면 평가손익이 아래와 같이 나타난다.

(차)유형자산 ×××	(대)유형자산재평가이익 ×××
(차)유형자산재평가손실 ×××	(대)유형자산 ×××

3) 자산추정(감가상각, 대손상각)

자산 중에서 회계기간 중에 여러 가지 원인으로 인하여 발생한 변동(감소)내역은 수익·비용 대응의 원칙에 따라 해당금액만큼 자산을 감소시키고 비용(감가상각 또는 대손상각)으로 처리해 주어야 한다.

(1) 감가상각

유형 및 무형 자산 중 회계기간 동안 발생한 가치가 감소한 변동내역은 해당금액을 아래와 같이 배분해 주어야 한다.

(차)감가상각비 ×××	(대)유형자산감가상각누계액 ×××
(차)무형자산상각 ×××	(대)무형자산 ×××

(2) 대손상각

수취채권 중에서 회계기간 중에 발생되어 회수가 불가능한 것은 해당금액을 추정하여 아래와 같이 처리해 주어야 한다.

(차)대손상각비 ×××　　　　　　　(대)대손충당금 ×××

4) 법인세비용의 기간배분

법인의 주체인 기업은 소득이 있으면 그 소득에 부과되는 법인세비용을 납부해야 한다. 일반적으로 기업은 다음과 같이 단계별로 법인세비용과 관련된 회계처리를 한다.

(1) 중간예납시 : 당기의 법인세 납부액이 확정되기 전에 전기의 납부액을 기준으로 미리 법인세를 납부하는 경우

(차)선급법인세 ×××　　　　　　　(대)현　　금 ×××

(2) 확정시 : 당기의 결산을 끝내고 법인세 납부액이 확정된 경우

(차)법인세비용 ×××　　　　　　　(대)선급법인세 ×××
　　미지급법인세 ×××

(3) 신고 및 납부시 : 세무서에 당기분 법인세를 직접 납부한 경우

(차)미지급법인세 ×××　　　　　　(대)현　　금 ×××

5) 소모품(사무용품) 정리

소모품(supplies)이란 문구용품, 청소용품 등과 같이 사용함으로써 닳아 없어지거나 재사용이 불가능하게 되는 물품을 말하며 사무용품이라고도 한다. 소모품을 회계처리 하는 방법은 아래와 같다.

(1) 자산으로 처리하는 방법

소모품을 구입할 때 소모품 구입비의 전액을 자산계정인 소모품계정으로 처리한 후, 결산을 할 때 당기의 소모품 소비액을 비용계정인 소모품비계정으로 대체하는 방법이다.

(2) 비용으로 처리하는 방법

소모품을 구입할 때 소모품 구입비의 전액을 비용계정인 소모품비계정으로 처리한 후, 결산을 할 때 아직 소비되지 않은 부분은 자산계정인 소모품계정으로 대체하여 차기이월시키는 방법이다. 회계실무에서는 이 방법을 일반적으로 사용하고 있다.

6) 임시계정 정리

기업의 경영성과와 영업성적을 표시하는 재무제표에는 회계기간중에 일시적으로 나타나는 임시계정을 표시하여서는 아니 된다. 따라서 임시계정은 그 원인을 규명하여 적정한 계정과목으로 대체하여야 한다. 임시계정으로는 가지급금, 가수금, 인출금, 현금과부족, 선급법인세(선납세금) 등이 있다.

예제 5.1

다음 소모품에 관한 거래를 비용으로 처리하는 방법과 자산으로 처리하는 방법으로 각각 분개하라.

10월 10일 : 사무실용 소모품 ₩25,000을 현금으로 구입하다.

12월 31일 : 결산을 맞이하여 소모품을 조사한 결과 ₩5,000이 남아 있다.

해답 (가) 비용처리법

10/10	(차) 소모품비	25,000	(대) 현　　금	25,000
12/31	(차) 소 모 품	5,000	(대) 소모품비	5,000
1/ 1	(차) 소모품비	5,000	(대) 소 모 품	5,000

(나) 자산처리법

10/10	(차) 소 모 품	25,000	(대) 현　　금	25,000
12/31	(차) 소모품비	20,000	(대) 소 모 품	20,000

1/ 1 분개 없음.

3. 손익계정의 결산정리

결산시 수익·비용계정에 표시된 각 계정의 잔액이 전부 당기의 발생액이라고 말할 수는 없다. 왜냐하면 현금의 수입과 지출이 발생하여 각 계정에 기입했을지라도 당기에 속하지 않고 차기에 포함되는 것이 있기 때문이다. 그러므로 정확한 기간손익을 계산하기 위해서는 현금주의에 따라 기록한 수익·비용과 관계된 경제적 사실을 발생주의원칙에 따라 기록해야 한다.

1) 이연[5)]항목

(1) 수익의 이연

기업이 당해 회계기간에 수취한 수익 중에서 차기 회계연도에 해당하는 수익은 발생주의 회계원칙에 입각하여 당기 수익에서 감소시키고 부채항목인 선수수익(deferred income)으로 다음과 같이 처리한다.

(차) 해당수익계정 ××× (대) 선수수익 ×××

예제 5.2

다음 거래를 분개하라.
1월 1일 : 건물을 임대하고 1년분 임대료 ₩1,200,000을 현금으로 받다.
6월 30일 : 결산일을 맞이하다.

해답

1/ 1	현 금	1,200,000	(대) 임 대 료	1,200,000
6/ 30	임 대 료	600,000	(대) 선수임대료	600,000

(2) 비용의 이연

기업이 당해 회계기간에 지급한 비용 중에서 차기 회계연도에 해당하는 비용은 발생주의 회계에 입각하여 당기 비용에서 감소시키고 자산항목인 선급비용(prepaid expence)으로 다음과 같이 처리한다.

(차) 선급비용 ××× (대) 해당비용계정 ×××

예제 5.3

다음 거래를 분개하라.
7월 1일 : 1년분 보험료 ₩240,000을 현금으로 납부하다.
2월 31일 : 결산일을 맞이하다.

5) 수익과 비용중에서 당해 회계기간에 포함되지 않는 것은 발생주의 원칙에 따라 차기 회계연도로 넘겨야 하는데 이것을 이연이라고 한다.

해답 7/ 1 (차) 보 험 료 240,000 (대) 현 금 240,000
12/ 31 (차) 선급보험료 120,000 (대) 보 험 료 120,000

2) 예상(발생)항목

(1) 수익의 예상

기업이 당해 회계기간에 실제로 수취는 못했지만 당기 수익으로 인식해야 하는 경우, 발생주의 회계에 입각하여 수익을 증가시키고 이에 해당하는 만큼의 자산항목인 미수수익(accrued income)도 다음과 같이 증가시킨다.

(차) 미수수익 ××× (대) 해당수익계정 ×××

예제 5.4

다음 거래를 분개하라.

6월 30일 : 결산일을 맞이하다. 그러나 당기분 이자 ₩60,000은 아직 받지 못한 상태이다.

해답 6/ 30 (차) 미수이자수익 60,000 (대) 이자수익 60,000

(2) 비용의 예상

기업이 당해 회계기간에 실제로 지급은 안했지만 당기비용으로 처리해야 하는 경우, 발생주의 회계에 입각하여 비용을 증가시키고 이에 해당하는 만큼의 부채항목인 미지급비용(accrued expense)도 다음과 같이 증가시킨다.

(차) 해당비용계정 ××× (대) 미지급비용 ×××

예제 5.5

다음 거래를 분개하라.

12월 31일 : 결산일을 맞이하다. 그러나 당기분 이자 중 아직 지급하지 못한 이자가 ₩120,000 있다.

해답 12/ 31 (차) 이자비용 120,000 (대) 미지급이자비용 120,000

연습문제

1. 다음거래를 분개하라.

3월 1일 1년분 화재보험료 ₩36,000을 현금으로 납부하다.
5월 1일 건물에 대한 임대료 1년분 ₩2,400,000을 수표로 받다.
6월 1일 사무실 소모품 ₩30,000을 현금으로 구입하다.
7월 1일 차입금에 대한 이자 ₩780,000을 현금으로 지급하다.
9월 1일 사채에 대한 이자 ₩960,000을 수표로 받다.
12월 31일 결산일을 맞이하다(단, 소모품 미사용분이 ₩10,000 있다. 그리고 차입금에 대한 이자 미지급액은 ₩670,000이 있고 사채에 대한 이자 ₩480,000은 아직 받지 못하다).

2. 다음거래를 분개하고 광고선전비계정과 미지급 광고선전비계정에 기입하고 마감하라.

7월 1일 광고료 4개월분 ₩120,000을 현금으로 지급하다.
12월 31일 광고료 미지급분을 계상하다.
1월 1일 광고료 미지급분을 광고선전비계정에 다시 대체하다.

광고선전비	

미지급광고선전비	

3. 다음 연속된 거래를 분개하고 아래 계정계좌에 기입 마감하라.

6월 1일 1년분 화재보험료 ₩36,000을 수표를 발행하여 지급하다.
12월 31일 결산시 보험료 미경과분 ₩15,000을 이월하고 당기분은 손익계정에 대체하다.
1월 1일 선급보험료를 보험료계정에 대체하다.
5월 1일 1년분 임대료 ₩480,000을 현금으로 받다.
12월 31일 결산시 임대료 선수분 ₩160,000은 이월하고 당기분은 손익계정에 대체하다.
1월 1일 선수임대료를 임대료계정에 대체하다.

4. 다음 자료로 8위식 정산표를 작성하라. (단위: 원, 결산 : 연 2회)

1) 원장계정잔액

현 금	100,000	당 좌 예 금	310,000	매 출 채 권	500,000
미 수 금	150,000	대 손 충 당 금	5,000	이 월 상 품	180,000
기 계 장 치	95,000	매 입 채 무	372,000	차 입 금	90,000
자 본 금	( )	매 입	870,000	매 출	1,100,000
급 여	96,000	보 험 료	20,000		
이 자 비 용	7,000	단 기 매 매 증 권	450,000		
이 자 수 익	30,000	기계장치감가상각누계액	25,000		

2) 기말정리사항

① 기말상품재고액	250,000	② 이자 미지급액	5,000
③ 보험료 미경과액	7,000	④ 기계장치 감가상각액	8,000

⑤ 대손충당금은 매출채권잔액의 2% 설정

⑥ 단기매매증권 신평가액 490,000

3) 정산표 양식

정 산 표

계정과목	시 산 표		정리사항		포괄손익계산서		재무상태표	

5. 다음 잔액시산표와 기말정리사항으로 포괄손익계산서와 재무상태표를 작성하라.

1) 잔액시산표

잔 액 시 산 표

차변 계정	금액	대변 계정	금액
현금	100,000	매입채무	150,000
매출채권	150,000	미지급금	270,000
유가증권	150,000	대손충당금	3,000
이월상품	190,000	건물감가상각누계액	13,000
미수금	170,000	미지급배당금	12,000
건물	3,500,000	자본금	3,600,000
비품	80,000	매출	1,002,000
매입	370,000	이자수익	8,000
급여	250,000		
보험료	30,000		
광고선전비	65,000		
잡손실	3,000		
	5,058,000		5,058,000

2) 기말정리사항

① 기말상품재고액 ₩85,000

② 대손충당금은 매출채권 잔액의 1%로 설정

③ 건물감가상각비 ₩54,000 계상

④ 보험료 미경과액 ₩10,000

⑤ 이자 선수분 ₩3,000

⑥ 유가증권평가액 ₩135,000

6. 다음 자료로 요구사항에 답하라. (단위: 천원)

1) 총계정원장의 계정잔액

현금과 예금	
2,000	

매 입	
6,300	

매출채권	
4,500	

유가증권	
2,000	

매 출	
	9,500

이월상품	
900	

보험료	
240	

건 물	
1,000	

이자비용	
100	

매입채무	
	3,100

미지급금	
	1,240

자본금	
	( )

임대료	
	200

이자수익	
	600

광고선전비	
150	

2) 기말정리사항

① 상품기말재고액 : 1,100
② 건물감가상각 : 취득원가 10%
③ 유가증권평가액 : 1,780
④ 대손상각 : 매출채권 잔액의 2%
⑤ 보험료 미경과분 : 40
⑥ 이자비용 미지급분 : 50

3) 요구사항

① 결산수정분개
② 수정전 시산표
③ 포괄손익계산서
④ 재무상태표

7. 다음 자료를 이용하여 요구사항에 답하라. (단위: 원)

1) 계정잔액

현 금	570,000	외상매입금	890,000	단기매매증권	435,000
매 입	512,000	대손충당금	10,500	이월상품	380,000
매 출	970,000	보 험 료	85,000	이자수익	160,000
사 채	780,000	임 대 료	95,000	받을어음	240,000
건 물	650,000	외상매출금	360,000	이자비용	70,000
자 본 금	( )	감가상각누계액	8,500		

2) 기말정리사항

① 기말상품재고액 420,000

② 유가증권 신평가액 525,000

③ 매출채권 잔액의 2%를 대손상각으로 설정

④ 비유동자산의 1%를 감가상각으로 계상

⑤ 보험료 선급분 12,500

⑥ 이자비용 중 미지급분 35,000

⑦ 이자수익 중 선수분 20,000

3) 요구사항

① 대손충당금의 성격에 대해 설명하라.

② 8위식 정산표를 작성하라.

③ 상품매출이익은 얼마인가?

④ 당기순이익은 얼마인가?

8. 다음 결산정리사항에 의하여 정산표를 작성하라. (단위: 천원)

1) 기말정리사항

① 기말상품재고액 20,000

② 매출채권 잔액의 2%를 대손설정

③ 유가증권 신평가액 22,000

④ 건물감가상각은 취득원가의 10%

⑤ 보험료 미경과액 1,000

⑥ 이자수익 선수액 3,000

⑦ 수수료 미수액 3,000

⑧ 가지급금 5,000은 접대비로 판명

⑨ 미지급 광고선전비 5,000

2) 정산표

정 산 표

계 정 과 목	시 산 표		정리기입		포괄손익계산서		재무상태표	
	차변	대변	차변	대변	차변	대변	차변	대변
현 금	60,000							
당 좌 예 금	80,000							
이 월 상 품	30,000							
매 출 채 권	55,000							
유 가 증 권	24,000							
가 지 급 금	5,000							
건 물	25,000							
매 입 채 무		83,000						
미 지 급 금		60,000						
자 본 금		153,000						
감가상각누계액		9,000						
매 출		180,000						
이 자 수 익		23,000						
수 수 료 수 익		7,000						
매 입	140,000							
급 여	80,000							
이 자 비 용	6,000							
보 험 료	3,000							
광 고 선 전 비	7,000							
	515,000	515,000						

9. 다음 자료로 결산에 필요한 분개를 하고 총계정원장을 마감하라(단위 : 원, 상품계정은 총액법으로 마감하고 이월시산표도 작성하라).

1) 총계정원장

현 금	
420,000	280,000

이월상품	
310,000	

매출채권	
2,300,000	810,000

비 품	
85,000	

매입채무	
1,200,000	2,200,000

대손충당금	
	4,000

미지급금	
	21,000

자본금	
	( )

매 출	
	2,300,000

수수료수익	
	20,000

매 입	
1,800,000	

광고선전비	
40,000	

급 여	
80,000	

감가상각누계액	
	3,000

유가증권	
250,000	

이자수익	
	70,000

2) 결산정리사항

① 기말상품재고액 200,000

② 대손예상은 매출채권 잔액에 대하여 2%

③ 감가상각비 3,000 계상

④ 수수료 미수액 5,000

⑤유가증권 신평가액 310,000

⑥선수이자 20,000

10. 다음 재고조사표에 의하여 정산표를 완성하라.

재고조사표

과 목	적 요			금 액
상 품	A상품 300개 @500			150,000
건 물	취득원가		1,100,000	
	감가상각누계액	160,000		
	당기상각액	40,000	200,000	900,000
유 가 증 권	장부가격		400,000	
	평가손실		15,000	385,000
외 상 매 출 금	장부잔액		800,000	
	대손충당금 2%		16,000	784,000
선 급 보 험 료	보험료 지급액		26,000	
	보험료 경과액		10,000	16,000
미 수 이 자 수 익	이자미수액			4,000
미 지 급 수 수 료	수수료 미지급액			2,000
				2,241,000

정 산 표

계정과목	시산표		정리기입		포괄손익계산서		재무상태표	
	차변	대변	차변	대변	차변	대변	차변	대변
현 금	600,000							
당 좌 예 금	200,000							
대 여 금	120,000							
상 품	80,000							
매 출 채 권	600,000							
유 가 증 권	400,000							
건 물	1,500,000							
매 입 채 무		750,000						
미 지 급 금		450,000						
대 손 충 당 금		8,000						
감 가 상 각 누 계 액		200,000						
자 본 금		(　　)						
이 자 수 익		6,000						
급 여	180,000							
보 험 료	22,000							
광 고 선 전 비	6,000							

11. 다음 포괄손익계산서와 재무상태표로 결산정리사항을 추청하여 분개하고 결산전 잔액시산표를 작성하라. (단위: 원)

포괄손익계산서

차변	금액	대변	금액
매입	934,000	매출	1,350,000
급여	210,000	이자수익	13,000
소모품비	10,000		
보험료	6,000		
임차료	36,000		
광고선전비	84,000		
감가상각비	10,000		
유가증권평가손실	5,000		
대손상각비	3,000		
당기순이익	65,000		
	1,363,000		1,363,000

재무상태표

차변	금액	대변	금액
현금	150,000	매입채무	50,000
당좌예금	47,000	미지급금	47,000
매출채권	140,000	감가상각누계액	40,000
이월상품	150,000	미지급광고선전비	4,000
유가증권	80,000	대손충당금	3,000
건물	120,000	미지급임차료	6,000
선급보험료	3,000	자본금	491,000
소모품	16,000	당기순이익	65,000
	706,000		706,000

12. 다음 자료를 이용하여 정산표를 작성하라. (단위: 원)

1) 원장계정잔액

현금	100,000	당좌예금	310,000	매출채권	600,000
미수금	150,000	대손충당금	5,000	이월상품	180,000
기계장치	95,000	매입채무	372,000	차입금	90,000
자본금	( )	매입	870,000	매출	1,300,000
급여	96,000	보험료	23,000	이자비용	7,000
이자수익	140,000	단기매매증권	450,000	소모품	85,000
기계장치감가상각누계액	25,000				

2) 기말정리사항

① 기말상품재고액 260,000　② 이자 미지급액 6,000
③ 보험료 미경과액 9,000　④ 기계장치 감가상각누계액 9,000
⑤ 대손충당금은 매출채권 잔액의 2% 설정
⑥ 단기매매증권 신평가액 510,000　⑦ 이자중 선수금액 20,000
⑧ 소모품 사용액 70,000

제2절 재무상태표

1. 재무상태표의 정의

재무상태표(statement of financial position)란 일정시점에서 기업실체의 재무상태를 표시하는 회계보고서이다. 재무상태표를 구성하는 기본요소는 자산, 부채, 자본 등이 있다. 부채와 자본은 대변에 기록되어 기업실체가 조달한 자금의 원천내역을 표시하고 자산은 차변에 기록되어 기업실체가 조달된 자금을 어떻게 처리하였는가의 운용상태를 나타낸다.

2. 재무상태표의 양식

재무상태표의 양식에는 계정식과 보고식이 있다.

계정식(account form)은 원장의 계정형식과 같이 대변에는 부채와 자본을 기재하고 차변에는 자산을 기재하여 대변과 차변을 평형시키는 양식이다.

보고식(report form)은 대변과 차변을 구분하지 않고 위에서부터 자산, 부채 그리고 자본을 기입하는 형식이다.

기업회계기준은 계정식과 보고식을 모두 인정하고 있다. 보고식 재무상태표의 양식은 다음과 같다.

재 무 상 태 표(보고식)

제21기 2011년 12월 31일 현재
제20기 2010년 12월 31일 현재

회사명: *** (단위: 원)

계 정 과 목	당	기	전	기
자 산				
유 동 자 산		××××		××××
현금및현금성자산	××××		××××	
단 기 매 매 증 권	××××		××××	
매 출 채 권	××××		××××	
대 손 충 당 금	(××××)		(××××)	
상 품	××××		××××	

비유동자산		××××		××××
매도가능증권	××××		××××	
토지	××××		××××	
감가상각누계액	(××××)		(××××)	
영업권	××××		××××	
자산총계		××××		××××
부채				
유동부채		××××		××××
매입채무	××××		××××	
단기차입금	××××		××××	
비유동부채		××××		××××
사채	××××		××××	
장기차입금	××××		××××	
부채총계		××××		××××
자본				
납입자본		××××		××××
자본금	××××		××××	
주식발행초과금	××××		××××	
기타자본구성요소		××××		××××
일반적립금	××××		××××	
이익잉여금		××××		××××
이익준비금	××××		××××	
자본총계		××××		××××
부채및자본총계		××××		××××

3. 재무상태표의 작성기준

1) 구분표시의 원칙

재무상태표는 자산·부채 및 자본으로 크게 구분하고, 여기서 자산은 유동자산 및 비유동자산으로, 부채는 유동부채 및 비유동부채로, 자본은 자본금·자본잉여금·이익잉여금(결손금)·자본조정 · 기타포괄손익누계액 등으로 각각 구분하여 표시하여야 한다는 원칙을 말한다.

한편, K-IFRS는 기업회계기준서 제1001호를 통하여 재무상태표에 표시되어야 할 계정과목의 순서 및 형식을 규정하고 있지는 않다. 그러나 생물자산, 매각예정으로 분류된 자산 및 처분자산집단에 포함된 부채, 자본에 표시된 비지배지분 등과 같은 항목은 적어도 재무상태표에 표시하도록 하고 있다.

2) 총액표시의 원칙

재무상태표의 구성항목은 총액에 의하여 기재함을 원칙으로 해야지 구성항목 상호간을 상계함으로써 그 전부 또는 일부를 재무상태표에서 제외시켜서는 안된다는 것을 말한다. 예를 들어 매출채권과 매입채무을 서로 상계하여 금액의 일부 또는 전부를 누락시켜서는 안된다.

3) 1년기준의 원칙

1년기준(one year rule)이란 자산과 부채를 1년을 기준으로 하여 1년 이내에 현금으로 전환할 가능성이 있거나 1년 이내에 현금으로 지급될 가능성이 있는 것은 유동자산 및 유동부채로 인식하고 그렇지 못한 것은 비유동자산 및 비유동부채로 분류하는 것을 말한다.

4) 유동성배열법의 원칙

재무상태표의 배열방법에는 고정성배열법과 유동성배열법이 있다.

유동성배열법은 환금성(換金性)이 빠른 것부터, 즉 유동성의 순위(order of liquidity)에 따라 재무상태표의 구성항목을 배열하는 것을 말한다. 그러나 광산업, 철도업, 전화통신업 등과 같이 고정자산에 대한 투자가 많은 기업은 고정성이 강한 고정항목을 먼저 배열하고 순차적으로 유동항목을 배열하는 고정성배열법을 선택하는 경향이 있다.

한편, K-IFRS는 기존의 개념과 약간 차이가 있는 유동성/비유동성구분법과 유동성배열법을 선택하여 사용할 수 있도록 규정하고 있다. 유동성/비유동성구분법은 우선, 자산과 부채를 유동항목과 비유동항목으로 분류하고 나서 배열하는 방법을 유동항목부터 시작할 것인가 아니면 비유동항목부터 시작할 것인가를 선택하게 하는 방법을 말한다. 그리고 유동성배열법은 자산과 부채에 대해 유동항목과 비유동항목은 구분하지 않는 대신 각 개별 자산과 부채의 유동성 상태를 파악하여 오름차순 또는 내림차순을 정하여 배열하는 방법을 말한다.

5) 잉여금 구분의 원칙

자본거래에서 발생하는 자본잉여금과 손익거래에서 발생하는 이익잉여금은 이해관계자가 합리적 의사결정을 하도록 정보를 제공하려는 목적에서 구분하여 표시하여야 한다는 것을 말한다.

6) 미결산항목과 비망계정의 사용금지 원칙

가지급금 또는 가수금 등의 미결산항목은 그 내용을 나타내는 적절한 과목으로 표시하고, 대조계정 등의 비망계정은 재무상태표의 자산 또는 부채항목으로 표시하여서는 아니 된다는 원칙을 말한다.

연습문제

1. 재무상태표의 항목배열방법을 설명하라.

2. 재무상태표를 작성할 때 특정비용을 이연하는 목적을 설명하라.

3. 석성상사의 제6기 말(2007. 12. 31.) 계정잔액은 다음과 같다. 이 자료로 재무상태표를 계정식과 보고식으로 작성하라. (단위: 원)

매출채권	240,000	매입채무	350,000	단기대여금	440,000
현금	550,000	상품	610,000	건물	39,000
유가증권	840,000	사채	370,000	당좌예금	480,000
이익잉여금	60,000	자본금	( )		

4. 다음 자료는 탄천상사의 제9기 말(2008. 6. 30.) 계정잔액이다. 이 자료를 이용하여 K-IFRS가 인정하는 구분식 재무상태표를 작성하라. (단위: 원)

매출채권	510,000	매입채무	710,000	현금	760,000
미수금	430,000	자기주식	270,000	건물	920,000
예수금	650,000	사채	730,000	당좌예금	540,000
창업비	400,000	미지급금	370,000	미수금	550,000
선급금	580,000	투자유가증권	710,000	장기대여금	640,000
특허권	770,000	기계장치	430,000	장기차입금	290,000
감자차익	560,000	당기순이익	240,000	상품	670,000
자본금	( )				

5. 기업회계기준서 1001호에 명시된 재무상태표 표시항목을 설명하라.

6. 재무상태표를 작성할 경우 '정상영업주기'가 중요한 이유에 대해 설명하라.

제3절 포괄손익계산서

1. 포괄손익계산서의 정의

포괄손익계산서(statement of comprehensive income)는 기업실체가 취득한 일정기간 동안의 경영성과를 나타내는 회계보고서이다. 포괄손익계산서를 구성하는 기본요소로는 수익과 비용이 있으며 수익은 대변에 기록하고 비용은 차변에 기록한다. 따라서 수익과 비용의 차액이 기업의 경영성과를 나타내는 순손익이 된다.

2. 포괄손익계산서의 양식

포괄손익계산서는 기존의 손익계산서와 다르게 당기순손익에 기타포괄손익누계액을 합한 개념인 총포괄손익을 표시하도록 요구하고 있다. K-IFRS는 총포괄손익을 당기순손익과 함께 표시하는 방법(단일형식)도 인정하고 당기순이익과 포괄손익을 분리해서 표시하는 방법(분할형식)도 인정한다. 그리고 포괄손익계산서의 작성은 이해관계자들을 위해서 보고식으로 작성하여 공표하지만 학교에서는 학습목표의 효율성을 위해 본 교재 제1부에서 공부한 것과 같은 계정식을 많이 이용하고 있다. 보고식 포괄손익계산서의 양식을 단일형식 및 분할형식 형태로 구성하면 다음과 같다.

(1) 단일형식(보고식): 포괄손익계산서

포 괄 손 익 계 산 서

제21기 2011년 01월 01일부터 2011년 12월 31일까지
제20기 2010년 01월 01일부터 2010년 12월 31일까지

회사명: *** (단위: 원)

계 정 과 목	당	기	전	기
매출액		××××		××××
매출원가		××××		××××
기초상품재고액	××××		××××	
당기매입액	××××		××××	
기말상품재고액	××××		××××	
매출총이익		××××		××××

판매비와관리비		××××		××××
급여	××××		××××	
운반비	××××		××××	
복리후생비	××××		××××	
접대비	××××		××××	
감가상각비	××××		××××	
영업이익		××××		××××
영업외수익		××××		××××
배당금수익	××××		××××	
임대료	××××		××××	
영업외비용		××××		××××
이자비용	××××		××××	
유형자산처분손실	××××		××××	
법인세비용차감전순이익		××××		××××
법인세비용		××××		××××
당기순이익		××××		××××
기타포괄이익		××××		××××
해외사업환산이익	××××		××××	
매도증권평가손실	(××××)		(××××)	
총포괄이익		××××		××××
주당순이익		××××		××××

(2) 분할형식(보고식): 포괄손익계산서

포 괄 손 익 계 산 서

제21기 2011년 01월 01일부터 2011년 12월 31일까지
제20기 2010년 01월 01일부터 2010년 12월 31일까지

회사명: *** (단위: 원)

계정과목	당기		전기	
매출액		××××		××××
매출원가		××××		××××
기초상품재고액	××××		××××	
당기매입액	××××		××××	
기말상품재고액	××××		××××	
매출총이익		××××		××××
판매비와관리비		××××		××××
급여	××××		××××	
운반비	××××		××××	
복리후생비	××××		××××	
접대비	××××		××××	
감가상각비	××××		××××	
영업이익		××××		××××
영업외수익		××××		××××
배당금수익	××××		××××	
임대료	××××		××××	
영업외비용		××××		××××
이자비용	××××		××××	
유형자산처분손실	××××		××××	
법인세비용차감전순이익		××××		××××
법인세비용		××××		××××
당기순이익		××××		××××

포괄손익계산서

제21기 2011년 01월 01일부터 2011년 12월 31일까지
제20기 2010년 01월 01일부터 2010년 12월 31일까지

회사명: *** (단위: 원)

계정과목	당기		전기	
당기순이익		××××		××××
기타포괄이익		××××		××××
해외사업환산이익	××××		××××	
매도증권평가손실	(××××)		(××××)	
총포괄이익		××××		××××
주당순이익		××××		××××

3. 포괄손익계산서의 작성기준

1) 발생주의의 원칙

모든 수익과 비용은 그것이 발생한 기간에 정당하게 배분되도록 처리해야 한다는 것을 말한다. 따라서 수익은 실현된 시점에서 인식하고 비용은 발생된 시점에서 인식된다.

2) 수익·비용대응의 원칙

기간의 경영성과를 명확히 파악하기 위해 이익은 일정기간 동안에 발생한 수익과 이것을 얻기 위해 지출한 비용을 대응시켜 산정하여야 한다는 것을 말한다. 따라서 수익항목은 매출액·영업외수익 등으로 구분하여 표시하고, 비용항목은 매출원가·판매비와 관리비·영업외비용 등으로 구분하여 표시한 후 서로 관련되는 항목끼리 대응시켜 나타내야 한다.

(1) 수익항목

① 매출액 : 상품 등의 판매액으로 특수매출(위탁, 할부매출 등)도 포함된 매출총액에서 환입액과 에누리액을 차감한 금액

② 영업외이익 : 기업의 주요한 영업활동 이외에서 취득한 경상적인 이익

(2) 비용항목

① **매출원가** : 매출액에 대응하는 상품의 매입원가

(매입원가 = 기초상품재고액 + 당기매입액 - 기말상품재고액)

② 판매비와 관리비 : 상품 등의 판매활동 및 기업을 유지하고 관리하는 데 필요한 비용

③ 영업외비용 : 기업의 주요한 영업활동 이외에서 발생한 경상적인 비용

3) 총액주의의 원칙

비용과 수익의 발생액을 서로 상계시켜 잔액만을 표시하거나 동일한 수익 및 비용에 속하는 항목끼리 서로 합하여 기재해서는 안된다는 것을 말한다.

4) 구분표시의 원칙

K-IFRS는 포괄손익계산서의 양식이나 항목 및 배열순서 등에 대해 구체적으로 내용을 언급하지 않고 있다. 그러나 일반기업회계기준은 이익을 4단계로 분류하여 공표하도록 하고 있다.

한편, 기업은 영업활동을 하면서 문제가 있는 특정 사업영역에 대해 폐기를 하거나 처분을 할 수가 있다. 이와 같이 폐기 또는 처분시킨 사업부문을 중단영업이라고 한다. 중단영업때문에 발생한 중단영업손익은 기업이 계속하여 영업활동을 하는 부문과 분리하여 손익을 표시해 주어야 한다.

연습문제

1. K-IFRS는 포괄손익계산서를 이해관계자에게 공표할 경우 어떤 양식을 요구하고 있는가?

2. K-IFRS는 비용을 분류할 때 성격별 또는 기능별로 분류하여 그 중 하나를 선택하도록 하고 있는데 각 방법의 특징은 무엇인가?

3. 주당순이익에 대해 설명하라.

4. 수익·비용 대응의 원칙에 대해 설명하라.

5. 포괄손익계산서 작성시 총액주의원칙을 준수해야 하는데, 이 원칙에 위배되는 것을 예시하라.

6. 다음 자료는 만월상사의 제6기(20×2. 1. 1.~20×2. 12. 31.) 영업실적을 나타내는 계정잔액이다. 이것을 이용하여 기업회계기준이 인정하는 5구분식 손익계산서를 작성하라.

(단위: 원)

매출	960,000	이자수익	36,000	매출환입	2,500
감가상각비	25,000	광고선전비	28,000	잡손실	25,000
이자비용	21,000	법인세비용	31,000	매출환입	3,000
대손상각비	16,000	보험료	64,000	매입	464,000
배당금수익	88,000	재해손실	44,000	사채상환이익	28,000
수도광열비	27,000	여비교통비	35,000	접대비	62,000
기초상품재고액	240,000	기말상품재고액	370,000	급여	97,000
유가자산처분이익	75,000	유가증권처분손실	18,000		

7. 상기의 제6기 만월상사 자료를 이용하여 단일형식에 의한 포괄손익계산서를 작성하라.

8. 상기의 제6기 만월상사 자료를 이용하여 분할형식에 의한 포괄손익계산서를 작성하라.

9. 기업회계기준은 포괄손익계산서를 작성할 때 수익 및 비용에 대하여 발생주의로 인식하도록 규정하고 있다. 현금주의가 아닌 발생주의로 인식하게 하는 이유를 설명한 후, 사례를 현금주의와 발생주의로 비교하여 표기(분개)하라.

제4절 현금흐름표

1. 현금흐름표의 정의

현금흐름표(statement of cash flow)는 기업의 현금변동 내용을 명확하게 보고하기 위하여 당해 회계연도에 속하는 현금의 유입과 유출 내용을 적정하게 표시하는 회계보고서이다. 이때의 현금은 재무상태표상의 「현금과 예금」만을 의미하는 것이 아니라 광의의 개념으로 현금성자산도 포함하고 있다. 현금흐름표는 기업회계기준이 개정되기 전에는 재무상태변동표로 불리어졌으나, 1994년에 현금흐름에 관한 정보를 제공함으로써 재무정보의 유용성을 제고하고 기업의 국제화 및 자본시장의 개방화에 따른 회계기준의 국제화를 도모하며, 작성방법의 선택적 적용을 인정함으로써 기업들의 실무적 수용가능성을 높이기 위해 기업회계기준을 개정하면서 현금흐름표로 명칭이 변경되었다.

현금흐름표는 포괄손익계산서상에 당기순이익이 보고되었지만 현금지급능력이 없어 부도가 발생하는 현상, 즉 흑자부도 때문에 많은 관심의 대상이 되고 있다.

2. 현금흐름표의 유용성

현금흐름표는 포괄손익계산서에서 얻지 못하는 현금의 흐름에 대한 정보를 알 수 있어 기업의 이해관계자들에게 다음과 같은 유용한 정보를 제공한다.

① 회계실체에 내재하는 현금흐름은 발생주의 회계에 의해 산출된 정보와 일치하지 않으므로 정확한 현금흐름[6]을 파악하기 위해서는 현금흐름표를 참고해야 한다.

② 재무제표에는 물가의 변동으로 인한 영향이 반영되지 않고 있으므로 기업의 영업성공 여부를 평가하는데 보다 나은 표준은 현금흐름이다.

③ 기업의 유동성, 재무적 탄력성을 평가할 경우 순운전자본보다 현금흐름이 보다 유용한 정보를 제공한다.

④ 정보이용자가 기업의 영업자금을 조달할 능력이나 단기부채의 지급능력 및 배당금 지급능력 등을 갖고 있는가를 평가하는데 현금흐름이 유용한 정보가 된다.

6) 발생주의 원칙에 의거하여 계산한 손익계산서상의 당기순이익은 기업으로 현금이 유입되었다는 의미가 아니기 때문에 기업이 그 자료만 갖고 현금을 운영하는데 손익계산서 정보는 한계점이 있다.

3. 현금흐름의 구분표시

현금흐름표는 회계실체의 현금흐름을 경영활동 분야별, 즉 「영업활동으로 인한 현금흐름」, 「투자활동으로 인한 현금흐름」, 그리고 「재무활동으로 인한 현금흐름」으로 구분하여 표시하고, 여기에 기초의 현금을 가산한 후 기말의 현금을 산출하는 형식으로 표시한다.

1) 영업활동으로 인한 현금흐름

영업활동은 일반적으로 제품의 생산과 상품 및 용역의 구매・판매활동을 지칭하며, 다음에 언급하는 투자활동과 재무활동에 속하지 아니하는 거래를 모두 포함한다.

영업활동으로 인한 현금흐름은 직접법 또는 간접법으로 표시한다. 직접법은 현금을 수반하여 발생한 수익 또는 비용항목을 총액으로 표시하지만, 현금유입액은 원천별로, 현금유출액은 용도별로 분류하여 표시하는 방법을 말한다. 간접법은 당기순이익(손실)에 현금의 유출이 없는 비용 등을 가산하고 현금의 유입이 없는 수익 등을 차감하여 표시하는 방법을 말한다.(K-IFRS는 간접법의 출발점을 당기순이익이 아니라 법인세비용차감전순이익으로 규정하고 있다.)

2) 투자활동으로 인한 현금흐름

투자할동은 현금의 대여와 회수활동, 단기금융상품, 유가증권(현금성자산 제외), 투자자산 유형자산 및 무형자산의 취득과 처분활동 등을 말한다.

3) 재무활동으로 인한 현금흐름

재무활동은 현금의 차입 및 상환활동, 신주발행이나 지급활동 등과 같이 부채 및 자본계정에 영향을 미치는 거래를 말한다.

상기에서 언급한 내용을 요약하면 다음과 같이 정리할 수 있다.

Ⅰ. 영업활동으로 인한 현금흐름

<직접법>	<간접법>
가. 매출 등 수익활동으로부터의 유입액	1. 당기순이익(손실)
나. 매입 및 종업원에 대한 유출액	2. 현금의 유출이 없는 비용 등의 가산
다. 이자수익 유입액	3. 현금의 유입이 없는 수익 등의 차감

라. 배당금수익 유입액
마. 이자비용 유출액
바. 법인세비용 등 유출액
사. •••••

4. 영업활동으로 인한 자산 · 부채의 변동

II. 투자활동으로 인한 현금흐름
1. 투자활동으로 인한 현금 유입액
가. 유가증권의 처분
나. 장기성예금의 감소
다. •••••
2. 투자활동으로 인한 현금유출액
가. 현금의 단기대여
나. 유가증권의 취득
다. •••••

III. 재무활동으로 인한 현금흐름
1. 재무활동으로 인한 현금유입액
가. 단기차입금의 차입
나. •••••
2. 재무활동으로 인한 현금유출액
가. 사채의 상환
나. •••••

IV. 현금의 증가(감소) (I + II + III)

V. 기초의 현금

VI. 기말의 현금

예제 5.6

다음 자료로 부여상사의 「영업활동으로 인한 현금흐름」을 간접법으로 계산하라.

(단위: 원, 결산일: 매년 말)

(가) 자산의 증감내역

	2008. 12. 31.	2007. 12. 31.
매 출 채 권 :	57,000,000	45,000,000
미 지 급 비 용 :	950,000	800,000
선 급 금 :	5,900,000	4,400,000
감가상각누계액 :	6,700,000	3,100,000

(나) 추가정보

당기순이익 : 9,800,000 건 물 처 분 이 익 : 2,400,000 사채상환손실 : 870,000
대손상각비 : 880,000 배당금현금지급액 : 2,200,000

해답

비 목		금 액
1. 당기순이익		9,800,000
2. 현금의 유출이 없는 비용 등		5,500,000
① 감가상각비	3,600,000	
② 비유동부채상환손실	870,000	
③ 대손상각비	880,000	
④ 미지급비용의 증가	150,000	
3. 현금의 유입이 없는 수익 등		15,900,000
① 비유동자산처분이익	2,400,000	
② 외상매출금의 증가	12,000,000	
③ 선급금의 증가	1,500,000	
영업활동으로 인한 현금흐름		600,000

예제 5.7

다음 자료로 대전상사의 「투자활동으로 인한 현금흐름」을 계산하라.

(단위: 원, 결산일: 매년 말)

(가) 재무상태의 증감내역

	20×3. 12. 31.	20×2. 12. 31.
유 가 증 권 :	180,000	150,000
투 자 유 가 증 권 :	250,000	400,000
건 물 :	970,000	820,000
감 가 상 각 누 계 액 :	86,000	64,000
장 기 차 입 금 :	260,000	370,000
자 본 금 :	780,000	640,000
이 익 잉 여 금 :	91,000	57,000
당 기 순 이 익 :	183,000	239,000

(나) 추가정보

① 투자유가증권은 ₩40,000 이익을 보고 처분하였다.

② 건물 중에서 취득원가 ₩9,400(장부가액 : ₩6,600)를 2003년 6월에 ₩7,400을 현금으로 받고 처분하였다.

③ 2003년 9월에 정부로부터 국고보조금을 받았는데, 일부는 현물(기계)로 ₩120,000(시가) 받고 일부는 ₩80,000을 현금으로 받다.

해답

비 목	금 액	
1. 투자활동으로 인한 현금유입액		190,000
① 감가상각비	190,000	
2. 투자활동으로 인한 현금유출액		69,400
① 비유동자산처분이익	30,000	
② 외상매출금의 증가	39,400	
투자활동으로 인한 현금흐름		120,600

예제 5.8

다음 자료로 서울상사의 「재무활동으로 인한 현금흐름」을 계산하라.

(단위: 원, 결산일: 매년 말)

(가) 재무상태 중 일부의 증감내역

	20×5. 12. 31.	20×4. 12. 31.
기계장치 :	900,000	400,000
건물 :	800,000	1,200,000
감가상각누계액 :	(30,000)	(25,000)
단기차입금 :	450,000	300,000
장기차입금 :	600,000	500,000
자본금 :	950,000	750,000

(나) 추가정보

① 장부가액의 증가액만큼 당기에 장·단기 차입금을 신규로 차입하였고 배당금은 현금으로 ₩150,000을 지급하였다.

② 당기에 액면가액의 130%만큼 유상증자를 실시하여 현금으로 납입받다.

해답

비 목	금 액	
1. 재무활동으로 인한 현금유입액		575,000
① 단기차입금의 차입	150,000	
② 장기차입금의 차입	100,000	
③ 유상증자	325,000	
2. 재무활동으로 인한 현금유출액		150,000
① 배당금의 지급	150,000	
재무활동으로 인한 현금흐름		425,000

4. 현금흐름표의 기준별 차이점

K-IFRS와 일반기업회계기준은 현금흐름표를 구분하는 영역에서 다음과 같은 차이점이 있다.

1) 일반기업회계기준

① 영업활동으로 인한 현금흐름: 이자비용, 이자수익, 배당금수익

② 재무활동으로 인한 현금흐름: 배당금지급

2) K-IFRS

일반기업회계기준에 의한 방법도 인정하지만 아래와 같은 방법도 매년 계속적으로 사용한다는 전제조건하에 인정한다.

① 재무활동으로 인한 현금흐름: 이자비용, 배당금지급

② 투자활동으로 인한 현금흐름: 이자수익, 배당금수익

연습문제

1. 현금흐름표에서 인정하는 현금자금의 개념을 설명하라.

2. 현금흐름표를 작성하는 이유를 설명하라.

3. 현금흐름표와 다른 재무제표(재무상태표 및 포괄손익계산서)와의 관계를 설명하라.

4. K-IFRS가 인정하는 현금흐름표의 구분에 대해 설명하라.

5. 다음 자료로 한밭상사의 「영업활동으로 인한 현금흐름」을 계산하라.

1) 당기순이익 : ₩5,400,000
2) 자산의 상각 : 특허권 상각 ₩60,000
건 물 상각 ₩2,800,000
3) 부채의 상각 : 사채할인발행차금상각 ₩240,000
4) 대손충당금 설정 : 단기매출채권 ₩500,000
장기매출채권 ₩330,000
5) 이자비용 : 사채지급이자 ₩610,000

6. 흑자부도를 정의하고 발생하는 이유에 대해 설명하라.

제5절 자본변동표

1. 자본변동표의 의의

자본변동표(statement of changes in equity)는 한 회계기간 동안에 발생한 소유주지분의 변동내역을 나타내는 재무보고서이다. 즉 자본변동표는 자본금, 자본잉여금, 자본조정, 기타포괄손익누계액, 이익잉여금 등과 같은 자본구성요소들의 연간변동사항에 대한 포괄적인 정보를 제공하기 위해 작성하는 보고서이다.

2. 자본변동표의 유용성

자본변동표는 한국회계기준원이 기업회계기준 체계를 변화시키면서 주요 재무제표의 하나로 새롭게 편입시킨 보고서이다. 자본변동표는 포괄손익계산서상에 나타나지 않지만 재무상태표상의 자본요소에 직접 가감되는 항목에 대한 정보를 제공하는 등 정보이용자가 해당기업 재무제표간의 관계를 정확히 파악하는 데 도움을 준다.

3. 자본변동표의 구분표시

기업회계기준은 자본변동표를 작성한 후, 자본변동 내역에 대한 체계적인 정보를 제공하려는 취지에서 이익잉여금처분계산서를 자본변동표의 주석으로 공시하도록 규정하고 있다.

4. 자본변동표의 작성방법

자본변동표를 작성하려면 첫 번째, 전기의 회계기간 말에 보고된 이월익잉여금에서 회계변경 누적효과 등이 매 회계연도에 미치는 영향을 가감하여 수정후 이월이익잉여금을 계산한다.

두 번째, 수정후 이월이익잉여금에서 전기의 이익잉여금 처분사항을 차감하여 처분후 이월이익잉여금을 산출한다.

마지막으로 처분후 이월이익잉여금에다 당기순이익 등 당기의 자본변동사항을 가감하여 당기의 회계기간 말에 보고할 금액을 산출한다.

자본변동표를 요약하여 표로 정리하면 다음과 같다.

자본변동표

20** 년 1월 1일부터 20**년 12월 31일까지

(주) 연수상사 (단위: 원)

구 분		자본금	자본 잉여금	자본조정	기타포괄 손익누계액	이익 잉여금	합 계
기초금액(20**년 1월 1일)							
변동내역	전기오류수정손익						
	수정후 이월이익잉여금						
	연차배당						
	처분후 이월이익잉여금						
	유상증자						
	당기순이익						
	자기주식취득						
	해외사업환산손익						
기말금액(20**년 12월 31일)							

제6절 주기와 주석

1. 주기의 본질

재무제표에는 이를 이용하는 사람에게 충분한 회계정보를 제공하도록 중요한 회계방침 등 필요한 사항에 대하여 부연설명을 해야 한다. 이를 위하여 주기(parenthetical disclosures)는 재무제표상의 해당과목 다음에 그 회계사실의 내용을 간단한 자구 또는 숫자로 괄호 안에 표기하는 방법이다.

2. 주석의 본질

주석(footnotes)도 주기와 같은 목적에서 작성하는데, 이것은 재무제표상의 해당과목 또는 금액에 기호를 붙이고 본문 밖(별지)에 동일한 기호를 표시하여 그 내용을 간결・명료하게 기재하는 방법을 말한다. 주석은 재무제표 본문에 제시되는 항목을 강조하거나 보다 상세히 설명하기 위한 수단으로 이용된다. 즉 주석은 특정 재무제표항목에 관련된 정보를 보완하는 기능이 있고 비계량적인 설명도 가능하게 한다.[7)]

K-IFRS는 다음과 같은 사항들을 주석으로 기재하도록 하고 있다.

첫째, 재무제표의 작성 근거 및 중요한 거래와 회계사건의 회계처리에 적용한 회계정책내용

둘째, K-IFRS에서 주석공시를 요구하는 정보

셋째, 재무제표의 본문에 표시되지 않은 사항 중에서 재무제표를 이해하는데 목적 적합한 정보

한편, K-IFRS가 주석을 기본적 재무제표로 규정한 것은 정보제공자와 정보이용자 사이의 정보불균형을 최소화하고 기업경영과 회계의 투명성을 제고하기 위해서이다.

---

7) 정보는 계량화의 가능성 여부에 따라 계량적(양적) 정보와 비계량적(질적) 정보로 나눌 수 있다. 매출액, 재고수량 등은 계량적 정보에 해당되고 제품에 대한 고객 충성도, 내부통제제도의 효율성 등은 비계량적 정보에 속한다.

제7절 기타의 재무보고서

1. 부속명세서

1) 부속명세서의 정의

재무제표 중에서 재무상태표와 포괄손익계산서는 기업의 재무상태와 영업성적을 전체적으로 파악할 수 있도록 비교적 개괄적으로 작성되기 때문에 이해관계자들이 자세한 내용을 구체적으로 파악하여 합리적인 의사결정을 하는데 문제가 있다. 따라서 기업회계기준에서는 이를 보완하기 위한 장치로 부속명세서를 작성하도록 하고 있다[8]. 부속명세서란 재무상태표와 포괄손익계산서상의 주요 항목에 대하여 회계연도 동안에 발생한 변동내용을 자세하게 보고하는 보충적 명세서를 의미한다.

2) 부속명세서의 종류

기업회계기준은 부속명세서를 다음과 같이 필수적 부속명세서와 임의적 부속명세서로 구분하고 있다.

① 필수적 부속명세서: 유가증권명세서, 특수관계자간의 채권 및 채무명세서, 재고자산명세서, 투자부동산명세서, 유형자산명세서, 무형자산명세서, 단기차입금명세서, 장기차입금명세서, 사채명세서, 채무보증명세서, 충당금명세서, 제조원가명세서, 매출액명세서, 매출원가명세서, 판매비와 관리비명세서, 감가상각비명세서, 잉여금명세서 등

② 임의적 명세서: 현금및현금성자산명세서, 매출채권명세서, 대여금명세서, 기타의 당좌자산명세서, 투자자산명세서, 투자자산처분명세서, 유형자산처분명세서, 매입채무명세서, 수선비명세서 등

2. 중간재무제표

1) 중간재무제표의 정의

기업은 일반적으로 회계순환기간을 1년 단위(1 회계기간)로 책정하여 운영하면서 연차재무제표를 작성하고 있다. 그러나 현대와 같은 정보화시대에서는 보다 수시로 이해관계

---

8) 기업회계기준은 부속명세서의 작성만을 의무화하였고 공시여부는 기업의 재량에 따르도록 하고 있다. 그 이유는 부속명세서의 공시로 인해 기업의 과다한 경영정보 유출을 방지하기 위함이다.

자들에게 적시성(timeliness)이 있는 기업의 재무상태, 경영성과 및 현금흐름 등과 같은 재무정보를 제공하여 회계정보의 유용성을 제고시킬 필요가 있다. 이럴 경우 1년보다 짧은 기간 즉 3개월(분기) 또는 6개월(반기) 단위로 중간에 재무보고를 하게 되는데 이때 작성하는 것을 중간재무제표(interim reporting)라고 한다.

중간재무제표는 일반적으로 작성하는 1 회계기간보다 기간을 단축하면서 만들어지기 때문에 정보의 적시성이 제고된다는 장점이 있지만, 거래의 인식 및 측정과정을 추정에 의존하기 때문에 정보측정에 대한 신뢰성 저하, 정보 산출 및 작성비용이 증가될 수 있다는 단점이 있다.

우리나라는 2000년부터 「증권거래법」에 의하여 사업보고서를 제출하는 기업은 분기재무제표의 작성 및 공시를 의무화하고 있다.

2) 중간재무제표의 작성방법

① 인식과 측정기준

중간재무제표는 연차재무제표에 적용하는 것과 동일한 회계기준·회계정책을 적용하여 작성하여야 한다. 그리고 중간재무제표의 작성을 위한 인식 및 측정, 구분표시, 공시와 관련된 중요성 판단은 누적중간기간[9]별로 비교해서 작성한다.

② 종류와 표시방법

중간재무제표의 종류는 재무상태표, 포괄손익계산서, 현금흐름표 등이다.

재무상태표는 당해 회계연도 중간기간 말과 직전 회계연도 말을 비교해서 표시한다. 포괄손익계산서(현금흐름표)는 당해 회계연도 누적중간기간 및 중간기간과 직전 회계연도의 동일 기간을 비교해서 표시한다.

중간재무제표에 표시하는 자산은 중간재무제표일 현재 자산의 인식요건을 충족하는 경우에만 인식을 하고 부채는 중간재무제표일 현재 존재하는 의무만을 인식한다.

그리고 정보이용자를 오도하지 않는 범위 내에서 재무상태표 구성요소에서는 재고자산, 투자자산, 유형자산과 감가상각누계액, 무형자산, 자본잉여금, 자본조정 등을 요약 또는 일괄표시할 수 있고 포괄손익계산서 구성요소에서는 판매비와 관리비, 영업외수익, 영업외비용 등과 같은 계정과목을 요약 혹은 일괄표시 할 수 있다.

9) 누적중간기간은 회계연도 개시일로부터 당해 중간기간 종료일까지의 기간을 말한다.

3. 이익잉여금처분계산서 및 결손금처리계산서

1) 이익잉여금처분계산서

① 이익잉여금처분계산서의 정의

회계기간 말에 당기순이익이 산출되면 기업은 이익잉여금처분안을 작성하여 주주총회에 제출한 후 주주총회의 결의를 받아 처분하게 된다. 재무제표 중에서 재무상태표와 포괄손익계산서 등은 당기의 결산일 시점에서 확정적으로 작성되는 확정보고서이다. 그러나 당기에 발생한 이익잉여금은 결산일 시점이 아닌 차기의 주주총회일에 처분이 확정되기 때문에 이익잉여금처분계산서도 확정보고서가 아니라 계획보고서에 불과하다. 이익잉여금처분계산서(statement of appropriation retained earnings)는 이익잉여금의 처분사항을 명확히 보고하기 위하여 작성하는 회계보고서이다. 우리나라는 2012년부터 이익잉여금처분계산서를 주요 재무제표에서 제외하였다. 그러나 상법 등에서는 이익잉여금처분계산서를 작성하도록 요구하고 있는데 이런 경우에는 주석으로 이익잉여금처분계산서를 공시하면 된다.

② 이익잉여금처분계산서의 작성방법

이익잉여금처분계산서의 작성방법은 미처분이익잉여금에 임의적립금등의이입액을 가산하고 이익준비금·주식배당금·임의적립금 등의 이익잉여금처분액을 차감하여 차기이월미처분이익잉여금을 산출하는 형식으로 표시한다. 이를 계산식으로 표시하면 다음과 같다.

> 미처분이익잉여금 + 임의적립금등의이입액 − 이익잉여금처분액
> = 차기이월미처분이익잉여금

예제 5.9

다음 자료에 의하여 분개하고 이익잉여금 처분계산서를 작성하라.

영신상사 제6기(20×5. 1.1.~12.31.)의 이익잉여금은 ₩160,000이고 당기순이익은 ₩1,200,000이다(단, 주주총회에서 결정된 이익처분안은 다음과 같다).

이익준비금 ₩40,000, 주주배당금 ₩170,000, 임원상여금 ₩50,000,
임의적립금 ₩190,000, 기타처분액 ₩20,000

해답 (차) 미처분이익잉여금 1,360,000 (대) 이익준비금 40,000
주주배당금 170,000
임원상여금 50,000
임의적립금 190,000
기타처분액 20,000
차기이월미처분이익잉여금 890,000

이익잉여금처분계산서

제6기(20×5년 1월 1일~20×5년 12월 31일)

주식회사 영신상사 (단위: 원)

과 목	금 액	
I. 미처분이익잉여금		1,360,000
1) 전기이월 이익잉여금	160,000	
2) 당기순이익	1,200,000	
II. 임의적립금등의이입액		
1. ×× 적립금		
III. 이익잉여금처분액		470,000
1) 이익준비금	40,000	
2) 주주배당금	170,000	
3) 임원상여금	50,000	
4) 임의적립금	190,000	
5) 기타처분액	20,000	
IV. 차기이월미처분이익잉여금		890,000

2) 결손금처리계산서

① 결손금처리계산서의 정의

결손금처리계산서(statement of disposition of deficit)는 미처리결손금이 있을 경우 처리 내역을 표시하는 회계보고서이다. 당기순손실이 발생하였어도 이월이익잉여금 기말잔액을 초과하지 않은 경우나 이월결손금이 있더라도 당기순이익이 이월결손금 금액을 초과하는 경우는 결손금처리계산서를 작성할 필요가 없다.

② 결손금처리의 순서

미처리결손금의 처리는 주주총회의 결의에 의하여 실시된다. 기업회계기준은 결손금처리의 순서를 다음과 같이 하도록 규정하고 있다.

㉠ 임의적립금 이입액, ㉡ 기타법정적립금 이입액, ㉢ 이익준비금 이입액,
㉣ 재평가적립금 이입액, ㉤ 자본준비금 이입액

③ 결손금처리계산서의 작성방법

결손금처리계산서는 이익잉여금처분계산서와 계정과목 명칭을 제외하고는 거의 비슷한 형식이다. 결손금처리계산서는 전기이월미처분이익잉여금(또는 전기이월미처리결손금)에 당기순손실을 합계한 미처리결손금을 계산하여 기입한 후 결손금처리액을 차감하고 잔액은 차기이월미처리결손금으로 표시하는 형식으로 기재한다. 이를 계산식으로 표시하면 다음과 같다.

미처리결손금 − 결손금처리액 = 차기이월미처리결손금

예제 5.10

다음자료로 결손금처리계산서를 작성하라.

㉠ 회계기간 : 제8기(20×5년 1월 1일～12월 31일)
㉡ 주주총회일 : 20×6년 2월 20일
㉢ 전기이월미처리결손금 : ₩400,000
㉣ 당기순손실 : ₩3,500,000
㉤ 결손금의 처리내액 :
감채적립금전보액 ₩400,000　　이익준비금전보액 ₩850,000
별도적립금전보액 ₩300,000　　자본준비금전보액 ₩450,000

해답

(차)	미처리결손금	3,900,000	(대)	전기이월미처리결손금	400,000
				손익	3,500,000
(차)	감채적립금	400,000	(대)	미처리결손금	3,900,000
	별도적립금	300,000			
	이익준비금	850,000			
	자본준비금	450,000			
	차기이월미처리결손금	1,900,000			

결손금처리계산서

제8기 20×5년 1월 1일 ~ 20×5년 12월 31일

과 목	금 액	
I. 미처리 결손금		3,900,000
1) 전기이월미처리결손금	400,000	
2) 당기순손실	3,500,000	
II. 결손금 처리액		2,000,000
1) 감채적립금 이입액	400,000	
2) 별도적립금 이입액	300,000	
3) 이익준비금 이입액	850,000	
4) 자본준비금 이입액	450,000	
III. 차기이월미처리결손금		1,900,000

연습문제

1. 이익잉여금처분계산서를 작성하는 방법을 예시하라.

2. 결손금 발생시 기업회계기준이 인정하는 결손금처리순서를 설명하라.

3. 다음 거래를 분개하라.

1) 12월 31일 예섭상사의 제9기 법인세 등을 차감한 후의 당기순이익은 ₩8,450,000이고 수정 후 전기이월 이익잉여금은 ₩1,600,000이다(단, 결산은 연 2회이고, 전기손익 수정사항은 없다).

2) 2월 6일 주주총회에서 상기의 미처분이익잉여금 처분안을 다음과 같이 의결하다.
   ① 이익준비금 : 현금배당액의 10%
   ② 기업합리화적립금 : ₩1,830,000
   ③ 현금배당액 : 자본금(₩50,000,000)의 연 10%
   ④ 배당평균적립금 : ₩1,700,000
   ⑤ 별도적립금 : ₩2,920,000

3) 3월 15일 경인은행에 배당금 지급위탁을 하고 배당금전액을 경기은행 당좌예금에서 별단예금으로 대체하다.

4) 4월 30일 배당금 ₩1,900,000은 현금으로 지급하였으나, 잔액은 청구가 없어서 당좌예금에 다시 대체시켰다는 통지를 경인은행으로부터 받다.

5) 6월 30일 전기손익 수정사항은 없고 결산을 실시한 결과 ₩9,320,000 순이익이 계상되다.

4. 다음 자료로 건우주식회사의 제5기 이익잉여금처분계산서를 작성하라.

① 회계연도 : 20×3년 1월 1일 ~ 20×3년 12월 31일

② 주주총회일 : 20×4년 1월 25일

③ 전기이월 이익잉여금 : ₩4,200,000

④ 당기순이익 : ₩5,700,000

⑤ 이익잉여금 처분내용 : 이익준비금 ₩1,000,000, 사업확장적립금 ₩1,500,000,
주주배당금 ₩1,200,000, 별도적립금 ₩1,600,000,
임원상여금 ₩2,400,000

5. 다음 자료로 신성주식회사의 제6기 결손금처리계산서를 작성하라.

① 회계연도 : 20×6년 1월 1일 ~ 20×6년 12월 31일

② 주주총회일 : 20×7년 1월 30일

③ 전기이월 이익잉여금 : ₩442,000

④ 당기순손실 : ₩1,120,000

⑤ 결손금 처분내역 :
임의적립금이입액 ₩470,000 이익준비금이입액 ₩250,000
재평가적립금이입액 ₩350,000 자본금준비금이입액 ₩200,000

제8절 연결재무제표

기업들은 각자 독립적인 법인체 성격을 갖고 활동하는 경우가 일반적이다. 그러나 기업들 중에는 서로 독립적인 법인체로 운영하고 있지만, 경제적 측면으로 볼 때 그렇지 못한 형태가 존재한다. 즉 특정 기업이 또 다른 기업의 주식을 실질적으로 지배하는 형태(주식 50% 이상 보유하는 경우, 주식보유가 분산되어 있어 최대주주 지위가 가능한 경우 등)일 때 이들 기업 상호간에는 모(지배)회사－자(종속)회사 관계가 성립된다. 이 경우에는 이해관계자에게 모회사와 자회사의 재무제표를 하나의 기업단위로 인식하여 연결재무제표를 작성해 주어야만 의미있는 정보를 제공하게 된다. 이와 같이 실질적 지배관계가 있는 모회사와 자회사를 하나로 묶은 재무제표를 연결재무제표(consolidated financial statements)라고 한다.

실질지배력기준에 대해 기업회계기준서(제1027호)는 다음과 같이 규정하고 있다. 즉, 지배기업이 직접적으로 혹은 종속기업을 통해 간접적으로 기업 의결권의 과반수를 소유하는 경우에는 지배기업이 그 기업을 지배한다고 본다.(단, 그러한 소유권이 지배력을 의미하지 않는다는 것을 분명하게 제시할 수 있는 예외적인 근거가 있는 경우에는 제외한다.) 그리고 다음과 같은 경우에는 지배기업이 다른 기업 의결권의 절반 또는 그 미만을 소유하고 있더라도 지배한다고 간주한다.

① 다른 투자자와의 약정으로 과반수의 의결권을 행사할 수 있는 능력이 있는 경우
② 법규나 약정에 따라 기업의 재무정책과 영업정책을 결정할 수 있는 능력이 있는 경우
③ 이사회나 이에 준하는 의사결정기구가 기업을 지배한다면, 그 이사회나 이에 준하는 의사결정기구 구성원의 과반수를 임명하거나 해임할 수 있는 능력이 있는 경우
④ 이사회나 이에 준하는 의사결정기구가 기업을 지배한다면, 그 이사회나 이에 준하는 의사결정기구의 의사결정에서 과반수의 의결권을 행사할 수 있는 능력이 있는 경우

한편, 재벌총수가 경영에 관한 전권을 갖고 모든 계열회사를 하나의 기업으로 간주하여 실질적으로 운영하는 경우가 있다. 이런 경우에 주력회사의 지배력이 미치는 모든 계열회사를 한 개의 기업형태로 보고 재무제표를 작성할 수도 있는데 이를 결합재무제표라고 한다. 결합재무제표는 우리나라에서만 볼 수 있는 특수한 형태의 제도이다.

우리나라에서 K-IFRS가 도입되기 전에는 기본재무제표로 개별재무제표만을 작성하는

것이 원칙이었다. 그러나 앞으로는 종속회사가 있을 경우 경제적 실질과 목적 적합성이 매우 중요한 과제이기 때문에 지배회사는 반드시 개별재무제표보다는 연결재무제표를 작성해야 한다.

연결재무제표에 관한 회계처리 문제는 본 교재 투자자산의 관계기업투자주식 부분에서 기본적인 내용을 언급하였다. 보다 자세한 내용은 고급회계 영역에 속하므로 본 교재에서는 다루지 않기로 한다. 참고로 연결재무제표의 작성과 밀접한 관련이 있는 개념을 소개하고 있는 K-IFRS는 기업회계기준서 1027호(실질지배력기준), 제1028호(유의적인 영향력), 제1103호(사업결합) 등이 있다.

연습문제

1. 중간재무제표의 필요성에 대해 설명하라.

2. 부속명세서의 종류에 대해 설명하라.

3. 회계학에서 주기와 주석이 차지하는 비중을 설명하라.

4. 연결재무제표의 필요성에 대해 설명하라.

5. 연결재무제표와 결합재무제표의 차이점을 설명하라.

6. 수정을 요하지 않은 사건의 주석 공시 사례를 제시하라.

7. 회계실무에서 나타나는 재무제표 승인절차를 설명하라.

8. 누적중간기간이 갖고 있는 회계학적 의미를 설명하라.

9. 중간재무제표에 요약 또는 일괄표시할 수 있는 계정과목을 예시하라.

제3부

기타 회계의 처리

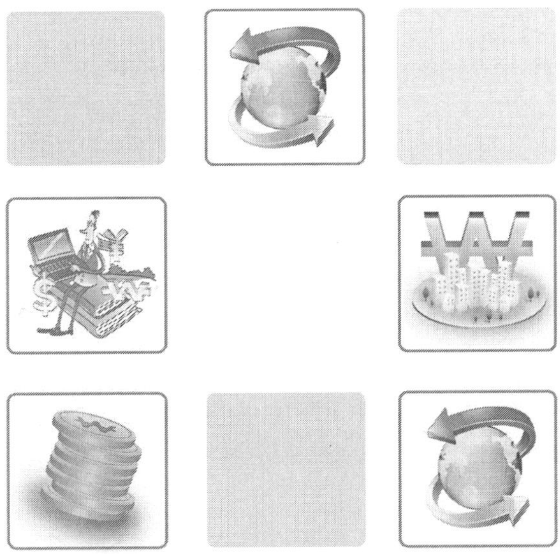

제1장 특수상품의 회계

기업이 주요한 영업(판매)활동을 하기위해 제조하거나 보유하고 있는 것을 상품(재고자산)이라고 한다. 그러나 이 상품의 소유권을 판단하는데 있어 유동자산에서 설명한 일반적인 상품과는 다르게 특수한 경우가 있을 수 있다. 여기서는 그 특수한 형태의 재고자산에 대해 공부하기로 한다.

제1절 미착상품

1. 미착상품의 정의

상품을 먼 곳의 거래처로부터 매입한 경우 매입한 상품이 운송중에 있어 화물대표증권만 받고 상품은 미도착상태일 때 재고상품과 구별하기 위해 이를 미착상품(goods in transit)이라고 한다.

미착상품은 결산일 현재, 미착상품의 인도시점 기준에 의해 소유권 여부를 판단한다. 따라서 미착상품이 구매자의 창고에 도착되어 있지 않아도 선적지 인도조건(FOB)의 미착상품은 구매자 재고자산으로 취급하지만 도착지인도조건(CIF)일 경우에는 구매자의 재고자산으로 인식할 수가 없다.

2. 미착상품의 회계처리

1) 미착상품의 매입

상품이 운송중에 있어 화물대표증권만 받고 상품은 미도착상태일 때 재고상품과 구별하기 위해 미착상품계정을 설정하여 다음과 같이 회계처리 한다.

(차) 미착상품 ××× (대) 매입채무 ×××

2) 미착상품의 매출

① 미착상품 도착 전에 처리한 경우 : 미착상품도 자산이므로 미착상품이 도착하기 전에 화물대표증권을 매각할 수 있는데, 이 경우 회계처리방법으로 총기법과 분기법이 있다.

총기법 :	(차)	현금	×××	(대)	미착상품매출	×××
		매입[1)]	×××		미착상품	×××
분기법 :	(차)	현금	×××	(대)	미착상품	×××
					미착상품매출이익	×××

② 미착상품 도착 후에 처리한 경우 : 미착상품이 도착한 후 화물대표증권과 상환하여 상품을 인도하는 경우는 일반적인 상품매매와 동일하게 처리한다.

예제 1.1

다음 거래를 분개하라.

(ㄱ) 제주상점으로부터 상품 ₩500,000을 외상으로 매입하고 선하증권을 받다. 이 상품은 15일 후에 도착할 예정이다.

(ㄴ) 상기 상품이 도착하여 선하증권과 상환하고 상품의 인수운임 ₩10,000을 별도로 현금으로 지급하다.

(ㄷ) 부산상점으로부터 상품 ₩700,000을 외상으로 매입하고 선하증권을 받다. 이 상품은 30일 후에 도착할 예정이다.

(ㄹ) 상기 상품이 도착하기 전에 인천상점에 선하증권을 매각하고 상품대금 ₩750,000을 동점이 발행한 수표로 받다.

1) [매입]계정을 [미착상품 매출원가]계정으로 처리해도 된다.

해답

㉠	(차) 미 착 상 품	500,000	(대) 매 입 채 무	500,000
㉡	(차) 매 입	510,000	(대) 미 착 상 품	500,000
			현 금 과 예 금	10,000
㉢	(차) 미 착 상 품	700,000	(대) 매 입 채 무	500,000
㉣ 총기법 :	(차) 현 금	750,000	(대) 미 착 상 품 매 출	750,000
	매 입	700,000	미 착 상 품	700,000
분기법 :	(차) 현 금	750,000	(대) 미 착 상 품	700,000
			미착상품매출이익	50,000

제2절 위탁매매

1. 위탁매출

1) 위탁매출의 정의

위탁매출이란 타인에게 수수료를 지급하는 조건으로 상품을 위탁하여 판매하는 것을 말한다. 이러한 목적으로 발송한 상품을 재고상품과 구분하기 위해서 적송품(consigned goods)이라고 하며, 적송시의 운임 등 비용은 당기비용으로 처리한다.

2) 위탁매출의 회계처리

① **상품의 적송시** : 적송품을 판매하기 위하여 발송하였을 경우 매입계정에서 적송품계정의 차변에 대체한다.

② **매출계산서의 도착시** : 적송품 판매를 부탁한 자(위탁자)는 실제로 적송품을 판매한 자(수탁자)로부터 적송품 판매에 관한 매출계산서를 받았을 경우에 적송품 판매에 따른 수익을 인식하고 회계처리를 한다.[2] 수익을 인식할 경우 수탁자로부터 받은 실수금과 적송품원가의 차액처리방법으로 총기법과 분기법이 있다.

총기법 :	(차) 현금	×××	(대)	적송품매출	×××
	판매수수료	×××		적송품	×××
	매입[3]	×××			
분기법 :	(차) 현금	×××	(대)	적송품	×××
				적송품매출이익	×××

예제 1.2

다음 거래를 분개하라.

(ㄱ) 부여상회는 광주상회에 위탁판매를 위한 상품 300개(@ ₩1,000)를 적송하고 적송할 때의 제비용 ₩20,000은 현금으로 지급하다.

2) K-IFRS는 위탁판매시 수익인식은 적송품을 수탁자가 제3자에게 판매한 시점에 인식하도록 규정하고 있다.

3) [매입]계정을 [적송품 매출원가]계정으로 처리해도 된다.

(ㄴ) 광주상회로부터 다음과 같은 매출계산서를 송부받고, 함께 송부받은 대금은 은행에 입금시키다.

매 출 계 산 서

부여상회 귀중 　　　　　　20×2년 6월 6일

광주상회 ××× (인)

귀사의 위탁상품은 다음과 같이 판매하였음을 통지합니다.
대금은 수수료를 제외하고 송금합니다.

적 요	제 비 용	금 액
상품 300개@₩1,500		450,000
판 매 운 임	10,000	
보 관 료	3,000	
잡 비	1,000	
판 매 수 수 료	6,000	20,000
		430,000

해답

㉠ (차) 적 송 품 300,0000 　(대) 매 입 300,000
　　　 운 반 비 20,000 　　　　현 금 20,000

㉡ 총기법 : (차) 현 금 430,000 　(대) 적송품매출 450,000
　　　　　　　 판매수수료 20,000 　　　적 송 품 300,000
　　　　　　　 매 입 300,000

분기법 : (차) 현 금 410,000 　(대) 적 송 품 300,000
　　　　　　　　　　　　　　　　　 적송품매출이익 110,000

2. 위탁매입

위탁매입이란 타인에게 수수료를 지급하는 조건으로 상품매입을 위탁하는 것을 말한다. 위탁매입시 수탁자에게 착수금으로 미리 현금을 송금하면 선급금계정으로 처리한다.

예제 1.3

다음 거래를 분개하라.

(ㄱ) 목포상점에 갑상품 매입을 위탁하고 착수금 ₩200,000을 수표로 발행하여 송금하다.

(ㄴ) 목포상점으로부터 다음과 같은 매입계산서와 갑상품을 받다.

매 입 계 산 서

20×2년 4월 10일

서울상점 귀중　　　　목포상점 ××× (인)

위탁받은 상품을 매입하였으므로 통지합니다.
대금청구액은 다음과 같습니다.

적　요	제 비 용	금　액
상품 600개 @₩1,000		600,000
발 송 운 임	20,000	
잡　비	8,000	
수 수 료 (2%)	10,000	38,000
청 구 액 합 계		638,000
착 수 금 (내입금)		200,000
		438,000

해답

㉠ (차) 선 급 금	200,000	(대)	당 좌 예 금	200,000
㉡ (차) 매　입	638,000	(대)	선 급 금	200,000
			매 입 채 무	438,000

제3절 수탁매매

1. 수탁매출

수탁매출(판매)이란 일정한 수수료를 받는 조건으로 타 지방에 있는 타인의 상품을 대신 판매하는 것을 말한다. 위탁매출과는 정반대의 거래가 된다.

수탁자는 위탁자와의 사이에서 발생하는 채권·채무를 수탁매출계정에 다음과 같이 기입한다.

① 수탁상품을 인수하고 인수비용 제공시 :

(차) 수탁매출 ×××　　(대) 현　　금 ×××

② 수탁상품의 판매시 :

(차) 현　　금 ×××　　(대) 수탁 매출 ×××

③ 매출계산서 발송시 :

(차) 수탁매출 ×××　　(대) 보 관 료 ×××
　　　　　　　　　　　　　　매출수수료 ×××

④ 실수금의 송금시 :

(차) 수탁매출 ×××　　(대) 현　　금 ×××

수탁 매출

① 수탁상품의 인수비용 ×××	② 매　출　액 ×××
③ 판매제비용 및 수수료 ×××	
④ 실　수　금 ×××	

예제 1.4

다음 거래를 분개하라.

(ㄱ) 성남상점으로부터 상품판매의 위탁을 받아 갑상품 2,000개(@ ₩500)을 인수하고 인수비용 ₩20,000은 현금으로 지급하다.

(ㄴ) 상기의 상품을 ₩1,200,000에 매출하고 대금은 현금으로 받다.

㈐ 상기의 상품판매 내역에 대해 매출계산서를 아래와 같이 작성하여 대금 ₩1,100,000과 함께 성남상점에 송부하다(단, 대금은 현금으로 지급하다).

매출계산서(약식)

매 출 액		1,200,000
제 비 용		
인수운임	20,000	
보 관 료	10,000	
잡 비	10,000	
매출수수료(5%)	60,000	100,000
송 금 액		1,100,000

해답

	차변	금액	대변	금액
㉠	(차) 수탁매출	20,000	(대) 현 금	20,000
㉡	(차) 현 금	1,200,000	(대) 수 탁 매 출	1,200,000
㉢	(차) 수탁매출	1,180,000	(대) 보 관 료	10,000
			잡 비	10,000
			매 출 수 수 료	60,000
			현 금	1,100,000

2. 수탁매입

수탁매입은 타인으로부터 일정한 수수료를 받는 조건으로 상품매입을 위탁받아 상품을 대신 매입해 주는 것을 말한다. 수탁자는 수탁매입에 의해 발생하는 채권 및 채무를 보통의 매매와 구별하여 수탁매입계정에서 다음과 같이 처리한다.

① 착수금을 미리 받았을 때 :

(차) 현 금 ×××　　(대) 수탁매입 ×××

② 수탁상품의 매입시 :

(차) 수탁매입 ×××　　(대) 현 금 ×××

③ 매입계산서 발송시 :

(차) 수탁매입	×××	(대) 보 관 료	×××
		매입수수료	×××

④ 청구액의 회수시 :

(차) 현 금	×××	(대) 수탁매입	×××

수탁매입

② 수탁상품의 인수비용	×××	① 매 출 액	×××
③ 수탁상품에 대한 제비용	×××	④ 청 구 금 액	×××

예제 1.5

다음 거래를 분개하라.

(ㄱ) 세화상점은 명일상점으로부터 갑상품 600개의 매입위탁을 받고 착수금으로 ₩100,000의 송금수표를 받다.

(ㄴ) 세화상점은 상기의 상품을 매입하고 대금 ₩600,000(600개 @₩1,000)은 수표로 발행하여 지급하다.

(ㄷ) 상기의 상품을 명일상점에 발송하고 발송운임 ₩20,000은 현금으로 지급하다.

(ㄹ) 세화상점은 명일상점에 아래와 같은 매입계산서를 송부하고 잔액을 청구하다.

(ㅁ) 세화상점은 명일상점으로부터 매입계산서 잔액 ₩541,000을 송금수표로 받다.

매출계산서(약식)

매 입 원 가 (갑상품 600개 @₩1,000)		₩600,000
제 비 용		₩41,000
발송운임	₩20,000	
잡 비	₩ 3,000	
매출수수료(3%)	₩18,000	
청 구 액 합 계		₩641,000
착 수 금		₩100,000
청 구 잔 액		₩541,000

해답

	차변	금액	대변	금액
㉠	(차) 현금	100,000	(대) 수탁매입	100,000
㉡	(차) 수탁매입	600,000	(대) 당좌예금	600,000
㉢	(차) 수탁매입	20,000	(대) 현금	20,000
㉣	(차) 수탁매입	21,000	(대) 잡비	3,000
			매입수수료	18,000
㉤	(차) 현금	541,000	(대) 수탁매입	541,000

제4절 할부판매

매출대금을 일정기간 동안 수회에 걸쳐 분할 회수한다는 조건으로 상품을 판매하는 것을 할부매출(installment sales)이라고 말하며, 그 중에서는 월부매출이 가장 많이 이용되고 있다.

K-IFRS은 할부판매를 할 경우 대금회수기간(장기 또는 단기)과 상관없이 원칙적으로 상품을 인도한 날에 수익을 인식하도록 규정하고 있다. 그러나 할부매출 대금에 대한 현금의 회수가능성을 합리적으로 예측할 수 없는 경우에는 현금을 회수한 시점에서 수익으로 인식해야 한다.

할부매출은 판매조건에 특수한 계약사항을 맺은 것 이외에는 회계처리를 할 경우 일반매출과 다를 바가 없다. 그러나 일반적인 매출로 하였을 때 받을 대금과 할부로 매출하였을 때의 매출대금은 차이가 있다. 왜냐하면 화폐의 시간적 가치가 존재하기 때문이다. 따라서 그 발생된 차이는 현재가치할인차금으로 인식해 놓았다가 할부대금을 받을 때마다 이자수익으로 처리하면 된다. 이를 요약하면 다음과 같다.

① 할부상품 판매시:

(차)장기성외상매출금 ×××	(대)할 부 매 출 ×××
	현재가치할인차금 ×××

② 할부매출대금 회수시:

(차)현 금 ×××	(대)장기성외상매출금 ×××
현재가치할인차금 ×××	이 자 수 익 ×××

제5절 시용판매

1. 시용품의 정의

시용판매(approval sales)란 신제품을 판매함에 있어서 거래처에 시용시켜 만일 매입의사가 없을 경우에는 반품하여도 무방하다는 조건이 붙어 있는 특수한 형태의 판매이다. 이러한 조건을 붙여 발송한 상품을 시용품 또는 시송품이라고 한다. 시용판매는 매입자로부터 매입하겠다는 의사표시를 받은 날에 수익으로 인식한다.

2. 시용품의 회계처리

시용품의 회계처리는 대조계정을 이용하여 다음과 같이 처리한다.4)

① 시용품을 발송할 때 :

(차) 시 용 품 ×××　　(대) 시용가매출 ×××

② 매입의사표시가 있을 때 :

(차) 매출채권 ×××　　(대) 매 출 ×××
　　 시용가매출 ×××　　　 시 용 품 ×××

예제 1.6

다음 거래를 분개하라.

(ㄱ) 신제품 ₩500,000(원가 ₩400,000)을 거래처에 시용품으로 발송하다. 시송품을 발송하면서 운반비로 30,000 지출하다.

(ㄴ) 거래처에서 상기 상품을 구입하겠다는 의사를 표시해 오다.

해답

㉠ (차) 시 용 품 500,000　　(대) 시용가매출 500,000
　　　 운 반 비 30,000　　　　 현 금 30,000

㉡ (차) 매출채권 500,000　　(대) 매 출 500,000
　 (차) 시용가매출 500,000　　(대) 시 용 품 500,000

4) 대조계정을 사용하는 대신 보조부에 특정 상품이 시용매출되었다는 사실을 기록하는 방법도 있다.

연습문제

1. 미착상품과 재고상품과의 차이점을 설명하라.

2. 적송품과 재고상품과의 차이점을 설명하라.

3. 할부매출의 회계처리시 판매기준과 회수기준의 차이점을 설명하라.

4. 시용품과 재고상품과의 차이점을 설명하라.

5. 다음 자료로 요구사항에 답하라.

10월 1일 상품원가 ₩300,000을 ₩360,000에 10개월 월부로 판매하다.
31일 제1차분 월부대금을 회수하다.
12월 31일 제3회분 월부대금을 회수하고 결산을 하다.

〈요구사항〉

1) 각 경우를 판매기준으로 분개하라.
2) 각 경우를 회수기준으로 분개하라(평가계정법, 대조계정법).

6. 다음 거래를 분개하라.

7월 7일 속초상사에 최근 연구개발품인 T-상품 10개(1개당 : @ ₩500,000)와 K-상품을 10개(1개당 : @ ₩700,000)를 시용품으로 발송하다.
9월 9일 속초상점으로부터 T-상품 10개만을 매입하겠다는 통보를 받다.

7. 다음 거래를 제주상사와 대전상사 입장에서 각각 분개하라.

10월 4일 제주상사는 대전상사에 상품판매를 위탁하기 위해 H-상품 50개(1개당: @ ₩4,500)를 적송하고 운반비 등 제경비 ₩5,000은 현금으로 지급하다.
6일 대전상사는 판매위탁을 제주상사로부터 받고 상기 상품을 인수하다. 인수할 때 운반비 ₩3,000을 현금으로 지급하다.
12일 대전상사는 상기 상품 50개를 1개당 ₩5,000에 매출하고, 대금은 현금으로 받다.

14일 대전상사는 다음과 같이 수탁품에 대한 매출계산서를 작성해서 제주상사에 보내다.

매 출 계 산 서

총매출액 :	H - 상품 50개	@₩5,000	₩250,000
제 비 용 :			₩ 10,000
	운 반 비	₩3,000	
	보 관 비	₩2,000	
	판매수수료(2%)	₩5,000	
실 수 금 :			₩240,000

16일 제주상사는 대전상사로부터 적송품에 대한 매출계산서를 받다.
20일 대전상사는 실수금 ₩240,000을 현금으로 제주상사에 송금하다.
21일 제주상사는 대전상사의 송금액을 받아 당좌예금하다.

8. 다음 거래를 부여상사와 포항상사 입장에서 각각 분개하라.

1) 부여상사는 K-상품 500개를 포항상사에 매입위탁하고 ₩100,000을 착수금으로 지급하다.
2) 포항상사는 상기의 K-상품 매입위탁과 함께 착수금 ₩100,000을 현금으로 받다.
3) 포항상사는 K-상품을 500개(매입원가 : @ ₩1,500)를 매입하고 대금은 1개월 후 지급의 어음을 발행하다.
4) 포항상사는 K-상품을 부여상사에 발송하고 운반비 ₩20,000을 현금으로 지급하다.
5) 포항상사는 부여상사에 상기와 같이 매입계산서를 작성하여 등기우편으로 보내다.

매 입 계 산 서

총매출액 :	K - 상품 500개	@₩ 1,500	₩750,000
제 비 용 :			₩ 80,000
	운 반 비	₩20,000	
	보 관 비	₩30,000	
	판매수수료(4%)	₩30,000	
선 수 금 :			₩100,000
대신지급금잔액			₩730,000

6) 부여상사는 포항상사에서 보낸 매입계산서와 화물상환증을 받다.

7) 부여상사는 화물이 도착되어 상품을 화물상환증과 교환하고 운반비 ₩30,000은 현금으로 지급하다.

8) 부여상사는 대신지급금잔액 ₩730,000을 현금으로 포항상사에 송금하다.

9) 포항상사는 부여상사로부터 ₩730,000을 받아 당좌예금하다.

제 2 장 외화회계

제 1 절 외화거래의 정의

외화거래(foreign currency transaction)란 실제로 외화의 매입이나 매각에 수반되는 거래를 총칭하는 것으로서 다음과 같은 두 가지의 경제적 사건을 의미한다.

1. 외화로 표시된 재화 및 용역의 매매 또는 대차거래

외화로 표시된 재화나 용역을 현금 또는 신용으로 구입하거나 판매하는 경우(외화영업거래) 또는 외화자산을 대여하거나 차입하는 경우(외화재무거래)에는 외화로 표시된 거래가격에 그 시점의 실제환율을 곱하여 자국의 통화로 환산하면 된다. 따라서 이러한 경우에는 외화거래로 인한 환차손익은 발생하지 않는다.

2. 외화로 표시된 채권 및 채무의 회수 또는 상환거래

외화로 표시된 채권 및 채무의 일부 또는 전부를 회수하거나 상환하는 경우에도 외화로 표시된 거래가격에 그 시점의 실제환율을 적용시켜 자국의 통화로 환산하면 된다. 그러나 만일 환율[1)]이 변동하면 최초의 거래시점 당시에 자국의 통화로 환산된 채권 및 채무액과 회수한 상환시점에서 자국의 통화로 재환산된 채권 및 채무액 사이에는 필연적으로 차이가 발생하게 된다. 이 차액에 해당하는 금액이 외환차손익이다.

---

1) 환율(exchange rate)은 일정한 시점에 있어서 두 나라의 통화가 교환될 수 있는 비율을 의미하며, 환율의 종류에는 역사적 환율, 현행환율, 평균환율 등이 있다.

외화회계는 회계기간 중에 발생하는 외화거래와 다음에 설명하는 외화환산으로 크게 나눌 수 있다. 외화거래는 회계기간 중에 외화와 관련된 내용을 취급하기 때문에 외환차손·익의 계산이 관심의 대상이고 외화환산은 결산기말에 외화와 관련된 내용을 취급하기 때문에 외화환산손익이 관심의 대상이다.

예제 2.1

다음 거래를 분개하라.

(ㄱ) 한국의 선덕상사는 $60,000의 상품을 미국의 수출상에게 인도하고 대금은 1개월 후에 받기로 하다(원화의 대미환율 : $1 = ₩700).

(ㄴ) 상기의 (외화)매출채권 $60,000을 원화로 상환받다.
(원화의 대미 환율 : $1 = ₩670)

해답

	차변	금액	대변	금액
㉠	(차) (외화)매출채권	42,000,000	(대) (외화)매출	42,000,000
㉡	(차) 현금과예금	40,200,000	(대) (외화)매출채권	42,000,000
	외환차손	1,800,000		

제2절 외화거래의 회계처리

1. 외화환산방법

외화를 환산하는 방법에는 다음과 같은 것이 있다.

① **유동성·비유동성법** : 이 방법은 유동자산과 단기부채는 결산일의 환율인 현행환율로 환산하고 고정자산, 장기부채, 자본 등은 취득일의 환율인 역사적 환율로 환산하는 방법이다.

② **화폐성·비화폐성법** : 이 방법은 화폐성 자산 및 부채는 결산일의 환율인 현행환율로 환산하고 비화폐성자산, 비화폐성부채, 자본 등은 취득일의 환율인 역사적 환율로 환산하는 방법이다.

③ **시제법** : 이 방법은 외화자산 및 부채는 시간적 속성을 판단하여 측정기준을 채택하

고 환산할 환율을 결정하는 방법으로 현재 또는 미래가격의 항목은 현행환율을 적용하고 과거가격의 항목은 역사적 환율을 적용하는 방법이다.

④ **현행환율법** : 이 방법은 환율이 비정상적인 변화가 있는 경우를 제외하고는 모든 외화표시 자산 및 부채 그리고 손익항목을 결산일의 환율로 환산하는 방법이다.

2. 외화거래의 회계처리[2)]

1) 회계기간 중에 발생한 거래(외환차손익)

기업은 상품매매 활동을 국내뿐만 아니라 외국에 있는 기업과도 거래할 수 있다. 상품매매를 모두 현금으로 인도시점에서 거래하면 외화거래와 관련된 문제가 발생하지 않는다. 그러나 상품의 외화거래 중에서 상품의 판매시점과 대금의 회수시점이 다르면 환율변동으로 인해 대금의 환산과정에서 차이가 발생하게 되는데 이것을 외환차손익이라고 한다. 외환차손익은 영업외 수익과 비용으로 처리한다.

2) 회계기간 말에 발생한 거래(외화환산손익)

외화환산이란 기업이 회계기말 현재 재무상태표상에 외화로 표시되어 있는 계정과목을 자국의 통화로 전환시키는 과정에서 발생하는 회계문제로 다음과 같은 두 가지의 상황에서 고려의 대상이 된다.

(1) 재무상태표일 현재에 보유 또는 미결제상태에 있는 외화표시 자산과 부채를 자국의 통화로 환산하는 경우

(2) 외화로 표시되고 있는 해외사업장(해외 지점 및 사업소 등)의 외화표시 재무제표를 자국의 통화로 환산하는 경우

이들의 환산과정에서 발생된 장부상의 평가액과 변동된 환율에 의한 평가액과의 차이가 외화환산손익이며 이것은 당기의 영업외 수익 및 비용으로 처리한다.

예제 2.2

다음 거래를 분개하라.

(ㄱ) 서울상사는 외화단기대여금 \$200,000(장부가액 평가환율: \$1 = ₩1,000)에 대해

2) K-IFRS는 외환차손익과 외화환산손익을 구별하지 않고 통합하여 외화차이개념(환율변동이익, 환율변동손실)을 사용하도록 하고 있다.

결산시에 재평가하다(단, 결산일의 공정환율: $1 = ₩1,050).

(ㄴ) 부산상사는 외화단기차입금 $200,000(장부가액 평가환율: $1 = ₩1,000)에 대해 결산시에 재평가하다(단, 결산일의 공정환율: $1 =₩1,050).

해답 ㉠ (차) 외화단기대여금 10,000,000 (대) 외화환산이익 10,000,000

㉡ (차) 외화환산손실 10,000,000 (대) 외화단기차입금 10,000,000

예제 2.3

(주)Dan은 다음과 같은 조건으로 미국회사와 교역을 실시하였다. 각 해당일의 분개를 하라.

- 수출액; $150
- 결산일; 매년 12월 31일(환율 ₩1,100/$)
- 상품선적일; 2002년 11월 7일(환율 ₩1,150/$)
- 상품대금회수일; 2003년 2월 26일(환율 ₩1,050/$)

해답

2002. 11/ 7	: (차) 매출채권 172,500	(대) 매출 172,500
2002. 12/31	: (차) 외화환산손실 7,500	(대) 매출채권 7,500
2003. 2/26	: (차) 현금 157,500	(대) 매출채권 165,000
	외화차손 7,500	
	* $150×@1,050 = 157,500	*172,500-7,500 = 165,000

연습문제

1. 환율의 정의 및 종류에 대해 설명하라.

2. 외화를 환산하는 방법에 대해 설명하라.

3. 화폐성항목과 비화폐성항목의 차이점을 설명하라.

4. 외환차손익과 외화환산손익의 차이점을 설명하라.

5. 다음 거래를 분개하라.

1) 강북상사는 외화차입금 $70,000(장부가액 환율; $1 : ₩1,000)을 현금으로 상환하다. 단, 상환일의 환율은 $ 1 : ₩1,050으로 나타나다.

2) 강남상사는 외화차입금 $90,000(장부가액 환율; $1 : ₩1,000)을 현금으로 상환하다. 단, 상환일의 환율은 $1 : ₩900으로 나타나다.

3) 중동상사는 외화대여금 $50,000(장부가액 환율; $1 : ₩1,050)을 현금으로 회수하다. 단, 회수일의 환율은 $1 : ₩950으로 나타나다.

4) 중서상사는 외화대여금 $60,000(장부가액 환율; $1 : ₩950)을 현금으로 회수하다. 단, 회수일의 환율은 $1 : ₩1,000으로 나타나다.

5) 20×1년 3월 15일 한강상사는 외화 $500,000(환율; $1 : ₩1,000)을 대여하다.
12월 31일 결산을 맞아 한강상사는 환율이 변동($1 : ₩1,050)하여 상기의 대여금을 재평가하다.

6) 20×2년 7월 17일 금강상사는 외화 $400,000(환율 ; $1 : ₩950)을 차입하다.
12월 31일 결산을 맞아 금강상사는 환율이 변동($1 : ₩1,000)하여 상기의 차입금을 재평가하다.

제3장 전표회계

제1절 전표의 정의

전표(slip)란 기업의 규모가 확대되고 업무가 복잡해짐에 따라 각 부처간에 업무의 전달, 책임소재의 확인, 기장사무의 효율화를 위하여 사용되는 일정한 크기와 형식을 갖춘 지편(지편)을 말하며, 전표를 작성하는 것을 기표라고 한다. 그리고 이러한 전표로 분개장을 대신하여 거래를 기록하여 총계정원장에도 전기하는 회계처리방식을 전표회계라고 한다.

전표는 기업에 따라 차이가 있으나, 보통 사용되는 전표는 입금전표, 출금전표, 대체전표 등이 있다.

제2절 전표의 종류

1) 입금전표

입금의 거래를 기입하는 전표로서 붉은색으로 되어 있다.

입 금 전 표

No.　　　　　　　　　　20××年　月　日

과목		성명		
적　요		금　액		
				검인
				기장
				계
합　계				

2) 출금전표

출금의 거래를 기입하는 전표로서 지급전표라고도 하며 청색으로 되어 있다.

출 금 전 표

No.　　　　　　　　　　20××年　月　日

과목		성명		
적　요		금　액		
				검인
				기장
				계
합　계				

3) 대체전표

현금의 수입과 지출이 수반되지 않는 거래를 기입하는 전표로서 검은색으로 인쇄하여 사용하고 있다. 단, 일부 대체거래인 경우는 대체거래와 현금거래가 함께 발생하는 거래로서 현금거래는 입금전표(또는 출금전표)에 기입하고 대체거래는 대체전표에 기입한다.

대 체 전 표

계	기장	검인

No.

20××년　　월　일

과목	적 요	금 액	과목	적 요	금 액
	합 계			합계	

예제 3.1

다음 거래를 전표(양식)에 기입하고 전표 집계표를 작성하라.

4월 6일 영신상점에 A상품 1,000개를 1개당 ₩500에 매출하고 현금을 받다.

4월 8일 번영상회에서 B상품 ₩500개를 1개당 ₩800에 매입하고 현금으로 지급하다.

4월 9일 인천상회에서 C상품 700개를 1개당 ₩600에 매입하고 대금 중 ₩20,000은 현금으로 지급하고 잔액을 외상으로 하다.

해답 (약식전표)

4.6　입금전표
(매출)
A상품　₩500,000

4.8　출금전표
(매입)
B상품　₩400,000

4.9　대체전표

매입 400,000	매입채무 400,000

4.9　출금전표
(매입)
C상품　₩20,000

(입금) 전표집계표

(대변)계정과목	매수	원면	금액
매　　출	1		500,000
합　계			500,000

현　금

4/6	500,000	4/8	400,000
		4/9	20,000

(출금) 전표집계표

(차변)계정과목	매수	원면	금액
매　　입	1		400,000
매　　입	1		20,000
합　계			420,000

매　입

4/8	400,000		
4/9	420,000		

(대체) 전표집계표

(대변)계정과목	매수	원면	금액
매입채무	1		400,000
합　계			400,000

매　출

		4/6	500,000

(대체) 전표집계표

(차변)계정과목	매수	원면	금액
매　　입	1		400,000
합　계			400,000

매입채무

		4/9	400,000

연습문제

1. 전표회계의 필요성에 대해 설명하라.

2. 전표의 종류에 대해 설명하라.

3. 다음 거래를 전표에 기입하고 전표집계표를 작성하라. (단위: 원)

4월 1일 현금 ₩5,000,000을 출자하여 영업을 개시하다.
2일 영신상회에서 A상품 ₩300,000을 외상으로 매입하다.
3일 캐비넷 ₩250,000을 매입하고 현금으로 지급하다.
5일 동신상점에서 B상품 ₩270,000을 매출하고, 대금 중 ₩200,000을 현금으로 받고 잔액은 외상으로 하다.
7일 대신상점에서 외상매출금 ₩400,000을 현금으로 받다.
15일 광고선전비 ₩200,000을 현금으로 지급하다.
25일 영신상회의 외상매입금 ₩250,000을 현금으로 지급하다.
30일 금월분 급여 ₩800,000을 현금으로 지급하다.

4. 전표가 실무에서는 분개장보다 많이 사용되는 이유에 대해 설명하라.

제4장 재무분석

제1절 재무분석의 정의

기업에 대한 구체적인 투자대상을 선정하기 위해 그 기업에 대한 제반사항을 분석하는 것을 기업분석이라고 한다. 그 중에서도 기업의 경영성과와 재무상태를 분석하여 투자대상의 수익성과 투자위험을 측정하는 것이 재무분석(financial analysis)이다.

재무분석은 기업경영의 양적인 측면인 기업의 재무제표를 분석하여 기업의 경영성과와 재무상태를 분석하므로 재무제표분석[1]이라고도 하며, 분석방법은 비율분석이 일반적으로 이용된다. 비율분석은 재무제표에서 연관성이 있는 계정과목이나 항목 사이의 비율을 파악한 후 그 크기나 증감변동에 의하여 기업의 경영성과와 재무상태를 분석하는 방법이다.

재무분석에 의해 기업의 경영성과나 재무상태를 분석할 경우 재무구조의 안전성과 기업의 수익성 및 장래의 성장성을 주로 분석한다. 그리고 이들과 밀접한 관계가 있는 활동성과 생산성도 분석하는 것이 일반적이다.

한편, 금융감독원은 전자공시시스템(dart.fss.or.kr)을 통하여 재무제표를 분석하는데 필수적인 각종 공시서류를 제공하고 있다. 그리고 한국은행과 한국산업은행은 매년 산업표준비율을 각각의 기관에서 발행하는 기업경영분석 및 기업재무분석 등을 통하여 발표하고 있다.

1) 재무제표분석방법으로 비율분석, 추세분석(수평적 분석), 구성비분석(수직적분석) 등이 있다.

제2절 재무분석의 분류

1. 안정성분석

기업이 계속하여 건전하게 영업활동을 수행할 수 있는 능력을 안정성이라고 하며 이는 유동성비율과 레버리지비율로 측정한다.

1) 유동성비율

유동성비율은 단기채무에 대한 지급능력을 측정하기 위해 재무상태표상의 유동성에 관계된 항목간의 관계비율로 분석한다.

(1) 유동비율

유동비율은 유동부채에 충당할 수 있는 지급자산을 얼마나 보유하고 있는가를 파악하기 위해 유동자산에 대한 유동부채의 비율로 측정한다.

유동비율 = 유동자산 / 유동부채 × 100

이 비율은 여신취급시 수신자의 지급능력을 판단하는 대표적인 지표로 이용되어서 은행가비율이라고도 한다. 이 비율이 높을수록 기업의 지급능력은 양호하다고 할 수 있으며 일반적으로 200% 이상이면 건전한 상태라고 할 수 있다.

(2) 당좌비율

유동자산 중 신속하게 현금화할 수 있는 당좌자산만으로 유동부채에 충당할 수 있는 정도를 파악하기 위하여 당좌자산과 유동부채의 비율을 측정한 지표가 당좌비율이다.

당좌비율 = 당좌자산 / 유동부채 × 100

이 비율은 산성시험비율이라고도 불려지며 일반적으로 100% 이상이면 유동성이 양호하다고 할 수 있다. 이 비율은 특히 경기변동이 민감한 재고자산이나 진부화의 속도가 빠른 재고자산을 갖고 있는 기업의 유동성을 파악하는 데 효과적이다.

2) 레버리지비율

레버리지비율은 기업의 부채의존도가 얼마나 되는가를 파악하기 위해 주주들로 부터 조달된 자기자본과 채권자로부터 조달된 타인자본과의 구성비로 측정한다.

(1) 부채비율

부채비율은 총자본 중에서 타인자본과 자기자본의 관계를 표시하는 비율로서 일반적으로 100% 이하를 표준비율로 보고 있다.

부채비율 = (유동부채 + 비유동부채) / 자기자본 × 100

부채비율이 낮을수록 파산 또는 청산의 경우에 채권자의 손실을 감소할 수 있으므로 채권자의 입장에서는 이익이지만 주주의 입장에서는 경기상승시의 이익을 향유할 수 없을 뿐만 아니라, 부채비율을 낮추기 위해 보통주를 많이 발행하면 경영권이 위태로워지는 문제가 생기므로 부채비율이 낮다고 항상 좋은 것은 아니다.

(2) 유동부채비율

유동부채비율은 타인자본의존도의 안정성 여부를 측정하기 위해서 활용되는 비율을 말하며 자기자본과 단기부채와의 관계로 파악한다.

유동부채비율 = 유동부채 / 자기자본 × 100

위험성이 높은 부채인 유동부채가 자기자본을 초과하면 기업재무상 위험성을 초래하게 된다는 이론적 근거에서 이 비율의 일반적 판단기준으로서의 표준비율은 100% 이하이어야 안정성이 있다고 할 수 있다.

(3) 고정비율

비유동자산에 투자되는 자본을 얼마만큼 자기자본의 조달에 의하여 충족시키는가를 알아보기 위해 자기자본과 비유동자산(〈유형 + 무형〉자산은 감가상각비 공제가격으로 해야 함)과의 관계를 표시하는 비율이 고정비율이다.

고정비율 = (〈유형 + 무형〉자산 + 투자 자산) / 자기자본 × 100

이 비율은 자기자본의 고정화 정도를 판단하는 주요비율이며 일반적인 판단기준으로 표준비율은 100% 이하이다.

(4) 고정장기적합률

이 비율은 장기자본의 고정화 정도를 측정하기 위한 비율로서 장기자본(비유동자본 + 비유동부채)과 비유동자산과의 관계로 파악한다.

> 고정장기적합률 = (〈유형 + 무형〉 자산 + 투자 자산) /
> (자기자본 + 비유동부채) × 100

이 비율은 자기자본은 물론 비유동부채까지를 장기자본으로 간주하기 때문에 이 비율이 낮을수록 기업자본의 배분상태가 양호하게 되며, 일반적인 판단기준으로서의 표준비율은 100% 이하이다.

(5) 이자보상비율

이자보상비율은 기업의 이자지급능력을 동태적으로 측정하기 위한 비율로서 이자 및 법인세비용차감전이익이 지급이자의 몇배인가를 나타내는 비율이다.

> 이자보상비율 = (이자비용 + 법인세비용차감전이익) / 이자비용

이 비율은 타인자본의 사용에 따른 이자의 지급에 충당될 수 있는 영업이익의 타인자본비용에 대한 비율이다. 이자보상비율이 높을수록 부채에 대한 안전성은 있다고 할 수 있다. 반면에 이것이 낮아지면 기업이 이자를 지급할 능력도 없어지므로 이러한 상태가 계속되면 기업은 도산상태에까지 이르게 된다. 따라서 이자보상비율은 1.0 이상이어야 한다.

(6) 자기자본비율

자기자본비율은 총자본 중에서 자기자본이 차지하는 비중을 나타내는 비율로서 자본구성의 적정성을 판단하기 위한 지표로 이용된다.

> 자기자본비율 = 자기자본 / 총자본 × 100

자기자본은 그 성격상 고정된 금융비용을 부담하지 않고 기업이 장기적으로 운용할 수 있는 안정자본이므로 이 비율이 높을수록 기업의 안정성도 높아진다고 할 수 있다. 일반적으로 이 비율의 표준비율은 50% 이상으로 보고 있다.

2. 수익성분석

기업이 회계기간 중 경영성과의 획득하는 정도를 수익성이라고 하며, 수익성이 어떠한가를 판단하는 비율이 수익성비율이다. 이것은 일정기간 동안의 순이익 수준이 적정한가, 사용자본에 대해 순이익이 효과적으로 얻은 것인가 등을 판단하는 동태적인 측정도구이다.

1) 총자본 순이익률

경상이익에 특별이익을 가산한 후 특별손실과 법인세비용 등을 차감한 당기순이익의 총자산에 대한 비율로서 경영에 투하된 총자본의 최종성과를 나타내는 비율이다.

총자본 순이익률 = 당기순이익 / 총자본 × 100

이 비율은 높을수록 기업의 수익성이 양호하다. 왜냐하면 이 비율이 높으면 보유하고 있는 자산에 비해 자산의 활용도가 높을수록 좋기 때문이다. 그러나 시설투자를 고려하면 반드시 높은 것이 좋은 것만은 아니다. 따라서 이 비율은 자산의 증가와 함께 순이익의 증가가 있어야 양호한 것이다.

2) 자기자본 순이익률

일정한 회계기간 중의 최종 성과인 순이익의 자기자본에 대한 비율을 나타내는 지표이다. 여기서 자기자본은 우선주가 있으면 당기순이익에서 우선주 배당금을 차감한다.

자기자본 순이익률 = 당기순이익 / 자기자본 × 100

이 비율이 총자본순이익률에 비해 높을 경우, 기업은 지분의 대체에 의해 이익이 있다고 해석할 수 있다.

3) 자본금 순이익률

자본금 즉 자기자본에 대한 순이익의 비율로서 기업의 배당능력을 판단하는데 중요시되는 기초자료이다.

자본금순이익률 = 순이익 / 자본금 × 100

이 비율은 투자자들이 투자를 결정할 때 타인자본을 적절히 사용하고 있는가를 상대적으로 평가할 수 있기 때문에 참고지표로 널리 이용되고 있다.

4) 매출원가율

기업이 매출한 매출총액 중에서 매출원가가 차지하는 비율을 측정하는 지표로서 기업 원가율 또는 마진율을 파악하는 비율이다.

매출원가율 = 매출원가 / 매출액 × 100

이 비율이 낮으면 원가율이 낮다는 뜻이어서 상대적으로 기업의 이익은 증가하게 된다. 이 비율로 기업의 매출총이익의 범위를 파악할 수 있다.

5) 수지비율

이 비율은 총수익에 대한 총비용의 비율로서 기업의 경영상태를 파악하는 지표로 이용된다.

수지비율 = (매출원가 + 판매비와 관리비 + 영업외비용) / (매출액 + 영업외수익) × 100

이 비율이 낮을수록 수익에 대한 비용의 효율적인 지출을 뜻하므로 기업의 경영상태가 양호함을 표시한다.

3. 활동성분석

기업이 보유하고 있는 자산을 운용하는 능력이 활동성이다. 활동성은 매출액에 대한 각 자산의 회전율로 그 효율성을 측정한다. 기업활동의 수준에 따라 기업수익은 크게 영향을 받기 때문에 활동성은 수익성과 밀접한 관계가 있다.

1) 총자본 회전율

이 비율은 총자본이 1년 동안 몇 번 회전했는가를 나타내는 비율로 기업이 조달한 총자본의 운용능력을 전반적으로 파악할 수 있는 지표이다.

총자본 회전율 = 매출액 / 총자본

이 비율이 높으면 기업이 유동자산, 비유동자산 등을 효과적으로 운용하고 있다는 의미이고, 반대로 이 비율이 낮으면 유휴설비 또는 불건전한 영업외 자산이 존재하고 있어 기업이 비효율적인 투자를 하고 있다고 볼 수 있다.

2) 비유동자산 회전율

기업의 중추적 자산인 비유동성자산의 효율적인 이용정도를 파악하는 지표로서 이 비율은 자본의 고정화 정도를 판단하는 수단이 된다.

비유동자산 회전율 = 매출액 / (〈유형 + 무형〉자산 + 투자자산)

이 비율이 높을수록 비유동성자산의 이용도가 양호한 상태를 나타내며 낮을 때에는 비유동성자산의 이용이 불합리하거나 비유동성자산의 투자가 과대하게 되어 있다는 것을 나타낸다.

3) 재고자산 회전율

재고자산이 당좌자산으로 변화하는 속도, 즉 재고자산의 회전속도를 알아보기 위해 연간 매출액을 평균재고자산으로 한 비율이다.

재고자산 회전율 = 매출액 / 재고자산

이 비율은 재고자산의 보유수준을 판단하는데 가장 적합한 지표로서 일정한 표준비율은 없으나, 일반적으로 이 비율이 높을수록 자본수익률이 높아지기 때문에 기업은 유리하다. 그러나 과다하게 높을 경우는 원재료 및 제품 등의 부족으로 영업활동에 지장을 초래할 수 있다.

4) 제품 회전율

회계기간중 제품이 몇 번 당좌자산으로 전환하였는가를 나타내는 지표로 매출에 대한 제품의 비율로 파악한다.

제품회전율 = 매출액 / 제 품

이 비율은 높을수록 매출액을 실현하는데 있어 자본이 효율적으로 이용되었다는 뜻이므로 양호한 영업활동상태라고 할 수 있다.

5) 자기자본 회전율

자기자본의 이용도를 측정하기 위해 매출액에 대한 자기자본의 비율로 측정한다.

자기자본 회전율 = 매출액 / 자기자본

이 비율이 낮으면 매출액이 과소하거나 자기자본이 과다하다는 증거이므로 이에 대비책을 강구해야 한다. 일반적으로 이 비율이 총자본회전율의 2배가 되면 적정수준으로 보고 있다.

6) 매출채권 회전율

상품매출에 따른 매출채권의 현금화속도 즉 매출채권의 질을 측정하는 비율이다.

매출채권 회전율 = 매출액 / 매출채권

이 비율이 높을수록 매출채권의 현금화속도가 빠르다는 것을 표시한다. 기업의 유동성을 측정할 경우 유동비율이나 당좌비율이 정태적이라면 이 비율은 매입채무회전율과 함께 동태적인 의미가 있다.

7) 매입채무 회전율

기업의 부채 중에서도 특히 매입채무에 대한 지급능력의 적정상태를 파악하는 지표이다.

매입채무 회전율 = 매출액 / 매입채무

이 비율은 매출채권회전율과 비교 검토함으로써 기업의 유동성 추세를 예측하는 수단으로 활용할 수 있다.

4. 생산성분석

생산성분석은 기업경영활동의 능률을 측정평가하여 그 발생원인과 성과배분의 합리성 등을 파악할 때 필요한 것이다. 따라서 생산성에 관한 지표는 경영합리화의 척도이므로 현대에는 기업경영의 성과를 부가가치생산성이란 개념으로 측정하는 것이 일반화되어 있다.

1) 부가가치율

회계기간 중에 창출된 부가가치액을 동 기간중의 매출액으로 나누어 측정하는 지표로 소득률이라고도 한다. 여기서 부가가치는 매출액에서 타기업이 생산한 생산물로서 해당 기업이 구입한 재료비, 외주가공비 등을 차감한 것이다.

부가가치 = 부가가치 / 매출액 × 100

2) 노동장비율

생산과정에 있어서 종업원 한 사람의 노동장비 이용실태 즉 기업설비자산의 종업원 1인당 보유수준을 측정하는 지표이다.

노동장비율 = (〈유형 + 무형〉자산 - 건설중인 자산) / 종업원수

경영기법이 첨단화할수록 노동집약적인 경영방식으로부터 자본집약적인 경영방식으로 바뀌는 경향이 뚜렷하므로 이 지표를 통하여 기업경영방식의 첨단화 정도를 파악할 수 있다.

3) 자본생산성

기업의 투하된 총자본이 1년 동안에 얼마만큼의 부가가치액을 산출하였는가를 나타내는 지표이다. 이 지표는 생산성을 측정할 때 노동생산성과 함께 가장 기본적인 지표의 하나로 이용되고 있다.

노동생산성 = 부가가치 / 총자본 × 100

이 비율이 높을수록 총자본이 효율적으로 운용되고 있다는 증거이므로 이 비율이 높게 유지되면 노동생산성도 높아지게 된다.

4) 설비생산성

기업이 제품을 생산할 때 가동한 설비자산(유형자산-건설중인 자산)이 어느 정도의 부가가치를 생산하였는가를 나타내는 지표이다.

설비생산성 = 부가가치 / (유형자산 − 건설중인 자산) × 100

이 비율이 높을수록 유형자산이 효율적으로 운용되고 있다는 것을 의미한다. 그리고 이 비율은 노동생산성의 변동요인을 분석할 때 중요한 분석자료가 된다.

5) 자본집약도

종업원 한 사람이 어느 정도의 자본액을 보유하고 있는가를 나타내는 지표로서 노동장비율의 보조지표로 이용된다.

자본집약도 = 총자본 / 종업원수

일반적으로 노동집약적인 기업은 이 비율이 낮으나 대규모 자본이 투자되어 근대적 설비를 사용하는 기업은 이 비율이 높게 나타나고 있다.

5. 성장성분석

기업이 전년도에 비해 재무구조와 영업성적이 얼마나 증가하였는가의 정도, 즉 성장성은 다음과 같이 파악한다.

1) 총자산증가율

당해 연도에 투하되어 운용된 총자산이 전년도에 비해 얼마나 증가하였는가를 표시하는 비율로서 기업의 전체적인 성장규모를 측정하는 지표이다.

총자산증가율 = (당기말총자산 − 전기말총자산) / 전기말총자산 × 100

2) 자기자본증가율

전년도에 비해 자기자본이 해당연도에 얼마나 증가하였는가를 나타내는 지표이다.

자기자본증가율 = (당기말자기자본 - 전기말자기자본) / 전기말자기자본×100

3) 설비자산증가율

건물 · 기계장치 등 설비자산에 대한 투자가 전년도에 비해 당해 연도에 얼마만큼 활발하게 이루어졌는가를 표시하는 지표이다.

설비자산증가율 = (당기말설비자산 – 전기말설비자산) / 전기말설비자산 ×100

4) 매출액증가율

정상적인 경영활동에서 기업의 이익발생과 지급능력의 원천이 되는 매출액의 전년도 대비 당해 연도의 매출액에 대한 증가율을 측정하는 지표이다. 매출액 증가율이 높아지면 기업의 수익성과 안정성이 개선된다는 뜻으로 해석할 수 있다.

매출액증가율 = (당기매출액 – 전기매출액) / 전기매출액 × 100

5) 영업이익증가율

기업의 이익을 단계별로 구분할 경우 영업이익이 기업경영이 정상적인 활동에서 획득한 것이므로 영업이익을 전년도와 비교해서 증가율을 파악한 지표이다. 일반적으로 영업이익증가율이 높아지면 그 만큼 경영이 견실해지고 있다는 뜻이다.

영업이익증가율 = (당기영업6이익 – 전기영업이익 / 전기영업이익) × 100

6) 순이익증가율

기업활동의 최종성과인 순이익이 전년도에 비하여 당해연도에 얼마나 증가하였는가를 나타내는 비율이다.

순이익증가율 = (당기순이익 – 전기순이익) / 전기순이익 × 100

제3절 재무분석의 한계

재무제표분석 방법 중 상기에서 언급한 비율분석은 간단하면서 이해하기가 쉽고 자료의 수집이 용이하기 때문에 유용성이 있지만, 다음과 같은 한계점이 있다.

첫째, 재무제표 자체에 문제가 있으면 재무제표를 참고하여 분석한 비율분석도 신뢰할 수 없다.

둘째, 재무분석은 미래에 대한 예측을 위해 필요한 것인데도 불구하고 비율분석은 과거의 회계정보에 의존한다.

셋째, 기업의 내부환경은 물론 외부환경도 고려해서 비율을 해석하는 것이 합리적이지만 비율분석은 획일적으로 해석한다.

넷째, 기업과 관련된 산업 전체의 표준비율을 설정하는 데 객관성을 유지하기가 어렵다.

다섯째, 재무제표는 원가주의에 의해 작성된 측정치이므로 현금의 흐름, 즉 인플레회계가 고려되지 않고 있다(그러나 K-IFRS는 자산을 평가할 때 기존의 기업회계기준과는 달리 재평가모형을 선택적으로 사용할 수 있게 하였기 때문에 약간은 문제점이 해소되었다).

연습문제

1. 재무분석을 실시하는 목적에 대해 설명하라.

2. 재무분석을 실시하는 방법에 대해 설명하라.

3. 비율분석의 장점과 단점에 대해 설명하라.

4. 다음 자료로 비율분석을 통하여 안전성, 수익성, 성장성, 활동성, 생산성을 파악하라.
   1) 비교재무상태표

재 무 상 태 표

(단위: 원)

계정과목	금액		계정과목	금액	
	2008년	2007년		2008년	2007년
현금	920,000	770,000	매입채무	750,000	920,000
단기매매증권	730,000	740,000	미지급금	910,000	820,000
매출채권	740,000	950,000	차입금	790,000	950,000
단기대여금	440,000	320,000	대손충당금	250,000	150,000
상품	570,000	430,000	건물감가상각누계액	520,000	370,000
만기보유유가증권	710,000	510,000	기계장치감가상각누계액	110,000	50,000
건물	2,100,000	1,700,000	사채	1,700,000	1,100,000
기계장치	970,000	790,000	자본금	2,500,000	2,000,000
영업권	700,000	500,000	이익준비금	520,000	440,000
창업비	540,000	320,000	당기순이익	370,000	230,000
	8,420,000	7,030,000		8,420,000	7,030,000

2) 비교포괄손익계산서

포 괄 손 익 계 산 서

(단위: 원)

계정과목	금액 2008년	금액 2007년	계정과목	금액 2008년	금액 2007년
매입	970,000	620,000	매출	2,240,000	1,998,000
급여	520,000	478,000	이자수익	410,000	320,000
복리후생비	240,000	150,000	보험차익	290,000	250,000
세금과공과	180,000	220,000	임대료	350,000	240,000
임차료	250,000	310,000	대손충당금환입액	120,000	70,000
대손상각비	220,000	170,000	유형자산처분이익	340,000	*
감가상각비	130,000	120,000	배당금수익	*	50,000
이자비용	270,000	180,000			
매출할인	150,000	150,000			
잡손실	110,000	90,000			
재해손실	130,000	70,000			
법인세비용	210,000	140,000			
당기순이익	370,000	230,000			
	3,750,000	2,928,000		3,750,000	2,928,000

제4부

전산회계

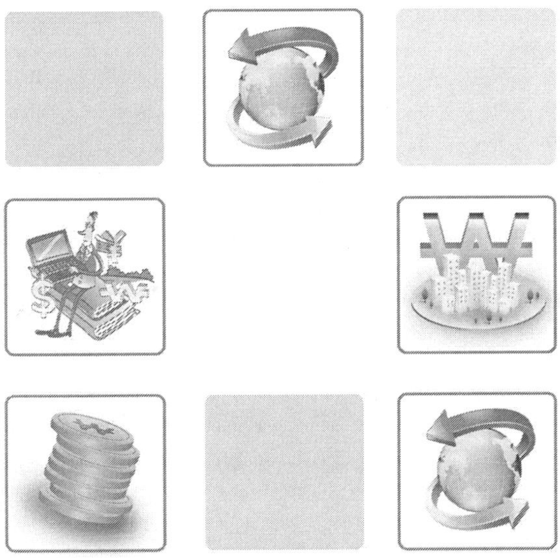

제1장 전산회계 개요

제2장 전산회계 과정

제 1 장 전산회계 개요

우리가 이미 학습한 회계원리 이론내용이 산업현장의 회계실무에서는 그대로 적용되지 않는 경우가 종종 있다. 특히, 컴퓨터의 발달로 그동안 수작업 위주로 작성되었던 분개장과 원장이 전산화되어 상용되고 있다. 그야말로 회계순환과정 전체가 자동화되어 재무제표까지 수작업이 없이 가능하다. 하지만 여기서 주의할 사항은 회계순환과정 중에서 가장 중요한 부분인 거래를 인식하는 단계, 분개를 처리하는 단계, 그리고 재무제표를 해석하는 단계 등은 사람의 고유한 영역이라는 점이다. 그런데 회계정보처리론 즉, 전산회계 부문은 별도의 과정으로 학습해야 하는 영역이다. 여기서는 간단한 내용만 소개하기로 한다.

한편, 우리나라는 업무 효율성 증대를 위해 민간단체(한국공인회계사회, 한국세무사회 등)가 주동이 되어 전산회계 자격증제도를 운용하면서 그 처리능력을 구분하고 있다.

제2장 전산회계 과정

제1절 프로그램 설치

회계순환과정을 전산화하여 처리하려면 이에 합당한 프로그램을 설치를 해야 한다. 현재, 우리나라에서는 여러 가지 프로그램이 상용되고 있지만 본 교재에서는 [더존 i PLUS 실무교육프로그램 2013] 위주로 설명을 한다.

제2절 프로그램 진행절차

■ **프로그램 작업순서**

회사등록	기업경영 및 회계거래의 주체인 회사의 기본사항 입력
▼	
거래처 등록	회사가 거래하는 일반거래처, 금융거래처, 카드거래처 등 입력
▼	
계정 및 적요등록	회사에서 특별히 사용하는 계정 및 적요가 있으면 추가등록 또는 수정
▼	
전기이월자료 등록	전기에 발생된 재무제표 자료를 입력
▼	
전표 입력	회사에서 발생된 거래를 일반전표와 매입매출 전표입력
▼	
결산자료 입력	회계연도 말에 결산내용을 입력
▼	
장부 및 보고서 출력	회사에서 필요한 장부 및 보고서 출력

1. 회사등록

주체회사의 코드번호와 사업자등록증에 나와 있는 주요내용(사업자등록증번호, 상호명, 대표자명, 사업장주소, 사업장관할세무서 등)을 입력한다. 그리고 당기순이익을 합리적으로 처리하기 위해 회사구분(법인, 개인)을 표시하여 등록한다.

2. 거래처등록

주체회사가 거래하는 대상을 일반거래처, 금융기관, 카드사 등으로 3구분하여 등록을 한다. 특히, 현금거래가 아닌 외상거래를 할 경우에는 채권과 채무가 발생하기 때문에 매출처 및 매입처 등록의 기초자료인 이 부분을 정확하게 등록하여야 한다.

3. 계정 및 적요등록

전산회계프로그램을 설치하면 우리가 일상적으로 사용하는 계정과목은 이미 등록이 되어 있다. 따라서 주체회사가 영업활동을 하면서 필요한 계정과목이 발생을 하면 별도의 절차에 의해 계정과목을 수정하거나 추가해야 한다. 그리고 거래내역을 간단히 요약한 것을 적요라고 하는데 반복되는 거래가 빈번하게 발생할 경우에 적요번호를 숙지하였다가 이를 이용하면 편리하다.

4. 전기이월자료 등록

주체회사가 창업이 아닌 계속기업일 경우에는 전년도에 작성된 재무제표를 이월받아서 이를 활용해야 한다. 전기이월자료에는 전기분재무상태표, 전기분손익계산서 그리고 거래처별 초기이월액 등이 있다. 전기분재무상태표에는 채권과 채무에 대한 합계액만 표시되어 있어 거래처별로 이것을 파악할 수가 없는 상태이다. 따라서 이것을 반드시 거래처별로 나누어서 등록을 표시하여 당기에 발생되는 것과 연관(증가, 감소)을 맺게 하여야 한다.

5. 전표 입력

앞에서 언급한 전기에 발생되었던 자료를 근거로 당기에 발생한 거래를 입력하여야 한다. 당기에 발생한 거래는 부가가치세와 관련성 여부에 따라 크게 두 가지로 나누어 진다. 부가가치세와 관련이 없는 경우에는 일반전표입력절차에 따라 표시를 하고 부가가치세와 관련이 있는 경우에는 매입매출전표입력절차에 따라 기입을 한다. 당기에 발생된 거래는 현금거래(출금거래 및 입금거래), 대체거래 등으로 구분하여 입력을 하면 된다.

6. 결산자료 입력

결산기준일이 되면 여러 가지 사유(발생주의, 임시계정 등)로 인해 정리사항이 발생하게 된다. 전산회계 프로그램은 결산자료를 입력할 때, 자동결산 부문과 수동결산 부문으로 나누어서 시행을 하게 된다. 수동결산 부문은 결산일에 일반거래와 동일하게 분개를 표시하여 입력을 하면 된다. 그러나 자동결산 부문(기말재고자산, 상각비, 퇴직급여, 준비금 환입액 및 전입액, 법인세 등)은 분개를 직접하지 않고 해당사항에 금액만 입력을 하면 자동으로 분개내용이 표시가 된다.

7. 장부 및 보고서 출력

전산회계프로그램이 도입되어 편리한 점은 계산과정의 편리성 때문에 언제든지 재무제표를 출력하여 이를 활용할 수 있다는 점이다. 그리고 관련된 자료가 관리용과 제출용으로 구분되어 있어서 이를 적절하게 이용할 수 있다. 예를 들어 외상매출금과 받을어음을 별도의 계정과목으로 구분하여 회계처리를 할 경우, 이것을 관리용으로 처리를 하면 그대로 구분되어 표시된다. 그러나 이것을 제출용으로 전환을 시키면 매출채권으로 계정과목이 통합되어 나타난다.

연습문제

1. 다음은 개인사업자인 태양상사의 사업등록증이다. 전산회계 프로그램을 이용하여 회사등록을 하시오.

(회사코드: 00601, 회계기간: 제15기 2012년 1월 1일 ~ 12월 31일)

사 업 자 등 록 증

(개인사업자용)

등록번호: 301-25-01147

① 상　　　호: 태양상사
② 대　표　자: 정빛나
③ 개업 년 월일: 1997년 7월 11일
④ 주민등록번호: 580909-1249511
⑤ 사업장소재지: 서울 서초 방배 33
⑥ 사업자 주 소: 서울 서초 방배 33
⑦ 사업의 종 류: 업태 - 도, 소매　종목 - 문구
⑧ 교 부　사 유: 신규
⑨ 주류판매신고:

1997년 7월 19일

반포세무서장(인)

2. 다음은 태양상사의 매입처 및 매출처의 사업자등록 사항이다. 주어진 자료를 이용하여 태양상사의 거래처를 등록하시오.

코드	상 호	대표자	사업자등록번호	주　소	업태	종목
10001	마케팅유통	박규식	137-81-52148	서울 강남 신사 101	도매	문구
10002	용인상사	한철	301-01-13254	서울 마포 도화 130	도매	문구
10003	학림문구	김수현	229-02-02767	대구 서구 평리3 35	소매	문구
10004	전산문구	장영수	307-24-60695	서울 구로 구로 120	소매	문구
98000	성장은행	426-0218-354(일반)				
99600	한길카드	9540-3243-002-8514(매입카드)				

3. 다음과 같은 계정과목 및 적요등록 메뉴를 태양상사에 맞게 수정하시오.

> 1. 태양상사는 임직원의 출장비를 국내와 해외출장비로 구분하여 관리하기로 하였다. 해외출장에 따른 교통비를 '해외여비교통비'계정으로 등록하시오.[**계정과목**] 등록문제
> 2. '복리후생비'계정의 대체적요 3번에 '직원 피복비 구입시 신용카드 결재'를 등록하시오.[**적요등록**] 문제

4. 다음은 태양상사의 전기분재무상태표이다. 이를 입력하시오. (단위: 원)

재 무 상 태 표

제14기 2011년 12월 31일

태양상사

과 목	금 액	과 목	금 액
현금	5,000,000	외상매입금	23,000,000
당좌예금	49,500,000	지급어음	18,000,000
외상매출금	35,000,000	단기차입금	17,000,000
대손충당금	(350,000)	미지급금	2,500,000
받을어음	30,000,000	장기차입금	30,000,000
상품	8,000,000	부채총계	90,500,000
임차보증금	50,000,000		
기타보증금	1,200,000	자본금	112,050,000
차량운반구	20,000,000	당기순이익	12,050,000
감가상각누계액	(4,200,000)	자본총계	112,050,000
비품	8,900,000		
감가상각누계액	(500,000)		
자산총계	207,600,000	부채와 자본 총계	207,600,000

5. 다음은 태양상사의 전기분손익계산서이다. 이를 입력하시오.

손 익 계 산 서

제14기 2011년 1월1일 ~ 12월31일

태양상사 (단위: 원)

과 목	금 액	
상 품 매 출		220,000,000
상 품 매 출 원 가		150,670,000
기 초 상 품 재 고 액	8,670,000	
당 기 상 품 매 입 액	150,000,000	
기 말 상 품 재 고 액	8,000,000	
매 출 총 이 익 *		69,330,000
판 매 비 와 관 리 비 *		54,280,000
급 여	29,000,000	
복 리 후 생 비	8,900,000	
접 대 비	5,900,000	
세 금 과 공 과	1,870,000	
감 가 상 각 비	3,300,000	
지 급 임 차 료	4,940,000	
대 손 상 각 비	370,000	
영 업 이 익 *		15,050,000
영 업 외 비 용 *		3,000,000
이 자 비 용	3,000,000	
당 기 순 이 익		12,050,000

6. 다음은 태양상사의 거래처별초기이월이다. 이를 입력하시오. (단위: 원)

계정과목	금 액	
외상매출금	마케팅유통(주)	16,000,000
	학림문구	10,500,000
	전산문구	8,500,000
	소계	35,000,000
외상매입금	용인상사	8,500,000
	마케팅유통(주)	14,500,000
	소계	23,000,000
받을어음	전산문구	30,000,000
단기차입금	성장은행	17,000,000

7. 다음은 태양상사의 기중거래내역이다. 이를 일반전표입력 메뉴에 입력하시오.

A. 자산계정

[1] 1월2일, 성장은행에 보통예금 계좌를 개설하고 현금 ₩500,000을 입급하였다.

[2] 1월3일, 전산문구에서 상품을 다음과 같이 구입하고 대금은 당좌수표를 발행하여 지불하였다.

품 목	수 량	단 가	금 액	비 고
노 트	1,000	₩900	₩900,000	결재: 당좌수표를 발행하여 지급함.
연 필	600	₩600	₩180,000	
합 계			₩1,080,000	

[3] 1월4일, 비젼은행 정기예금계좌에 당월분 적금 ₩150,000을 성장은행의 당좌예금계좌에서 인터넷뱅킹으로 계좌이체하여 입금하였다. 인터넷뱅킹 송금수수료는 ₩600이 성장은행계좌에서 인출되었다.

[4] 1월5일, 마케팅유통(주)에서 전년도 외상대금 미수액 중 ₩1,000,000을 현금으로 받고 입금표를 발행하여 주다.

[5] 1월6일, 신규거래처 플러스상사에 다음과 같이 상품을 매출하고 대금은 현금과 어음으로 결재를 받다.

ⓐ 거래내역

품 목	수 량	단 가	금 액	비 고
노 트	3,000	₩1,500	₩4,500,000	현금: ₩600,000 잔액은 모두 어음으로 받았다.
연 필	200	₩ 500	₩100,000	
합 계			₩4,600,000	

ⓑ 거래처 등록사항

거래처코드: 10005	사업자등록번호: 213-36-73198	대표자명: 노장우
주소: 서울 강남 역삼 12	업태: 도, 소매	종목: 문구류

[6] 1월7일, 용인상사에서 상품을 구입하기로 하고 계약금 ₩300,000을 현금으로 지급하다.

[7] 1월8일, 쌍마자동차(주)에서 업무용 소형승용차를 ₩10,000,000을 구입하고 대금은 당좌예금계좌에서 이체하여 지급하였다.

거래처코드: 10006	사업자등록번호: 114-14-86153	대표자명: 전병기
주소: 서울 중 남대문1 11	업태: 써비스외	종목: 자동차외

[8] 1월13일, 거래처 용인상사의 외상대금 ₩1,000,000을 상품 판매대금으로 받아 보관중인 전산문구어음으로 지급하다.

[9] 1월17일, 업무용 소형승용차의 취득세와 등록세 ₩180,000을 현금으로 납부하다.

[10] 1월30일, 현금출납장 잔액보다 현금의 실재잔액이 ₩23,000이 부족하다.

B. 부채계정

[11] 2월8일, 마케팅유통(주)에 전기이월 상품구입 외상대금 ₩600,000을 현금으로 결재하다.

[12] 2월9일, 용인상사의 상품구입 외상대금 중 일부를 당사가 어음을 ₩3,000,000을 발행하여 지급 결재하다.

[13] 2월12일, 성장은행의 차입금 중 일부 ₩2,000,000과 이자 ₩40,000을 당좌수표를 발행하여 상환하였다.

[14] 2월13일, 사무실에 업무용 팩스밀리를 ₩900,000에 구입하고 대금은 국민카드(법인)로 결재하였는데 이를 비용계정으로 처리하였다.(국민카드사 99601번 사용, 대금 결재일은 익월 27일이다.)

[15] 2월15일, 학림문구에서 상품 ₩500,000을 구입하고 대금은 다음 달 초에 지급하기로 하다.

[16] 2월20일, 비젼은행(거래처코드: 98001)으로부터 사업운전자금으로 ₩20,000,000을 36개월 만기상환하기로 하고 이자 ₩100,000을 차감한 잔액은 성장은행 당좌

예금계정으로 이체 받았다.

[17] 2월22일, 마케팅유통(주)에 상품을 판매하기로 하고 계약금 ₩600,000을 보통예금계좌로 입금되었음을 확인하다.

[18] 2월25일, 용인상사에서 다음과 같이 상품을 구입하고 대금은 1월7일 계약금을 공제한 후 다음달초에 결재하기로 하다.

품 목	수 량	단 가	금 액	비 고
색 연 필	1,000	₩2,000	₩2,000,000	1월7일: 계약금을 공제 후, 잔액은 외상으로 처리
칼라물감	400	₩5,000	₩2,000,000	
합 계			₩4,000,000	

C. 자본계정

[19] 3월3일, 사업주가 개인 용도로 현금 ₩400,000을 인출하다.

[20] 3월9일, 대표자로부터 현금 ₩2,000,000을 사업자금으로 출자 받다.

D. 수익계정

[21] 3월14일, 전산문구에 상품(칼라물감 200개, @₩8,000)을 납품하고 대금은 당좌예금계좌로 이체받다.

[22] 3월15일, 마케팅유통(주)에 상품을 다음과 같이 납품하고 대금은 현금 ₩1,400,000을 받다. 계약금을 공제한 후, 잔금은 어음으로 결재받다.

품 목	수 량	단 가	금 액	비 고
색 연 필	400	₩5,000	₩2,000,000	2월22일: 계약금 공제 후, 잔액은 어음으로 받음.
칼라물감	200	₩15,000	₩3,000,000	
합 계			₩5,000,000	

[23] 3월18일, 모닝문구점에 상품(노트 외) ₩3,000,000을 납품하고 대금은 전액 외상으로 처리하다.

거래처코드: 10007	사업자등록번호: 135-01-61222	대표자명: 구성필
주소: 경기 수원 팔달 인계 11	업태: 도, 소매	종목: 문구류

[24] 3월21일, 신문 등을 폐지로 처분하고 ₩15,000을 현금으로 받다.

E. 비용계정

[25] 4월2일, 직원의 중식대금 ₩18,000을 영풍식당에 현금으로 지급하다.

[26] 4월3일, 직원(나경희)이 업무차 이용한 시내교통비 ₩8,000을 현금으로 지급하다.

[27]4월10일, 거래처 선물(증정용 우산세트)을 구입하고 대금 ₩110,000은 국민카드로 결재하다.

[28] 4월12일, 사무실 전화요금 ₩230,000을 성장은행 당좌예금계좌에서 이체하여 결재하다.

[29] 4월13일, 한국경제신문 구독료 ₩12,000을 현금으로 지급하다.

[30] 4월15일, 업무용차량 기름값(유류대금) ₩30,000을 현금으로 지급하다.

[31] 4월17일, 현대화재해상보험(주)에 자동차종합보험을 가입하고 보험료 ₩700,000은 현금으로 지급하다.(보험료는 비용으로 처리함)

[32] 4월20일, 사무실 임차료 ₩400,000을 임대인(강현욱)에게 현금으로 지급하다.

[33] 4월23일, MNS방송국에 불우이웃돕기 성금 ₩800,000을 현금으로 기부하였다.

[34] 4월25일, 직원의 급여 ₩2,200,000을 지급하면서 갑근세 ₩20,000과 주민세 ₩2,000 그리고 건강보험료 ₩12,000을 차감한 후, 당좌예금계좌에서 직원의 개인 통장으로 이체하였다.

[35] 4월25일, 업무용차량의 주차위반 범칙금 ₩10,000을 현금으로 납부하다.

F. 자주 출제되는 기타계정

[36] 5월1일, 플러스상사에 상품 ₩15,000,000을 외상으로 매출하다.

[37] 5월6일, 사용중이던 차량운반구를 쌍마자동차(주)에 매각하고 대금은 월말에 받기로 하다.

* 참고자료 (단위: 원)		
• 판매가격 5,000,000	• 장부가액 13,000,000	• 감가상각누계액 4,900,000

[38] 5월10일, 4월분 급여 지급시 예수한 갑근세와 주민세를 현금으로 납부하다.

[39] 5월17일, 전산문구로부터 받아 보관중인 어음이 만가가 되어 당좌예금계좌로 추심수수료 ₩2,500을 공제한 ₩4,997,500이 입금되었다.

[40] 5월20일, 학림문구에 발행하였던 어음 ₩2,000,000이 만기가 도래되어 당좌예금계좌에서 결재되었음이 확인되었다.

[41] 5월24일, 대표자가 업무차 사용하였던 해외출장여비 ₩1,200,000을 현금으로 지급하였다.(해외출장여비계정을 사용할 것)

[42] 5월30일, 영업부 직원(손영호)이 업무차 사용할 출장비 ₩200,000을 지급하였다.

[43] 6월8일, 거래처 송도상사(거래처코드: 00108)에 차입금 증서를 받고 현금 ₩1,000,000

을 6개월 후에 회수하기로 하고 대여하여 주다.

[44] 6월19일, 상품매출을 위하여 지역신문인 스피드세일사에 광고를 게재하고 광고비용 ₩260,000을 현금으로 지급하다.

[45] 6월21일, 신기술을 개발하여 특허청에 등록을 하면서 등록비 ₩120,000을 현금으로 지급하였다.

[46] 6월23일, 5월30일 손영호의 출장여비를 다음과 같이 정산하였다.

* 출장비 사용내역 (단위: 원)	260,000
교통비	80,000
숙박비	120,000
기타 제경비	60,000

#가지급 출장비의 초과분은 현금으로 지급하였다.

[47] 11월20일, 평화상점에서 직원의 동복점퍼를 ₩220,000에 구입하고 대금은 국민카드로 결재하였다.(복리후생비 대체계정의 적요 3번을 사용할 것)

[48] 11월30일, 당해연도 소득세 중간예납 ₩780,000을 현금으로 납부하였다.

G. 누락(추가) 발생 내역

[1] 1월 5일, 직원의 출장여비 ₩10,000을 현금으로 지급하다.(대금은 비용으로 처리)

[2] 1월 6일, 거래처 학림문구에서 외상매출대금 ₩500,000을 받다.

[3] 1월 7일, 신도상사에서 복사용지 ₩12,000을 구입하고 대금은 월말에 지급하기로 하다.

8. 다음은 태양상사의 결산정리 사항들이다. 결산을 완료하시오. (단위: 원)

1) 기말 재고액은 다음과 같다. 상품 3,500,000
2) 당기의 감가상각비는 차량운반구 1,200,000과 비품 500,000이다.
3) 기말의 외상매출금과 받을어음 잔액에 대해 각각 1%를 보충(간접)법에 의해 대손충당금으로 설정하시오.
4) 소모품비로 계상된 금액 중에 기말 미사용된 소모품은 120,000이 있다.
5) 현금과부족 계정의 금액은 기말 결산일까지 원인이 판명되지 않았다.
6) 기말 현재 인출금계정의 잔액을 확인하여 결산정리 분개를 하시오.
7) 단기차입금 이자 12월분 80,000을 결산일 현재까지 지급하지 않았다.

9. 태양상사의 제 장부를 조회하여 다음과 같은 물음에 답하시오.

a. 4월 10일에 발생된 판매비와 관리비의 총액은 얼마인가?

b. 3월의 현금 수입총액은 얼마인가?

c. 4월의 현금 지출총액은 얼마인가?

d. 5월의 거래처에 대한 외상매출금 총액은 얼마인가?

e. 5월 31일 현재, 거래처별 외상매출금 잔액은 얼마인가?

f. 상품매출이 가장 많이 발생된 월과 금액은 얼마인가?

g. 당기 중 외상매입금의 지급총액은 얼마인가?

h. 당기 중 소모품비의 발생총액은 얼마인가?

i. 기말 현재의 자산총액은 얼마인가?

j. 기말 현재 발생된 당기순이익은 얼마인가?

부록

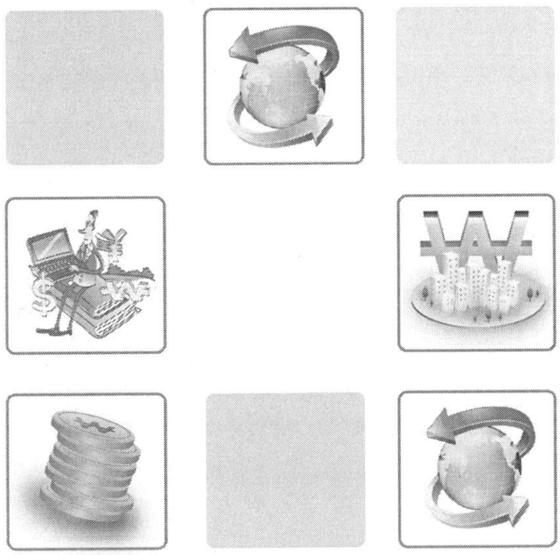

【부록 1】 K-IFRS 발표 목록

국제회계기준		한국채택국제회계기준		최종 제 · 개정일자	시행일(*)
	Framework for the Preparation and Presentation of inancial Statements		재무제표의 작성과 표시를 위한 개념체계	2007.11.23.	2011.1.1.
IFRS 1	First-time Adoption of International Financial Reporting Standards	제1101호	한국채택국제 회계기준의 최초채택(2010년 개정)	2010.08.27.	2011.1.1.
IFRS 2	Share-based Payment	제1102호	주식기준보상(2009년 개정)	2009.11.13.	2011.1.1.
IFRS 3	Business Combinations	제1103호	사업결합(2010년 개정)	2010.08.27.	2011.1.1.
IFRS 4	Insurance Contracts	제1104호	보험계약	2007.11.23.	2011.1.1.
IFRS 5	Non-current Assets Held for Sale and Discontinued Operations	제1105호	매각예정비유동자산과 중단영업(2009년 개정)	2009.6.26.	2011.1.1.
IFRS 6	Exploration for and Evaluation of Mineral Resources	제1106호	광물자원의 탐사와 평가(2009년 개정)	2009.6.26.	2011.1.1.
IFRS 7	Financial Instruments : Disclosures	제1107호	금융상품 : 공시(2010년 개정)	2010.08.27.	2011.1.1.
IFRS 8	Operating Segments	제1108호	영업부문(2009년 개정)	2009.6.26.	2011.1.1.
IAS 1	Presentation of Financial Statements	제1001호	재무제표 표시(2010년 개정)	2010.08.27.	2011.1.1.
IAS 2	Inventories	제1002호	재고자산	2007.11.23.	2011.1.1.
IAS 7	Statement of Cash Flows	제1007호	현금흐름표(2009년 개정)	2009.6.26.	2011.1.1.
IAS 8	Accounting Policies, Changes in Accounting Estimates and Errors	제1008호	회계정책, 회계추정의 변경 및 오류(2009년 개정)	2009.6.26.	2011.1.1.
IAS 10	Events after the Reporting Period	제1010호	보고기간후사건(2009년 개정)	2009.6.26.	2011.1.1.

국제회계기준		한국채택국제회계기준		최종 제 · 개정일자	시행일(*)
IAS 11	Construction Contracts	제1011호	건설계약	2007.11.23.	2011.1.1.
IAS 12	Income Taxes	제1012호	법인세	2007.11.23.	2011.1.1.
IAS 16	Property, Plant and Equipment	제1016호	유형자산	2007.11.23.	2011.1.1.
IAS 17	Leases	제1017호	리스(2009년 개정)	2009.6.26.	2011.1.1.
IAS 18	Revenue	제1018호	수익(2009년 개정)	2009.6.26.	2011.1.1.
IAS 19	Employee Benefits	제1019호	종업원급여	2007.11.23.	2011.1.1.
IAS 20	Accounting for Government Grants and Disclosure of Government Assistance	제1020호	정부보조금의 회계처리와 정부지원의 공시	2007.11.23.	2011.1.1.
IAS 21	The Effects of Changes in Foreign Exchange Rates	제1021호	환율변동효과(2010년 개정)	2010.08.27.	2011.1.1.
IAS 23	Borrowing Costs	제1023호	차입원가	2007.11.23.	2011.1.1.
IAS 24	Related Party Disclosures	제1024호	특수관계자공시(2010년 개정)	2010.05.14.	2011.1.1.
IAS 26	Accounting and Reporting by Retirement Benefit Plans	제1026호	퇴직급여제도에 의한 회계처리와 보고	2007.11.23.	2011.1.1.
IAS 27	Consolidated and Separate Financial Statements	제1027호	연결재무제표와 별도재무제표 (2008년 개정)	2008.11.14.	2011.1.1.
IAS 28	Investments in Associates	제1028호	관계기업투자(2010년 개정)	2010.08.27.	2011.1.1.
IAS 29	Financial Reporting in Hyperinflationary Economies	제1029호	초인플레이션경제에서의 재무보고	2007.11.23.	2011.1.1.
IAS 31	Interests in Joint Ventures	제1031호	조인트벤처 투자지분(2010년 개정)	2010.08.27.	2011.1.1.
IAS 32	Financial Instruments : Presentation	제1032호	금융상품 : 표시 (2010년 개정)	2010.01.22.	2011.1.1.
IAS 33	Earnings per Share	제1033호	주당이익	2007.11.23.	2011.1.1.

국제회계기준		한국채택국제회계기준		최종 제·개정일자	시행일(*)
IAS 34	Interim Financial Reporting	제1034호	중간재무보고(2010년 개정)	2010.08.27.	2011.1.1.
IAS 36	Impairment of Assets	제1036호	자산손상(2009년 개정)	2009.6.26.	2011.1.1.
IAS 37	Provisions, Contingent Liabilities and Contingent Assets	제1037호	충당부채 우발부채 및 우발자산	2007.11.23.	2011.1.1.
IAS 38	Intangible Assets	제1038호	무형자산(2009년 개정)	2009.6.26.	2011.1.1.
IAS 39	Financial Instruments : Recognition and Measurement	제1039호	금융상품 : 인식과 측정(2010년 개정)	2010.08.27.	2011.1.1.
IAS 40	Investment Property	제1040호	투자부동산	2007.11.23.	2011.1.1.
IAS 41	Agriculture	제1041호	농림어업	2007.11.23.	2011.1.1.
IFRIC 1	Changes in Existing Decommissioning, Restoration and Similar Liabilities	제2101호	사후처리 및 복구관련 충당부 채의 변경	2007.11.23.	2011.1.1.
IFRIC 2	Members' Shares in Co-operative Entities and Similar Instruments	제2102호	조합원 지분과 유사 지분	2007.11.23.	2011.1.1.
IFRIC 4	Determining whether an Arrangement contains a Lease	제2104호	약정에 리스가 포함되어 있는지의 결정	2007.11.23.	2011.1.1.
IFRIC 5	Rights to Interests arising from Decommissioning, Restoration and Environmental Rehabilitation Funds	제2105호	사후처리, 복구 및 환경정화를 위한 기금의 지분에 대한 권리	2007.11.23.	2011.1.1.
IFRIC 6	Liabilities arising from Participating in a Specific Market-Waste Electrical and Electronic Equipment	제2106호	특정 시장에 참여함에 따라 발생하는 부채 : 폐전기·전자제품	2007.11.23.	2011.1.1.

국제회계기준		한국채택국제회계기준		최종 제 · 개정일자	시행일(*)
IFRIC 7	Applying the Restatement Approach under IAS 29	제2107호	기업회계기준서 제1029호 '초인플레이션 경제에서의 재무보고'에서의 재작성 방법의 적용	2007.11.23.	2011.1.1.
IFRIC 9	Reassessment of Embedded Derivatives	제2109호	내재파생상품의 재검토(2009년 개정)	2009.6.26.	2011.1.1.
IFRIC 10	Interim Financial Reporting and Impairment	제2110호	중간재무보고와 손상	2007.11.23.	2011.1.1.
IFRIC 12	Service Concession Arrangements	제2112호	민간투자사업	2007.11.23.	2011.1.1.
IFRIC 13	Customer Loyalty Programmes	제2113호	고객충성제도(2010년 개정)	2010.08.27.	2011.1.1.
IFRIC 14	IAS 19-The Limit on a Defined Benefit Asset, Minimum Funding Requirements and their Interaction	제2114호	기업회계기준서 제1019호: 확정급여자산한도, 최소적립요건 및 그 상호작용(2010년 개정)	2010.04.23.	2011.1.1.
IFRIC 15	Agreements for the Construction of Real Estate	제2115호	부동산건설약정(2008년 제정)	2008.12.12.	2011.1.1.
IFRIC 16	Hedges of a Net Investment in a Foreign Operation	제2116호	해외사업장순투자의 위험회피(2009년 개정)	2009.6.26.	2011.1.1.
IFRIC 17	Distributions of Non-cash Assets to Owners	제2117호	소유주에 대한 비현금자산의 분배(2009년 개정)	2009.6.12.	2011.1.1.
IFRIC 18	Transfers of Assets from Customers	제2118호	고객으로부터의 자산이전(2009년 제정)	2009.6.12.	2011.1.1.
IFRIC 19	Extinguishing Financial Liabilities with Equity Instruments	제2119호	지분상품에 의한 금융부채의 소멸(2010년 제정)	2010.06.25.	2011.1.1.
SIC-7	Introduction of the Euro		해당사항 없음		

국제회계기준		한국채택국제회계기준		최종 제 · 개정일자	시행일(*)
SIC-10	Government Assistance-No Specific Relation to Operating Activities	제2010호	정부지원 : 영업활동과 특정한 관련이 없는 경우	2007.11.23.	2011.1.1.
SIC-12	Consolidation-Special Purpose Entities	제2012호	연결 : 특수목적기업	2007.11.23.	2011.1.1.
SIC-13	Jointly Controlled Entities-Non-Monetary Contribu-tions by Venturers	제2013호	공동지배기업 : 참여자의 비화폐성자산 출자	2007.11.23.	2011.1.1.
SIC-15	Operating Leases-Incentives	제2015호	운용리스 : 인센티브	2007.11.23.	2011.1.1.
SIC-21	Income Taxes-Recovery of Revalued Non-Depreciable Assets	제2021호	법인세 : 재평가된 비상각자산의 회수	2007.11.23.	2011.1.1.
SIC-25	Income Taxes-Changes in the Tax Status of an Entity or its Shareholders	제2025호	법인세 : 기업이나 주주의 납세지위 변동	2007.11.23.	2011.1.1.
SIC-27	Evaluating the Substance of Transactions Involving the Legal Form of a Lease	제2027호	법적 형식상의 리스를 포함하는 거래의 실질에 대한 평가	2007.11.23.	2011.1.1.
SIC-29	Service Concession Arrangements : Disclosures	제2029호	민간투자사업 : 공시	2007.11.23.	2011.1.1.
SIC-31	Revenue-Barter Transactions Involving Advertising Services	제2031호	수익 : 광고용역의 교환거래	2007.11.23.	2011.1.1.
SIC-32	Intangible Assets-Web Site Costs	제2032호	무형자산 : 웹 사이트 원가	2007.11.23.	2011.1.1.

【부록 2】 기업회계기준서 제1001호(재무제표의 표시)

* 한국회계기준원 회계기준위원회는 국제회계기준위원회가 제정한 IFRS를 채택하여 기업회계기준의 일부로 구성하기로 한 정책에 따라 이 기준서를 제정하였다. 이 기준서는 K-IFRS에 따라 작성하고 표시하는 일반목적 재무제표에 적용한다.

제정일 : 2007년 11월 23일
개정일 : 2008년 10월 24일
시행일 : 2011년 01월 01일

기업회계기준서 제1001호(재무제표의 표시) 주요내용 및 문단번호

내 용	문단번호
01. 목 적	1
02. 적 용	2 ~ 8
1) 적용범위	2 ~ 6
2) 용어의 정의	7 ~ 8A
03. 재무제표	9 ~ 14
1) 재무제표의 목적	9
2) 전체재무제표	10 ~ 14
04. 일반사항	15 ~ 46
1) 공정한 표시와 K-IFRS의 준수	15 ~ 24
2) 계속기업	25 ~ 26
3) 발생기준 회계	27 ~ 28
4) 중요성과 통합표시	29 ~ 31
5) 상계	32 ~ 35
6) 보고년도	36 ~ 37
7) 비교정보	38 ~ 44
8) 표시의 계속성	45 ~ 46
05. 구조와 내용	47 ~ 53
1) 개요	47 ~ 48
2) 재무제표의 식별	49 ~ 53

* 공지사항

1. 본 내용은 한국회계기준원의 홈페이지에서 발췌를 하였음.
2. 기업회계기준서 제1001호는 IAS 1의 내용에 근거하여 제정되었기 때문에 기업회계기준서 제1001호를 준수하면 동시에 IAS 1을 준수하는 것으로 간주함.

【부록 3】 K-IFRS 재무제표 양식

재 무 상 태 표

제×기 20××년 ×월 ×일 현재

제×기 20××년 ×월 ×일 현재

회사명 (단위: 원)

과 목	20××년(당기)		20××년(전기)	
	금 액		금 액	
자 산				
유동자산		×××		×××
현금및현금성자산				
수취채권				
기타금융자산				
재고자산				
기타재산				
비유동자산		×××		×××
수취채권				
기타금융자산				
관계기업투자				
투자부동산				
유형자산				
무형자산				
기타자산				
매각예정자산		×××		×××
자산총계		×××		×××
부 채				
유동부채		×××		×××
매입채무				
기타금융부채				
충당부채				
미지급법인세				
기타부채				
비유동부채		×××		×××
금융부채				
퇴직급여부채				
기타부채				
부채총계		×××		×××
자 본				
납입자본				
기타자본요소				
이익잉여금				
자본총계		×××		×××
부채와 자본총계		×××		×××

포괄손익계산서(성격별)

제×기 20××년 ×월 ×일부터 20××년 ×월 ×일까지
제×기 20××년 ×월 ×일부터 20××년 ×월 ×일까지

회사명 (단위: 원)

과 목	20××년(당기)		20××년(전기)	
	금 액		금 액	
매출액(수익)		×××		×××
기타수익		×××		×××
제품과 재공품의 변동				
원재료와 소모품사용액				
종업원급여				
감가상각비와 기타 상각비				
이자비용				
기타비용				
총비용		(×××)		(×××)
법인세비용차감전손익		×××		×××
법인세비용		(×××)		(×××)
계속영업손익		×××		×××
중단영업손익		×××		×××
당기순손익		×××		×××
기타포괄손익		×××		×××
기타포괄손익인식금융자산평가손익				
해외사업환산손익				
파생상품평가손익				
재평가잉여금				
보험수리적손익				
기타포괄손익과 관련된 법인세		(×××)		(×××)
법인세비용차감후기타포괄손익		×××		×××
총포괄손익		×××		×××
당기순이익의 귀속		×××		×××
지배기업소유주				
비지배지분				
총포괄손익의 귀속		×××		×××
지배기업소유주				
비지배지분				
주당손익		×××		×××
기본주당계속사업손익				
기본주당순손익				
희석주당계속사업손익				
희석주당순손익				

포괄손익계산서(기능별)

제×기 20××년 ×월 ×일부터 20××년 ×월 ×일까지
제×기 20××년 ×월 ×일부터 20××년 ×월 ×일까지

회사명 (단위: 원)

과 목	20××년(당기)		20××년(전기)	
	금 액		금 액	
매출액(수익)		×××		×××
매출원가		(×××)		(×××)
매출총이익		×××		×××
기타수익		×××		×××
물류비				
관리비				
마케팅비용				
이자비용				
기타비용				
총비용		(×××)		(×××)
법인세비용차감전손익		×××		×××
법인세비용		(×××)		
계속영업손익		×××		
중단영업손익		×××		
당기순손익		×××		×××
기타포괄손익		×××		×××
기타포괄손익인식금융자산평가손익				
해외사업환산손익				
파생상품평가손익				
재평가잉여금				
보험수리적손익				
기타포괄손익과 관련된 법인세		(×××)		(×××)
법인세비용차감후기타포괄손익		×××		×××
총포괄손익		×××		×××
당기순이익의 귀속		×××		×××
지배기업소유주				
비지배지분				
총포괄손익의 귀속		×××		×××
지배기업소유주				
비지배지분				
주당손익		×××		×××
기본주당계속사업손익				
기본주당순손익				
희석주당계속사업손익				
희석주당순손익				

자 본 변 동 표

제×기 20××년 ×월 ×일부터 20××년 ×월 ×일까지
제×기 20××년 ×월 ×일부터 20××년 ×월 ×일까지

회사명 (단위: 원)

구 분	납입자본(자본금, 자본잉여금)	자본조정	기타포괄손익누계액	일 반 적립금	이 익 잉여금	총 계
20××. ×. ×(보고금액)	×××	×××	×××	×××	×××	×××
회계정책변경 누적효과					×××	×××
전기오류수정					×××	×××
수정후 이월이익잉여금					×××	×××
임의적립금의 이입액				(×××)	×××	
연차배당					(×××)	(×××)
기타 이익잉여금처분액	×××	×××		×××	(×××)	
처분후 이월이익잉여금					×××	×××
중간배당					(×××)	(×××)
유상증자(감자)	×××					×××
자기주식 취득	(×××)					(×××)
기타포괄손익의 대체			(×××)		×××	
총포괄손익			×××		×××	×××
20××. ×. ×	×××	×××	×××	×××	×××	×××
20××. ×. ×(보고금액)	×××	×××	×××	×××	×××	×××
회계정책변경 누적효과					×××	×××
전기오류수정					×××	×××
수정후 이월이익잉여금					×××	×××
임의적립금의 이입액				(×××)	×××	
연차배당					(×××)	(×××)
기타 이익잉여금처분액	×××	×××		×××	(×××)	
처분후 이월이익잉여금					×××	×××
중간배당					(×××)	(×××)
유상증자(감자)	×××					×××
자기주식 취득	(×××)					(×××)
기타포괄손익의 대체			(×××)		×××	
총포괄손익			×××		×××	×××
20××. ×. ×	×××	×××	×××	×××	×××	×××

현금흐름표(직접법)

제×기 20××년 ×월 ×일부터 20××년 ×월 ×일까지
제×기 20××년 ×월 ×일부터 20××년 ×월 ×일까지

회사명 (단위: 원)

과 목	20××년(당기)		20××년(전기)	
	금 액		금 액	
영업활동 현금흐름		×××		×××
고객으로부터 수취한 현금				
공급자에게 지급한 현금				
기타영업활동으로 수취한 현금				
기타영업활동에서 지급한 현금				
영업활동에서 창출한 현금				
이자 수취				
이자 지급				
법인세 비용				
투자활동 현금흐름		×××		×××
금융자산 취득				
금융자산 처분				
유형자산 취득				
유형자산 처분				
무형자산 취득				
재무활동 현금흐름		×××		×××
차입금 차입				
차입금 상환				
주식발행				
현금및현금성자산의 환율변동효과		×××		×××
현금및현금성자산의 증가(감소)		×××		×××
기초의 현금및현금성자산		×××		×××
기말의 현금및현금성자산		×××		×××

현금흐름표(간접법)

제×기 20××년 ×월 ×일부터 20××년 ×월 ×일까지
제×기 20××년 ×월 ×일부터 20××년 ×월 ×일까지

회사명 (단위: 원)

과 목	20××년(당기)		20××년(전기)	
	금 액		금 액	
영업활동 현금흐름		×××		×××
법인세비용차감전이익				
가감 :				
영업현금흐름과 관련없는 손익 제거				
영업활동과 관련된 자산·부채의 증감				
영업에서 창출된 현금				
이자 수취				
이자 지급				
법인세 비용				
투자활동 현금흐름		×××		×××
금융자산 취득				
금융자산 처분				
유형자산 취득				
유형자산 처분				
무형자산 취득				
재무활동 현금흐름		×××		×××
차입금 차입				
차입금 상환				
주식발행				
현금및현금성자산의 환율변동효과		×××		×××
현금및현금성자산의 증가(감소)		×××		×××
기초의 현금및현금성자산		×××		×××
기말의 현금및현금성자산		×××		×××

【부록 4】 일반기업회계기준(제2장 재무제표의 작성과 표시)

* 「주식회사의 외부감사에 관한 법률」의 적용대상기업 중 한국채택국제회계기준에 따라 회계처리하지 아니하는 기업이 적용해야 하는 회계처리기준

제정일: 2009년 11월 27일
공표일: 2009년 12월 30일
시행일: 2010년 01월 01일

■ 목 적

2.1 이 장의 목적은 재무제표의 작성과 표시에 관한 기준을 정하는 데 있다.

■ 적용범위

2.2 이 장은 중간기간을 포함한 모든 회계기간에 대하여 작성하는 재무제표, 연결재무제표 및 기업집단결합재무제표의 작성에 적용한다. 다만, 중간재무제표, 연결재무제표, 기업집단결합재무제표의 작성과 표시에 관하여 특별한 사항은 다른 장 또는 특수분야회계기준에서 정할 수 있다. 특수분야회계기준은 관계 법령 등의 요구사항이나 한국에 고유한 거래나 기업환경 등의 차이를 반영하기 위하여 제정하는 회계기준을 말한다.

2.3 이 장은 모든 업종의 기업에 적용한다. 다만, 특수한 업종을 영위하는 기업의 재무제표 작성과 표시에 관한 특별한 사항은 다른 장 또는 특수분야회계기준에서 정할 수 있다.

■ 재무제표

2.4 재무제표는 재무상태표, 손익계산서, 현금흐름표, 자본변동표로 구성되며, 주석을 포함한다. 전달하고자 하는 정보의 성격을 충실히 나타내는 범위 내에서 이 장에서 사용하는 재무제표의 명칭이 아닌 다른 명칭을 보충적으로 병기할 수 있다.

■ 재무제표 작성과 표시의 일반원칙

▶ 계속기업

2.5 경영진은 재무제표를 작성할 때 계속기업으로서의 존속가능성을 평가해야 한다. 경영진이 기업을 청산하거나 경영활동을 중단할 의도를 가지고 있지 않거나, 청산 또는 경영활동의 중단 외에 다른 현실적 대안이 없는 경우가 아니면 계속기업을 전제로 재무제표를 작성한다. 계속기업으로서의 존속능력에 유의적인 의문이 제기될 수 있는 사건이나 상황과 관련된 중요한 불확실성을 알게 된 경우, 경영진은 그러한 불확실성을 공시하여야 한다. 재무제표가 계속기업의 기준하에 작성되지 않는 경우에는 그 사실과 함께 재무제표가 작성된 기준 및 그 기업을 계속기업으로 보지 않는 이유를 공시하여야 한다.

▶ 재무제표의 작성책임과 공정한 표시

2.6 재무제표의 작성과 표시에 대한 책임은 경영진에게 있다.

2.7 재무제표는 경제적 사실과 거래의 실질을 반영하여 기업의 재무상태, 경영성과, 현금흐름 및 자본변동을 공정하게 표시하여야 하며, 일반기업회계기준에 따라 적정하게 작성된 재무제표는 공정하게 표시된 재무제표로 본다.

2.8 재무제표가 일반기업회계기준에 따라 작성된 경우에는 그러한 사실을 주석으로 기재하여야 한다. 그러나 재무제표가 일반기업회계기준에서 요구하는 사항을 모두 충족하지 않은 경우에는 일반기업회계기준에 따라 작성되었다고 기재하여서는 아니 된다.

▶ 재무제표 항목의 구분과 통합표시

2.9 중요한 항목은 재무제표의 본문이나 주석에 그 내용을 가장 잘 나타낼 수 있도록 구분하여 표시하며, 중요하지 않은 항목은 성격이나 기능이 유사한 항목과 통합하여 표시할 수 있다.

2.10 재무제표의 표시와 관련하여 재무제표 본문과 주석에 적용하는 중요성에 대한 판단기준은 서로 다를 수 있다. 예를 들어, 재무제표 본문에는 통합하여 표시한 항목이라 할지라도 주석에는 이를 구분하여 표시할 만큼 중요한 항목이 될 수 있다. 이러한 경우에는 재무제표 본문에 통합하여 표시한 항목의 세부 내용을 주석으로 기재한다.

2.11 일반기업회계기준에서 재무제표의 본문이나 주석에 구분 표시하도록 정한 항목이라 할지라도 그 성격이나 금액이 중요하지 아니한 것은 유사한 항목으로 통합하여 표시할 수 있다.

▶ 비교재무제표의 작성

2.12 재무제표의 기간별 비교가능성을 제고하기 위하여 전기 재무제표의 모든 계량정보를 당기와 비교하는 형식으로 표시한다. 또한 전기 재무제표의 비계량정보가 당기 재무제표를 이해하는 데 필요한 경우에는 이를 당기의 정보와 비교하여 주석에 기재한다. 예를 들어, 전기 보고기간종료일 현재 미해결 상태인 소송사건이 당기 재무제표가 사실상 확정된 날까지 해결되지 않은 경우에는 전기 보고기간종료일에 불확실성이 존재하였다는 사실과 내용, 당기에 취해진 조치 및 결과 등에 대한 정보를 주석으로 기재한다.

▶ 재무제표 항목의 표시와 분류의 계속성

2.13 재무제표의 기간별 비교가능성을 제고하기 위하여 재무제표 항목의 표시와 분류는 다음의 경우를 제외하고는 매기 동일하여야 한다.

(1) 일반기업회계기준에 의하여 재무제표 항목의 표시와 분류의 변경이 요구되는 경우

(2) 사업결합 또는 사업중단 등에 의해 영업의 내용이 유의적으로 변경된 경우

(3) 재무제표 항목의 표시와 분류를 변경함으로써 기업의 재무정보를 더욱 적절하게 전달할 수 있는 경우

2.14 재무제표 항목의 표시나 분류방법이 변경되는 경우에는 당기와 비교하기 위하여 전기의 항목을 재분류하고, 재분류 항목의 내용, 금액 및 재분류가 필요한 이유를 주석으로 기재한다. 다만, 재분류가 실무적으로 불가능한 경우에는 그 이유와 재분류되어야 할 항목의 내용을 주석으로 기재한다.

▶ 재무제표의 보고양식

2.15 재무제표는 이해하기 쉽도록 간단하고 명료하게 표시하여야 하며, 이 장의 부록 적용사례에 예시된 재무제표의 양식을 참조하여 작성한다. 예시된 명칭보다 내용을 잘 나타내는 계정과목명이 있을 경우에는 그 계정과목명을 사용할 수 있다.

2.16 재무제표는 재무상태표, 손익계산서, 현금흐름표, 자본변동표 및 주석으로 구분하여 작성하며, 다음의 사항을 각 재무제표의 명칭과 함께 기재한다.

(1) 기업명

(2) 보고기간종료일 또는 회계기간

(3) 보고통화 및 금액단위

■ 재무상태표

▶ 재무상태표의 목적

2.17 재무상태표는 일정 시점 현재 기업이 보유하고 있는 경제적 자원인 자산과 경제적 의무인 부채, 그리고 자본에 대한 정보를 제공하는 재무보고서로서, 정보이용자들이 기업의 유동성, 재무적 탄력성, 수익성과 위험 등을 평가하는 데 유용한 정보를 제공한다.

▶ 재무상태표의 기본구조

2.18 재무상태표의 구성요소인 자산, 부채, 자본은 각각 다음과 같이 구분한다.

(1) 자산은 유동자산과 비유동자산으로 구분한다. 유동자산은 당좌자산과 재고자산으로 구분하고, 비유동자산은 투자자산, 유형자산, 무형자산, 기타비유동자산으로 구분한다.

(2) 부채는 유동부채와 비유동부채로 구분한다.

(3) 자본은 자본금, 자본잉여금, 자본조정, 기타포괄손익누계액 및 이익잉여금(또는 결손금)으로 구분한다.

2.19 자산과 부채는 유동성이 큰 항목부터 배열하는 것을 원칙으로 한다.

▶ 자산과 부채의 유동성과 비유동성 구분

2.20 다음과 같은 자산은 유동자산으로 분류한다.

(1) 사용의 제한이 없는 현금및현금성자산

(2) 기업의 정상적인 영업주기 내에 실현될 것으로 예상되거나 판매목적 또는 소비목적으로 보유하고 있는 자산

(3) 단기매매 목적으로 보유하는 자산

(4) (1) 내지 (3) 외에 보고기간종료일로부터 1년 이내에 현금화 또는 실현될 것

으로 예상되는 자산

그 밖의 모든 자산은 비유동자산으로 분류한다.

2.21 자산은 1년을 기준으로 유동자산과 비유동자산으로 분류한다. 다만, 정상적인 영업주기 내에 판매되거나 사용되는 재고자산과 회수되는 매출채권 등은 보고기간종료일로부터 1년 이내에 실현되지 않더라도 유동자산으로 분류한다. 이 경우 유동자산으로 분류한 금액 중 1년 이내에 실현되지 않을 금액을 주석으로 기재한다. 또, 장기미수금이나 투자자산에 속하는 매도가능증권 또는 만기보유증권 등의 비유동자산 중 1년 이내에 실현되는 부분은 유동자산으로 분류한다.

2.22 다음과 같은 부채는 유동부채로 분류한다.

(1) 기업의 정상적인 영업주기 내에 상환 등을 통하여 소멸할 것이 예상되는 매입채무와 미지급비용 등의 부채

(2) 보고기간종료일로부터 1년 이내에 상환되어야 하는 단기차입금 등의 부채

(3) 보고기간 후 1년 이상 결제를 연기할 수 있는 무조건의 권리를 가지고 있지 않은 부채. 이 경우 계약상대방의 선택에 따라, 지분상품의 발행으로 결제할 수 있는 부채의 조건은 그 분류에 영향을 미치지 아니한다.

그 밖의 모든 부채는 비유동부채로 분류한다.

2.23 부채는 1년을 기준으로 유동부채와 비유동부채로 분류한다. 다만, 정상적인 영업주기 내에 소멸할 것으로 예상되는 매입채무와 미지급비용 등은 보고기간종료일로부터 1년 이내에 결제되지 않더라도 유동부채로 분류한다. 이 경우 유동부채로 분류한 금액 중 1년 이내에 결제되지 않을 금액을 주석으로 기재한다. 당좌차월, 단기차입금 및 유동성장기차입금 등은 보고기간종료일로부터 1년 이내에 결제되어야 하므로 영업주기와 관계없이 유동부채로 분류한다. 또한 비유동부채 중 보고기간종료일로부터 1년 이내에 자원의 유출이 예상되는 부분은 유동부채로 분류한다.

2.24 보고기간종료일로부터 1년 이내에 상환되어야 하는 채무는, 보고기간종료일과 재무제표가 사실상 확정된 날 사이에 보고기간종료일로부터 1년을 초과하여 상환하기로 합의하더라도 유동부채로 분류한다.

2.25 보고기간종료일로부터 1년 이내에 상환기일이 도래하더라도, 기존의 차입약정에 따라 보고기간종료일로부터 1년을 초과하여 상환할 수 있고 기업이 그러한 의도가 있는 경우에는 비유동부채로 분류한다.

2.26 장기차입약정을 위반하여 채권자가 즉시 상환을 요구할 수 있는 채무는, 보고기간종료일과 재무제표가 사실상 확정된 날 사이에 상환을 요구하지 않기로 합의하더라도 유동부채로 분류한다.

2.27 장기차입약정을 위반하여 채권자가 즉시 상환을 요구할 수 있는 채무라도, 다음의 조건을 모두 충족하는 경우에는 비유동부채로 분류한다.

(1) 보고기간종료일 이전에 차입약정의 위반을 해소할 수 있도록 보고기간종료일로부터 1년을 초과하는 유예기간을 제공하기로 합의하였다.

(2) (1)에서의 유예기간 내에 기업이 차입약정의 위반을 해소할 수 있다.

(3) (1)에서의 유예기간동안 채권자가 즉시 상환을 요구할 수 없다.

2.28 보고기간종료일과 재무제표가 사실상 확정된 날 사이에 발생한 다음과 같은 사건은 주석으로 기재한다.

(1) 장기채무로의 차환(또는 만기연장)

(2) 차입약정 위반의 해소

(3) 차입약정 위반을 해소할 수 있도록 보고기간종료일로부터 1년을 초과하는 유예기간을 획득

▶ 자본의 분류

2.29 자본금은 법정자본금으로 한다.

2.30 자본잉여금은 증자나 감자 등 주주와의 거래에서 발생하여 자본을 증가시키는 잉여금이다. 예를 들면, 주식발행초과금, 자기주식처분이익, 감자차익 등이 포함된다.

2.31 자본조정은 당해 항목의 성격으로 보아 자본거래에 해당하나 최종 납입된 자본으로 볼 수 없거나 자본의 가감 성격으로 자본금이나 자본잉여금으로 분류할 수 없는 항목이다. 예를 들면, 자기주식, 주식할인발행차금, 주식선택권, 출자전환채무, 감자차손 및 자기주식처분손실 등이 포함된다.

2.32 기타포괄손익누계액은 보고기간종료일 현재의 매도가능증권평가손익, 해외사업환산손익, 현금흐름위험회피 파생상품평가손익 등의 잔액이다.

2.33 이익잉여금(또는 결손금)은 손익계산서에 보고된 손익과 다른 자본항목에서 이입된 금액의 합계액에서 주주에 대한 배당, 자본금으로의 전입 및 자본조정 항목의 상각 등으로 처분된 금액을 차감한 잔액이다.

▶ 재무상태표 항목의 구분과 통합표시

2.34 자산, 부채, 자본 중 중요한 항목은 재무상태표 본문에 별도 항목으로 구분하여 표시한다. 중요하지 않은 항목은 성격 또는 기능이 유사한 항목에 통합하여 표시할 수 있으며, 통합할 적절한 항목이 없는 경우에는 기타항목으로 통합할 수 있다. 이 경우 세부 내용은 주석으로 기재한다.

2.35 현금및현금성자산은 기업의 유동성 판단에 중요한 정보이므로 별도 항목으로 구분하여 표시한다. 현금및현금성자산은 통화 및 타인발행수표 등 통화대용증권과 당좌예금, 보통예금 및 큰 거래비용 없이 현금으로 전환이 용이하고 이자율 변동에 따른 가치변동의 위험이 경미한 금융상품으로서 취득 당시 만기일(또는 상환일)이 3개월 이내인 것을 말한다.

2.36 자본금은 보통주자본금과 우선주자본금으로 구분하여 표시한다. 보통주와 우선주는 배당금 지급 및 청산시의 권리가 상이하기 때문에 자본금을 구분하여 표시한다.

2.37 자본잉여금은 주식발행초과금과 기타자본잉여금으로 구분하여 표시한다.

2.38 자본조정 중 자기주식은 별도 항목으로 구분하여 표시한다. 주식할인발행차금, 주식선택권, 출자전환채무, 감자차손 및 자기주식처분손실 등은 기타자본조정으로 통합하여 표시할 수 있다.

2.39 기타포괄손익누계액은 매도가능증권평가손익, 해외사업환산손익 및 현금흐름위험회피 파생상품평가손익 등으로 구분하여 표시한다.

2.40 이익잉여금은 법정적립금, 임의적립금 및 미처분이익잉여금(또는 미처리결손금)으로 구분하여 표시한다. 이익잉여금 중 법정적립금과 임의적립금의 세부 내용 및 법령 등에 따라 이익배당이 제한되어 있는 이익잉여금의 내용을 주석으로 기재한다.

▶ 자산과 부채의 총액표시

2.41 자산과 부채는 원칙적으로 상계하여 표시하지 않는다. 다만, 문단 2.42와 다른 장에서 요구하거나 허용하는 경우에는 예외로 한다.

2.42 기업이 채권과 채무를 상계할 수 있는 법적 구속력 있는 권리를 가지고 있고, 채권과 채무를 순액기준으로 결제하거나 채권과 채무를 동시에 결제할 의도가 있다면 상계하여 표시한다.

2.43 매출채권에 대한 대손충당금 등은 해당 자산이나 부채에서 직접 가감하여 표시할 수 있으며, 이는 문단 2.41의 상계에 해당하지 아니한다. 이 장 외의 다른 장에서 달리 정하는 경우를 제외하고는 자산이나 부채의 가감항목을 해당 자산이나 부채에서 직접 가감하여 표시할 수 있다. 이 경우 가감한 금액을 주석으로 기재한다.

■ 손익계산서

▶ 손익계산서의 목적

2.44 손익계산서는 일정 기간 동안 기업의 경영성과에 대한 정보를 제공하는 재무보고서이다. 손익계산서는 당해 회계기간의 경영성과를 나타낼 뿐만 아니라 기업의 미래현금흐름과 수익창출능력 등의 예측에 유용한 정보를 제공한다.

▶ 손익계산서의 기본구조

2.45 손익계산서는 다음과 같이 구분하여 표시한다. 다만, 제조업, 판매업 및 건설업 외의 업종에 속하는 기업은 매출총손익의 구분표시를 생략할 수 있다.

(1) 매출액
(2) 매출원가
(3) 매출총손익
(4) 판매비와관리비
(5) 영업손익
(6) 영업외수익
(7) 영업외비용
(8) 법인세비용차감전계속사업손익
(9) 계속사업손익법인세비용
(10) 계속사업손익
(11) 중단사업손익(법인세효과 차감후)
(12) 당기순손익

2.46 매출액은 기업의 주된 영업활동에서 발생한 제품, 상품, 용역 등의 총매출액에서 매출할인, 매출환입, 매출에누리 등을 차감한 금액이다. 차감 대상 금액이 중요한 경우에는 총매출액에서 차감하는 형식으로 표시하거나 주석으로 기재한다.

2.47 매출액은 업종별이나 부문별로 구분하여 표시할 수 있으며, 반제품매출액, 부산물매출액, 작업폐물매출액, 수출액, 장기할부매출액 등이 중요한 경우에는 이를 구분하여 표시하거나 주석으로 기재한다.

2.48 매출원가는 제품, 상품 등의 매출액에 대응되는 원가로서 판매된 제품이나 상품 등에 대한 제조원가 또는 매입원가이다. 매출원가의 산출과정은 손익계산서 본문에 표시하거나 주석으로 기재한다.

2.49 판매비와관리비는 제품, 상품, 용역 등의 판매활동과 기업의 관리활동에서 발생하는 비용으로서 매출원가에 속하지 아니하는 모든 영업비용을 포함한다.

2.50 판매비와관리비는 당해 비용을 표시하는 적절한 항목으로 구분하여 표시하거나 일괄표시할 수 있다. 일괄표시하는 경우에는 적절한 항목으로 구분하여 이를 주석으로 기재한다.

2.51 영업외수익은 기업의 주된 영업활동이 아닌 활동으로부터 발생한 수익과 차익으로서 중단사업손익에 해당하지 않는 것으로 한다.

2.52 영업외비용은 기업의 주된 영업활동이 아닌 활동으로부터 발생한 비용과 차손으로서 중단사업손익에 해당하지 않는 것으로 한다.

2.53 계속사업손익은 기업의 계속적인 사업활동과 그와 관련된 부수적인 활동에서 발생하는 손익으로서 중단사업손익에 해당하지 않는 모든 손익을 말한다.

2.54 계속사업손익법인세비용은 계속사업손익에 대응하여 발생한 법인세비용이다.

2.55 중단사업손익은 중단사업으로부터 발생한 영업손익과 영업외손익으로서 사업중단직접비용과 중단사업자산손상차손을 포함하며, 법인세효과를 차감한 후의 순액으로 보고하고 중단사업손익의 산출내역을 주석으로 기재한다. 이 때 중단사업손익에 대한 법인세효과는 손익계산서의 중단사업손익 다음에 괄호를 이용하여 표시한다.

2.56 당기순손익은 계속사업손익에 중단사업손익을 가감하여 산출하며, 당기순손익에 기타포괄손익을 가감하여 산출한 포괄손익의 내용을 주석으로 기재한다. 이 경우 기타포괄손익의 각 항목은 관련된 법인세효과가 있다면 그 금액을 차감한 후의 금액으로 표시하고 법인세효과에 대한 내용을 별도로 기재한다.

▶ 수익과 비용의 총액표시

2.57 수익과 비용은 각각 총액으로 보고하는 것을 원칙으로 한다. 다만, 다른 장에서 수익과 비용을 상계하도록 요구하는 경우에는 상계하여 표시하고, 허용하는 경우에는 상계하여 표시할 수 있다.

■ 현금흐름표

▶ 현금흐름표의 목적

2.58 현금흐름표는 기업의 현금흐름을 나타내는 표로서 현금의 변동내용을 명확하게 보고하기 위하여 당해 회계기간에 속하는 현금의 유입과 유출내용을 적정하게 표시하여야 한다.

▶ 현금흐름표의 기본구조

2.59 현금흐름표는 영업활동으로 인한 현금흐름, 투자활동으로 인한 현금흐름, 재무활동으로 인한 현금흐름으로 구분하여 표시하고, 이에 기초의 현금을 가산하여 기말의 현금을 산출하는 형식으로 표시한다. 현금흐름표에서 현금이라 함은 문단 2.35에서 규정하는 현금및현금성자산을 말한다.

▶ 영업활동으로 인한 현금흐름

2.60 영업활동이라 함은 일반적으로 제품의 생산과 상품 및 용역의 구매 · 판매활동을 말하며, 투자활동과 재무활동에 속하지 아니하는 거래를 모두 포함한다.

2.61 영업활동으로 인한 현금의 유입에는 제품 등의 판매에 따른 현금유입(매출채권의 회수 포함), 이자수익과 배당금수익, 기타 투자활동과 재무활동에 속하지 아니하는 거래에서 발생된 현금유입이 포함된다.

2.62 영업활동으로 인한 현금의 유출에는 원재료, 상품 등의 구입에 따른 현금유출(매입채무의 결제 포함), 기타 상품과 용역의 공급자와 종업원에 대한 현금지출, 법인세(토지등 양도소득에 대한 법인세 제외)의 지급, 이자비용, 기타 투자활동과 재무활동에 속하지 아니하는 거래에서 발생된 현금유출이 포함된다.

▶ 영업활동으로 인한 현금흐름의 표시방법

2.63 영업활동으로 인한 현금흐름은 직접법 또는 간접법으로 표시한다.

2.64 직접법이라 함은 현금을 수반하여 발생한 수익 또는 비용항목을 총액으로 표시하되, 현금유입액은 원천별로 현금유출액은 용도별로 분류하여 표시하는 방법을 말한다. 이 경우 현금을 수반하여 발생하는 수익 · 비용항목을 원천별로 구분하여 직접 계산하는 방법 또는 매출과 매출원가에 현금의 유출 · 유입이 없는 항목과 재고자산 · 매출채권 · 매입채무의 증감을 가감하여 계산하는 방법으로 한다.

2.65 간접법이라 함은 당기순이익(또는 당기순손실)에 현금의 유출이 없는 비용 등을 가산하고 현금의 유입이 없는 수익 등을 차감하며, 영업활동으로 인한 자산 · 부

채의 변동을 가감하여 표시하는 방법을 말한다.

(1) 현금의 유출이 없는 비용 등은 현금의 유출이 없는 비용, 투자활동과 재무활동으로 인한 비용을 말한다.

(2) 현금의 유입이 없는 수익 등은 현금의 유입이 없는 수익, 투자활동과 재무활동으로 인한 수익을 말한다.

(3) 영업활동으로 인한 자산 · 부채의 변동은 영업활동과 관련하여 발생한 유동자산 및 유동부채의 증가 또는 감소를 말한다.

▶ 투자활동으로 인한 현금흐름

2.66 투자활동이라 함은 현금의 대여와 회수활동, 유가증권 · 투자자산 · 유형자산 및 무형자산의 취득과 처분활동 등을 말한다.

2.67 투자활동으로 인한 현금의 유입에는 대여금의 회수, 단기투자자산 · 유가증권 · 투자자산 · 유형자산 · 무형자산의 처분 등이 포함된다.

2.68 투자활동으로 인한 현금의 유출에는 현금의 대여, 단기투자자산 · 유가증권 · 투자자산 · 유형자산 · 무형자산의 취득에 따른 현금유출로서 취득 직전 또는 직후의 지급액 등이 포함된다.

▶ 재무활동으로 인한 현금흐름

2.69 재무활동이라 함은 현금의 차입 및 상환활동, 신주발행이나 배당금의 지급활동 등과 같이 부채 및 자본계정에 영향을 미치는 거래를 말한다.

2.70 재무활동으로 인한 현금의 유입에는 단기차입금 · 장기차입금의 차입, 어음 · 사채의 발행, 주식의 발행 등이 포함된다.

2.71 재무활동으로 인한 현금의 유출에는 배당금의 지급, 유상감자, 자기주식의 취득, 차입금의 상환, 자산의 취득에 따른 부채의 지급 등이 포함된다.

▶ 기타 표시방법

2.72 현금흐름표는 다음과 같이 표시한다.

(1) 현금의 유입과 유출내용에 대하여는 기중 증가 또는 기중 감소를 상계하지 아니하고 각각 총액으로 표시한다. 다만, 거래가 빈번하여 총금액이 크고 단기간에 만기가 도래하는 현금의 유입과 유출항목은 순증감액으로 표시할 수 있다.

(2) 사채발행 또는 주식발행으로 인한 현금유입시에는 발행금액으로 표시한다.

2.73 다음 사항을 주석으로 기재한다.

(1) 다음과 같은 현금의 유입과 유출이 없는 거래
현물출자로 인한 유형자산의 취득, 유형자산의 연불구입, 무상증자, 무상감자, 주식배당, 전환사채의 전환 등 현금의 유입과 유출이 없는 거래 중 유의적인 거래

(2) 직접법으로 작성한 경우에는 당기순이익(당기순손실)과 당기순이익(당기순손실)에 가감할 항목에 관한 사항

■ 자본변동표

▶ 자본변동표의 목적

2.74 자본변동표는 자본의 크기와 그 변동에 관한 정보를 제공하는 재무보고서로서, 자본을 구성하고 있는 자본금, 자본잉여금, 자본조정, 기타포괄손익누계액, 이익잉여금(또는 결손금)의 변동에 대한 포괄적인 정보를 제공한다.

▶ 자본변동표의 기본구조

2.75 자본변동표에는 자본금, 자본잉여금, 자본조정, 기타포괄손익누계액, 이익잉여금(또는 결손금)의 각 항목별로 기초잔액, 변동사항, 기말잔액을 표시한다.

2.76 자본금의 변동은 유상증자(감자), 무상증자(감자)와 주식배당 등에 의하여 발생하며, 자본금은 보통주자본금과 우선주자본금으로 구분하여 표시한다.

2.77 자본잉여금의 변동은 유상증자(감자), 무상증자(감자), 결손금처리 등에 의하여 발생하며, 주식발행초과금과 기타자본잉여금으로 구분하여 표시한다.

2.78 자본조정의 변동은, 자기주식은 구분하여 표시하고 기타자본조정은 통합하여 표시할 수 있다.

2.79 기타포괄손익누계액의 변동은, 매도가능증권평가손익, 해외사업환산손익 및 현금흐름위험회피 파생상품평가손익은 구분하여 표시하고 그 밖의 항목은 그 금액이 중요할 경우에는 적절히 구분하여 표시할 수 있다.

2.80 이익잉여금의 변동은 다음과 같은 항목으로 구분하여 표시한다.

(1) 회계정책의 변경으로 인한 누적효과

(2) 중대한 전기오류수정손익

(3) 연차배당(당기 중에 주주총회에서 승인된 배당금액으로 하되 현금배당과 주식배당으로 구분하여 기재)과 기타 전기말 미처분이익잉여금의 처분

(4) 중간배당(당기 중에 이사회에서 승인된 배당금액)

(5) 당기순손익

(6) 기타: (1) 내지 (5) 외의 원인으로 당기에 발생한 이익잉여금의 변동으로 하되, 그 금액이 중요한 경우에는 적절히 구분하여 표시한다.

2.81 자본변동표에서 전기에 이미 보고된 이익잉여금(또는 결손금)의 금액이 당기에 발생한 회계정책의 변경이나 중대한 전기오류수정으로 인하여 변동된 경우에는 전기에 이미 보고된 금액을 별도로 표시하고 회계정책 변경이나 오류수정이 매 회계연도에 미치는 영향을 가감한 수정후 기초이익잉여금을 표시한다.

■ 주 석

▶ 구 조

2.82 주석은 다음의 사항을 포함한다.

(1) 재무제표 작성기준 및 유의적인 거래와 회계사건의 회계처리에 적용한 회계정책

(2) 일반기업회계기준에서 주석공시를 요구하는 사항

(3) 재무상태표, 손익계산서, 현금흐름표 및 자본변동표의 본문에 표시되지 않는 사항으로서 재무제표를 이해하는 데 필요한 추가 정보

2.83 주석은 재무상태표, 손익계산서, 현금흐름표 및 자본변동표에 인식되어 본문에 표시되는 항목에 관한 설명이나 금액의 세부내역뿐만 아니라 우발상황 또는 약정사항과 같이 재무제표에 인식되지 않는 항목에 대한 추가 정보를 포함하여야 한다.

2.84 한국채택국제회계기준 등의 최초적용으로 인한 회계기준의 중요한 변동이 예상되는 경우, 기업의 준비상황 및 재무제표에 미칠 수 있는 영향 등을 추가 정보로 공시할 것을 권장한다.

2.85 주석은 일반적으로 재무제표이용자가 재무제표를 이해하고 다른 기업의 재무제표와 비교하는 데 도움이 될 수 있도록 다음의 순서로 작성한다.

(1) 일반기업회계기준에 준거하여 재무제표를 작성하였다는 사실의 명기

(2) 재무제표 작성에 적용된 유의적인 회계정책의 요약

(3) 재무제표 본문에 표시된 항목에 대한 보충정보(재무제표의 배열 및 각 재무제표 본문에 표시된 순서에 따라 공시한다)

(4) 기타 우발상황, 약정사항 등의 계량정보와 비계량정보

▶ 회계정책의 공시

2.86 주석으로 기재하는 유의적인 회계정책의 요약은 다음 사항을 포함하여야 한다.

(1) 재무제표를 작성하는 데 사용한 측정속성

(2) 재무제표를 이해하는 데 필요한 기타의 회계정책

2.87 재무제표에 영향을 미치는 회계정책을 적용할 때 경영진이 내린 판단의 근거를 문단 2.85(2) 또는 (4)의 주석으로 기재한다.

▶ 측정상의 유의적인 가정

2.88 미래에 관한 유의적인 가정과 측정상의 불확실성에 대한 기타 정보를 주석으로 기재하여야 한다. 이러한 사항은 차기에 자산과 부채의 장부금액에 대한 유의적인 조정을 유발할 수 있는 위험과 관련이 있다. 따라서 이에 영향을 받을 자산과 부채에 대하여 다음 사항 등을 주석으로 기재한다.

(1) 자산과 부채의 성격

(2) 보고기간종료일 현재의 자산과 부채의 장부금액

(3) 위 (2)의 장부금액이 차기에 유의적으로 조정될 가능성이 있다는 사실

▶ 이익잉여금처분계산서

2.89 상법 등 관련 법규에서 이익잉여금처분계산서(또는 결손금처리계산서)의 작성을 요구하는 경우에는 재무상태표의 이익잉여금(또는 결손금)에 대한 보충정보로서 이익잉여금처분계산서(또는 결손금처리계산서)를 주석으로 공시한다.

▶ 배당정보의 공시

2.90 이익잉여금처분예정액으로서 주식의 종류별 주당배당금액, 액면배당률, 배당성향, 배당액의 산정내역을 주석으로 기재한다.

공지사항

1. 일반기업회계기준 및 재무제표양식은 한국회계기준원의 홈페이지에서 발췌하였음.
2. 일반기업회계기준을 좀 더 명확히 이해하려면 각 장과 함께 발표된 [결론도출근거], [실무지침] 및 [적용사례] 등을 계속해서 공부해야함.
3. 일반기업회계기준은 총 32 장으로 구성되어 있음.

【부록 5】 일반기업회계기준 재무제표 양식

(1) 재무상태표 양식

재 무 상 태 표

제×기 20××년×월×일 현재
제×기 20××년×월×일 현재

기업명 (단위: 원)

과 목	당 기		전 기	
자 산				
유동자산				
당좌자산		×××		×××
현금및현금성자산				
단기투자자산		×××		×××
매출채권	×××		×××	
선급비용	×××		×××	
이연법인세자산	×××		×××	
......	×××		×××	
재고자산	×××		×××	
제품	×××		×××	
재공품				
원재료		×××		×××
......	×××		×××	
비유동자산	×××		×××	
투자자산	×××		×××	
투자부동산	×××		×××	
장기투자증권				
지분법적용투자주식		×××		×××
......				
유형자산		×××		×××
토지	×××		×××	
설비자산	×××		×××	
(-) 감가상각누계액	×××		×××	
건설중인자산	×××		×××	
......				
무형자산		×××		×××
영업권	×××		×××	
산업재산권	×××		×××	
개발비	(×××)		(×××)	
......	×××		×××	
기타비유동자산	×××		×××	
이연법인세자산				
......		×××		×××
	×××		×××	
	×××		×××	
	×××		×××	
	×××		×××	
		×××		×××
	×××		×××	
	×××		×××	
자 산 총 계		×××		×××

과목	당기		전기	
부 채				
유동부채		×××		×××
단기차입금	×××		×××	
매입채무	×××		×××	
당기법인세부채	×××		×××	
미지급비용	×××		×××	
이연법인세부채	×××		×××	
......	×××		×××	
비유동부채		×××		×××
사채	×××		×××	
신주인수권부사채	×××		×××	
전환사채	×××		×××	
장기차입금	×××		×××	
퇴직급여충당부채	×××		×××	
장기제품보증충당부채	×××		×××	
이연법인세부채	×××		×××	
......	×××		×××	
부 채 총 계		×××		×××
자 본				
자본금		×××		×××
보통주자본금	×××		×××	
우선주자본금	×××		×××	
자본잉여금		×××		×××
주식발행초과금	×××		×××	
......	×××		×××	
자본조정		×××		×××
자기주식	×××		×××	
......	×××		×××	
기타포괄손익누계액		×××		×××
매도가능증권평가손익	×××		×××	
해외사업환산손익	×××		×××	
현금흐름위험회피 파생상품평가손익	×××		×××	
......	×××		×××	
이익잉여금(또는 결손금)		×××		×××
법정적립금	×××		×××	
임의적립금	×××		×××	
미처분이익잉여금 (또는 미처리결손금)	×××		×××	
자 본 총 계		×××		×××
부채 및 자본 총계		×××		×××

(2) 손익계산서 양식 (중단사업손익이 있을 경우)

손 익 계 산 서

제×기 20××년×월×일부터 20××년×월×일까지
제×기 20××년×월×일부터 20××년×월×일까지

기업명 (단위: 원)

과 목	당 기		전 기	
매출액		×××		×××
매출원가		×××		×××
기초제품(또는 상품)재고액	×××		×××	
당기제품제조원가 (또는 당기상품매입액)	×××		×××	
기말제품(또는 상품)재고액	(×××)		(×××)	
매출총이익(또는 매출총손실)		×××		×××
판매비와관리비		×××		×××
급여	×××		×××	
퇴직급여	×××		×××	
복리후생비	×××		×××	
임차료	×××		×××	
접대비	×××		×××	
감가상각비	×××		×××	
무형자산상각비	×××		×××	
세금과공과	×××		×××	
광고선전비	×××		×××	
연구비	×××		×××	
경상개발비	×××		×××	
대손상각비	×××		×××	
......	×××		×××	
영업이익(또는 영업손실)		×××		×××
영업외수익		×××		×××
이자수익	×××		×××	
배당금수익	×××		×××	
임대료	×××		×××	
단기투자자산처분이익	×××		×××	
단기투자자산평가이익	×××		×××	
외환차익	×××		×××	
외화환산이익	×××		×××	
지분법이익	×××		×××	
장기투자증권손상차손환입	×××		×××	
유형자산처분이익	×××		×××	
사채상환이익	×××		×××	
전기오류수정이익	×××		×××	
......	×××		×××	

영업외비용		×××		×××
이자비용	×××		×××	
기타의대손상각비	×××		×××	
단기투자자산처분손실	×××		×××	
단기투자자산평가손실	×××		×××	
재고자산감모손실	×××		×××	
외환차손	×××		×××	
외화환산손실	×××		×××	
기부금	×××		×××	
지분법손실	×××		×××	
장기투자증권손상차손	×××		×××	
유형자산처분손실	×××		×××	
사채상환손실	×××		×××	
전기오류수정손실	×××		×××	
......	×××		×××	
법인세비용차감전계속사업손익		×××		×××
계속사업손익법인세비용		×××		×××
계속사업이익(또는 계속사업손실)		×××		×××
중단사업손익 (법인세효과: ×××원)		×××		×××
당기순이익(또는 당기순손실)		×××		×××

(3) 손익계산서 양식 (중단사업손익이 없을 경우)

손 익 계 산 서

제×기 20××년×월×일부터 20××년×월×일까지
제×기 20××년×월×일부터 20××년×월×일까지

기업명 (단위: 원)

과 목	당 기		전 기	
매출액		×××		×××
매출원가		×××		
기초제품(또는 상품)재고액	×××		×××	×××
당기제품제조원가 (또는 당기상품매입액)	×××		×××	
기말제품(또는 상품)재고액	(×××)		(×××)	
매출총이익(또는 매출총손실)		×××		×××
판매비와관리비		×××		
급여	×××		×××	×××
퇴직급여	×××		×××	
복리후생비	×××		×××	
임차료	×××		×××	
접대비	×××		×××	
감가상각비	×××		×××	
무형자산상각비	×××		×××	
세금과공과	×××		×××	
광고선전비	×××		×××	
연구비	×××		×××	
경상개발비	×××		×××	
대손상각비	×××		×××	
......	×××		×××	
영업이익(또는 영업손실)		×××		×××
영업외수익		×××		
이자수익	×××		×××	×××
배당금수익	×××		×××	
임대료	×××		×××	
단기투자자산처분이익	×××		×××	
단기투자자산평가이익	×××		×××	
외환차익	×××		×××	
외화환산이익	×××		×××	
지분법이익	×××		×××	
장기투자증권손상차손환입	×××		×××	
유형자산처분이익	×××		×××	
사채상환이익	×××		×××	
전기오류수정이익	×××		×××	
......	×××		×××	

과 목	당 기		전 기	
영업외비용		×××		×××
이자비용	×××		×××	
기타의대손상각비	×××		×××	
단기투자자산처분손실	×××		×××	
단기투자자산평가손실	×××		×××	
재고자산감모손실	×××		×××	
외환차손	×××		×××	
외화환산손실	×××		×××	
기부금	×××		×××	
지분법손실	×××		×××	
장기투자증권손상차손	×××		×××	
유형자산처분손실	×××		×××	
사채상환손실	×××		×××	
전기오류수정손실	×××		×××	
……	×××		×××	
법인세비용차감전순손익		×××		×××
법인세비용		×××		×××
당기순이익(또는 당기순손실)		×××		×××

(4) 현금흐름표 양식(직접법)

현 금 흐 름 표

제×기 20××년×월×일부터 20××년×월×일까지
제×기 20××년×월×일부터 20××년×월×일까지

기업명 (단위: 원)

과 목	당 기		전 기	
영업활동으로 인한 현금흐름		×××		×××
매출등 수익활동으로부터의 유입액	×××		×××	
매입 및 종업원에 대한 유출액	×××		×××	
이자수익 유입액	×××		×××	
배당금수익 유입액	×××		×××	
이자비용 유출액	×××		×××	
법인세의 지급	×××		×××	
투자활동으로 인한 현금흐름		×××		×××
투자활동으로 인한 현금유입액				
단기투자자산의 처분	×××		×××	
유가증권의 처분	×××		×××	
토지의 처분	×××		×××	
투자활동으로 인한 현금유출액				
현금의 단기대여	×××		×××	
단기투자자산의 취득	×××		×××	
유가증권의 취득	×××		×××	
토지의 취득	×××		×××	
개발비의 지급	×××		×××	
재무활동으로 인한 현금흐름		×××		×××
재무활동으로 인한 현금유입액				
단기차입금의 차입	×××		×××	
사채의 발행	×××		×××	
보통주의 발행	×××		×××	
재무활동으로 인한 현금유출액				
단기차입금의 상환	×××		×××	
사채의 상환	×××		×××	
유상감자	×××		×××	
현금의 증가(감소)		×××		×××
기초의 현금		×××		×××
기말의 현금		×××		×××

(5) 현금흐름표 양식(간접법)

현 금 흐 름 표

제×기 20××년×월×일부터 20××년×월×일까지
제×기 20××년×월×일부터 20××년×월×일까지

기업명 (단위: 원)

과 목	당 기		전 기	
영업활동으로 인한 현금흐름		×××		×××
당기순이익(손실)	×××		×××	
현금의 유출이 없는 비용등의 가산				
감가상각비	×××		×××	
퇴직급여	×××		×××	
현금의 유입이 없는 수익등의 차감				
사채상환이익	×××		×××	
영업활동으로 인한 자산·부채의 변동				
재고자산의 감소(증가)	×××		×××	
매출채권의 감소(증가)	×××		×××	
이연법인세자산의 감소(증가)	×××		×××	
매입채무의 증가(감소)	×××		×××	
당기법인세부채의 증가(감소)	×××		×××	
이연법인세부채의 증가(감소)	×××		×××	
투자활동으로 인한 현금흐름		×××		×××
투자활동으로 인한 현금유입액				
단기투자자산의 처분	×××		×××	
유가증권의 처분	×××		×××	
토지의 처분	×××		×××	
투자활동으로 인한 현금유출액				
현금의 단기대여	×××		×××	
단기투자자산의 취득	×××		×××	
유가증권의 취득	×××		×××	
토지의 취득	×××		×××	
개발비의 지급	×××		×××	
재무활동으로 인한 현금흐름		×××		×××
재무활동으로 인한 현금유입액				
단기차입금의 차입	×××		×××	
사채의 발행	×××		×××	
보통주의 발행	×××		×××	
재무활동으로 인한 현금유출액				
단기차입금의 상환	×××		×××	
사채의 상환	×××		×××	
유상감자	×××		×××	
현금의 증가(감소)		×××		×××
기초의 현금		×××		×××
기말의 현금		×××		×××

(6) 자본변동표 양식

자 본 변 동 표

제×기 20××년×월×일부터 20××년×월×일까지
제×기 20××년×월×일부터 20××년×월×일까지

기업명 (단위: 원)

구 분	자본금	자본 잉여금	자본조정	기타포괄 손익누계액	이 익 잉여금	총 계
20××.×.×(보고금액)	×××	×××	×××	×××	×××	×××
회계정책변경누적효과	(×××)	(×××)	(×××)	(×××)	(×××)	(×××)
전기오류수정	(×××)	(×××)	(×××)	(×××)	(×××)	(×××)
수정후 자본	×××	×××	×××	×××	×××	×××
연차배당					(×××)	(×××)
처분후 이익잉여금					×××	×××
중간배당					(×××)	(×××)
유상증자(감자)	×××	×××				×××
당기순이익(손실)					×××	×××
자기주식 취득			(×××)			(×××)
해외사업환산손익				(×××)		(×××)
20××.×.×	×××	×××	×××	×××	×××	×××
20××.×.×(보고금액)	×××	×××	×××	×××	×××	×××
회계정책변경누적효과	(×××)	(×××)	(×××)	(×××)	(×××)	(×××)
전기오류수정	(×××)	(×××)	(×××)	(×××)	(×××)	(×××)
수정후 자본	×××	×××	×××	×××	×××	×××
연차배당					(×××)	(×××)
처분후 이익잉여금					×××	×××
중간배당					(×××)	(×××)
유상증자(감자)	×××	×××				×××
당기순이익(손실)					×××	×××
자기주식 취득			(×××)			(×××)
매도가능증권평가손익				×××		×××
20××.×.×	×××	×××	×××	×××	×××	×××

(7) 포괄손익계산서의 주석 양식

포 괄 손 익 계 산 서

제×기 20××년×월×일부터 20××년×월×일까지
제×기 20××년×월×일부터 20××년×월×일까지

기업명 (단위: 원)

구 분	당 기	전 기
당기순손익	×××	×××
회계정책변경누적효과(주)	×××	×××
기타포괄손익	×××	×××
매도가능증권평가손익(법인세효과 : ×××원)		
해외사업환산손익(법인세효과 : ×××원)		
현금흐름위험회피 파생상품평가손익 (법인세효과 : ×××원)		
……		
포괄손익	×××	×××

(주) 회계정책의 변경에 대하여 소급적용하지 않고 회계정책 변경의 누적효과를 기초 이익잉여금에 일시에 반영하는 경우

(8) 이익잉여금처분계산서 양식

이익잉여금처분계산서

제 × 기	20××년×월×일부터 20××년×월×일까지	제 × 기	20××년×월×일부터 20××년×월×일까지
처분예정일	20××년×월×일	처분확정일	20××년×월×일

기업명 (단위: 원)

구 분	당 기		전 기	
미처분이익잉여금		×××		×××
전기이월미처분이익잉여금 (또는 전기이월미처리결손금)	×××		×××	
회계정책변경누적효과	-		×××	
전기오류수정	-		×××	
중간배당액	×××		×××	
당기순이익(또는 당기순손실)	×××		×××	
임의적립금등의이입액		×××		×××
×××적립금	×××		×××	
×××적립금	×××		×××	
합 계		×××		×××
이익잉여금처분액		×××		×××
이익준비금	×××		×××	
기타법정적립금	×××		×××	
주식할인발행차금상각액	×××		×××	
배당금	×××		×××	
현금배당				
주당배당금(률) 보통주 : 당기 ××원(%)				
전기 ××원(%)				
우선주 : 당기 ××원(%)				
전기 ××원(%)				
주식배당				
주당배당금(률) 보통주 : 당기 ××원(%)				
전기 ××원(%)				
우선주 : 당기 ××원(%)				
전기 ××원(%)				
사업확장적립금	×××		×××	
감채적립금	×××		×××	
......				
차기이월미처분이익잉여금		×××		×××

(9) 결손금처리계산서 양식

결손금처리계산서

제 × 기	20××년×월×일부터 20××년×월×일까지	제 × 기	20××년×월×일부터 20××년×월×일까지
처리예정일	20××년×월×일	처리확정일	20××년×월×일

기업명 (단위: 원)

구 분	당 기		전 기	
미처리결손금		×××		×××
전기이월미처분이익잉여금 (또는 전기이월미처리결손금)	×××		×××	
회계정책변경누적효과	-		×××	
전기오류수정	-		×××	
중간배당액	×××		×××	
당기순이익(또는 당기순손실)	×××		×××	
결손금처리액		×××		×××
임의적립금이입액	×××		×××	
법정적립금이입액	×××		×××	
자본잉여금이입액	×××		×××	
차기이월미처리결손금		×××		×××

【부록 6】 화폐의 시간적 가치표

(1) 화폐의 현재가치표 : $P = (1 + r) - n = 1/(1 + r)n$

년수	1%	2%	3%	4%	5%	6%	7%	8%	9%	10%
1	0.9901	0.9804	0.9709	0.9615	0.9524	0.9434	0.9346	0.9259	0.9174	0.9091
2	0.9803	0.9612	0.9426	0.9246	0.9070	0.8900	0.8734	0.8573	0.8417	0.8264
3	0.9706	0.9423	0.9151	0.8890	0.8638	0.8396	0.8163	0.7938	0.7722	0.7513
4	0.9610	0.9238	0.8885	0.8548	0.8227	0.7921	0.7629	0.7350	0.7084	0.6830
5	0.9515	0.9057	0.8626	0.8219	0.7835	0.7473	0.7130	0.6806	0.6499	0.6209
6	0.9420	0.8880	0.8375	0.7903	0.7462	0.7050	0.6663	0.6302	0.5963	0.5645
7	0.9327	0.8706	0.8131	0.7599	0.7107	0.6651	0.6227	0.5835	0.5470	0.5132
8	0.9235	0.8535	0.7894	0.7307	0.6768	0.6274	0.5820	0.5403	0.5019	0.4665
9	0.9143	0.8368	0.7664	0.7026	0.6446	0.5919	0.5439	0.5002	0.4604	0.4241
10	0.9053	0.8203	0.7441	0.6756	0.6139	0.5584	0.5083	0.4632	0.4224	0.3855
11	0.8963	0.8043	0.7224	0.6496	0.5847	0.5268	0.4751	0.4289	0.3875	0.3505
12	0.8874	0.7885	0.7014	0.6246	0.5568	0.4970	0.4440	0.3971	0.3555	0.3186
13	0.8787	0.7730	0.6810	0.6006	0.5303	0.4688	0.4150	0.3677	0.3262	0.2897
14	0.8700	0.7579	0.6611	0.5775	0.5051	0.4423	0.3878	0.3405	0.2992	0.2633
15	0.8613	0.7430	0.6419	0.5553	0.4810	0.4173	0.3624	0.3152	0.2745	0.2394
16	0.8528	0.7284	0.6232	0.5339	0.4581	0.3936	0.3387	0.2919	0.2519	0.2176
17	0.8444	0.7142	0.6050	0.5134	0.4363	0.3714	0.3166	0.2703	0.2311	0.1978
18	0.8360	0.7002	0.5874	0.4936	0.4155	0.3503	0.2959	0.2502	0.2120	0.1799
19	0.8277	0.6864	0.5703	0.4746	0.3957	0.3305	0.2765	0.2317	0.1945	0.1635
20	0.8195	0.6730	0.5537	0.4564	0.3769	0.3118	0.2584	0.2145	0.1784	0.1486
21	0.8114	0.6598	0.5375	0.4388	0.3589	0.2942	0.2415	0.1987	0.1637	0.1351
22	0.8034	0.6468	0.5219	0.4220	0.3418	0.2775	0.2257	0.1839	0.1502	0.1228
23	0.7954	0.6342	0.5067	0.4057	0.3256	0.2618	0.2109	0.1703	0.1378	0.1117
24	0.7876	0.6217	0.4919	0.3901	0.3101	0.2470	0.1971	0.1577	0.1264	0.1015
25	0.7798	0.6095	0.4776	0.3751	0.2953	0.2330	0.1842	0.1460	0.1160	0.0923
26	0.7720	0.5976	0.4637	0.3607	0.2812	0.2198	0.1722	0.1352	0.1064	0.0839
27	0.7644	0.5859	0.4502	0.3468	0.2678	0.2074	0.1609	0.1252	0.0976	0.0763
28	0.7568	0.5744	0.4371	0.3335	0.2551	0.1956	0.1504	0.1159	0.0895	0.0693
29	0.7493	0.5631	0.4243	0.3207	0.2429	0.1846	0.1406	0.1073	0.0822	0.0630
30	0.7419	0.5521	0.4120	**0.3083**	0.2314	0.1741	0.1314	0.0994	0.0754	0.0573
31	0.7346	0.5412	0.4000	0.2965	0.2204	0.1643	0.1228	0.0920	0.0691	0.0521
32	0.7273	0.5306	0.3883	0.2851	0.2099	0.1550	0.1147	0.0852	0.0634	0.0474
33	0.7201	0.5202	0.3770	0.2741	0.1999	0.1462	0.1072	0.0789	0.0582	0.0431
34	0.7130	0.5100	0.3660	0.2636	0.1904	0.1379	0.1002	0.0730	0.0534	0.0391
35	0.7059	0.5000	0.3554	0.2534	0.1813	0.1301	0.0937	0.0676	0.0490	0.0356
36	0.6989	0.4902	0.3450	0.2437	0.1727	0.1227	0.0875	0.0626	0.0449	0.0323

37	0.6920	0.4806	0.3350	0.2343	0.1644	0.1158	0.0818	0.0580	0.0412	0.0294
38	0.6852	0.4712	0.3252	0.2253	0.1566	0.1092	0.0765	0.0537	0.0378	0.0267
39	0.6784	0.4619	0.3158	0.2166	0.1491	0.1031	0.0715	0.0497	0.0347	0.0243
40	0.6717	0.4529	0.3066	0.2083	0.1420	0.0972	0.0668	0.0460	0.0318	0.0221
41	0.6650	0.4440	0.2976	0.2003	0.1353	0.0917	0.0624	0.0426	0.0292	0.0201
42	0.6584	0.4353	0.2890	0.1926	0.1288	0.0865	0.0583	0.0395	0.0268	0.0183
43	0.6519	0.4268	0.2805	0.1852	0.1227	0.0816	0.0545	0.0365	0.0246	0.0166
44	0.6454	0.4184	0.2724	0.1780	0.1169	0.0770	0.0509	0.0338	0.0226	0.0151
45	0.6391	0.4102	0.2644	0.1712	0.1113	0.0727	0.0476	0.0313	0.0207	0.0137
46	0.6327	0.4022	0.2567	0.1646	0.1060	0.0685	0.0445	0.0290	0.0190	0.0125
47	0.6265	0.3943	0.2493	0.1583	0.1009	0.0647	0.0416	0.0269	0.0174	0.0113
48	0.6203	0.3865	0.2420	0.1522	0.0961	0.0610	0.0389	0.0249	0.0160	0.0103
49	0.6141	0.3790	0.2350	0.1463	0.0916	0.0575	0.0363	0.0230	0.0147	0.0094
50	0.6080	0.3715	0.2281	0.1407	0.0872	0.0543	0.0339	0.0213	0.0134	0.0085

(2) 화폐의 미래가치표 : $F = (1 + r)n$

년수	1%	2%	3%	4%	5%	6%	7%	8%	9%	10%
1	1.0100	1.0200	1.0300	1.0400	1.0500	1.0600	1.0700	1.0800	1.0900	1.1000
2	1.0201	1.0404	1.0609	1.0816	1.1025	1.1236	1.1449	1.1664	1.1881	1.2100
3	1.0303	1.0612	1.0927	1.1249	1.1576	1.1910	1.2250	1.2597	1.2950	1.3310
4	1.0406	1.0824	1.1255	1.1699	1.2155	1.2625	1.3108	1.3605	1.4116	1.4641
5	1.0510	1.1041	1.1593	1.2167	1.2763	1.3382	1.4026	1.4693	1.5386	1.6105
6	1.0615	1.1262	1.1941	1.2653	1.3401	1.4185	1.5007	1.5869	1.6771	1.7716
7	1.0721	1.1487	1.2299	1.3159	1.4071	1.5036	1.6058	1.7138	1.8280	1.9487
8	1.0829	1.1717	1.2668	1.3686	1.4775	1.5938	1.7182	1.8509	1.9926	2.1436
9	1.0937	1.1951	1.3048	1.4233	1.5513	1.6895	1.8385	1.9990	2.1719	2.3579
10	1.1046	1.2190	1.3439	1.4802	1.6289	1.7908	1.9672	2.1589	2.3674	2.5937
11	1.1157	1.2434	1.3842	1.5395	1.7103	1.8983	2.1049	2.3316	2.5804	2.8531
12	1.1268	1.2682	1.4258	1.6010	1.7959	2.0122	2.2522	2.5182	2.8127	3.1384
13	1.1381	1.2936	1.4685	1.6651	1.8856	2.1329	2.4098	2.7196	3.0658	3.4523
14	1.1495	1.3195	1.5126	1.7317	1.9799	2.2609	2.5785	2.9372	3.3417	3.7975
15	1.1610	1.3459	1.5580	1.8009	2.0789	2.3966	2.7590	3.1722	3.6425	4.1772
16	1.1726	1.3728	1.6047	1.8730	2.1829	2.5404	2.9522	3.4259	3.9703	4.5950
17	1.1843	1.4002	1.6528	1.9479	2.2920	2.6928	3.1588	3.7000	4.3276	5.0545
18	1.1961	1.4282	1.7024	2.0258	2.4066	2.8543	3.3799	3.9960	4.7171	5.5599
19	1.2081	1.4568	1.7535	2.1068	2.5270	3.0256	3.6165	4.3157	5.1417	6.1159
20	1.2202	1.4859	1.8061	2.1911	2.6533	3.2071	3.8697	4.6610	5.6044	6.7275
21	1.2324	1.5157	1.8603	2.2788	2.7860	3.3996	4.1406	5.0338	6.1088	7.4002
22	1.2447	1.5460	1.9161	2.3699	2.9253	3.6035	4.4304	5.4365	6.6586	8.1403
23	1.2572	1.5769	1.9736	2.4647	3.0715	3.8197	4.7405	5.8715	7.2579	8.9543

24	1.2697	1.6084	2.0328	2.5633	3.2251	4.0489	5.0724	6.3412	7.9111	9.8497
25	1.2824	1.6406	2.0938	2.6658	3.3864	4.2919	5.4274	6.8485	8.6231	10.8347
26	1.2953	1.6734	2.1566	2.7725	3.5557	4.5494	5.8074	7.3964	9.3992	11.9182
27	1.3082	1.7069	2.2213	2.8834	3.7335	4.8223	6.2139	7.9881	10.2451	13.1100
28	1.3213	1.7410	2.2879	2.9987	3.9201	5.1117	6.6488	8.6271	11.1671	14.4210
29	1.3345	1.7758	2.3566	3.1187	4.1161	5.4184	7.1143	9.3173	12.1722	15.8631
30	1.3478	1.8114	2.4273	**3.2434**	4.3219	5.7435	7.6123	10.0627	13.2677	17.4494
31	1.3613	1.8476	2.5001	3.3731	4.5380	6.0881	8.1451	10.8677	14.4618	19.1943
32	1.3749	1.8845	2.5751	3.5081	4.7649	6.4534	8.7153	11.7371	15.7633	21.1138
33	1.3887	1.9222	2.6523	3.6484	5.0032	6.8406	9.3253	12.6760	17.1820	23.2252
34	1.4026	1.9607	2.7319	3.7943	5.2533	7.2510	9.9781	13.6901	18.7284	25.5477
35	1.4166	1.9999	2.8139	3.9461	5.5160	7.6861	10.6766	14.7853	20.4140	28.1024
36	1.4308	2.0399	2.8983	4.1039	5.7918	8.1473	11.4239	15.9682	22.2512	30.9127
37	1.4451	2.0807	2.9852	4.2681	6.0814	8.6361	12.2236	17.2456	24.2538	34.0039
38	1.4595	2.1223	3.0748	4.4388	6.3855	9.1543	13.0793	18.6253	26.4367	37.4043
39	1.4741	2.1647	3.1670	4.6164	6.7048	9.7035	13.9948	20.1153	28.8160	41.1448
40	1.4889	2.2080	3.2620	4.8010	7.0400	10.2857	14.9745	21.7245	31.4094	45.2593
41	1.5038	2.2522	3.3599	4.9931	7.3920	10.9029	16.0227	23.4625	34.2363	49.7852
42	1.5188	2.2972	3.4607	5.1928	7.7616	11.5570	17.1443	25.3395	37.3175	54.7637
43	1.5340	2.3432	3.5645	5.4005	8.1497	12.2505	18.3444	27.3666	40.6761	60.2401
44	1.5493	2.3901	3.6715	5.6165	8.5572	12.9855	19.6285	29.5560	44.3370	66.2641
45	1.5648	2.4379	3.7816	5.8412	8.9850	13.7646	21.0025	31.9204	48.3273	72.8905
46	1.5805	2.4866	3.8950	6.0748	9.4343	14.5905	22.4726	34.4741	52.6767	80.1795
47	1.5963	2.5363	4.0119	6.3178	9.9060	15.4659	24.0457	37.2320	57.4176	88.1975
48	1.6122	2.5871	4.1323	6.5705	10.4013	16.3939	25.7289	40.2106	62.5852	97.0172
49	1.6283	2.6388	4.2562	6.8333	10.9213	17.3775	27.5299	43.4274	68.2179	106.7190
50	1.6446	2.6916	4.3839	7.1067	11.4674	18.4202	29.4570	46.9016	74.3575	117.3909

저자약력

정용화

(현)가천대학교 경영학과 교수
경영학박사(국민대학교 대학원)
가천의과학대학교 교무처장, 연구처장, 입시처장
교육부 재정지원사업 평가위원
대입수학능력고사 출제위원
창업정보학회 학회장
IAGBT(국제경영무역학회) 학회장 역임

〈저 서〉
전산회계
창업전략
회계원리 외

전영승

(현)상지대학교 회계정보학과 교수
경영학박사(국민대학교 대학원)
상지대학교 교무처장, 기획처장, 경상대학장
회계정보학회 부회장
국제회계학회 부회장
상업교육학회 회장 역임

〈저 서〉
환경회계
환경경영의 이해
회계학 개론 외

K-IFRS **회계학원론**

2011년 2월 22일 초 판 1쇄 발행
2014년 2월 25일 개정판 1쇄 발행

저 자 정 용 화·전 영 승
발행인 진 욱 상·진 성 원

발행처 백산출판사
서울시 성북구 정릉로 157(백산빌딩 4층)
등록 : 1974. 1. 9. 제 1-72호
전화 : 914-1621, 917-6240
FAX : 912-4438
http://www.ibaeksan.kr
editbsp@naver.com

값 20,000원
ISBN 978-89-6183-453-7